Klick! 5

Englisch

Handreichungen
für den Unterricht

Erarbeitet von
Nicola Göbels,
Anna Meißner,
Berit Rudolph

Klick! 5

Handreichungen für den Unterricht zu Klick! Englisch 5

Erarbeitet von
Nicola Göbels, Köln; Anna Meißner, Darmstadt; Berit Rudolph, Lüneburg

Verlagsredaktion
Michaela Schmidt, Ilona Lehnert-Adler; Susanne Döpper (Projektleitung); Ralph Williams (Assistenz)

Umschlaggestaltung
Klein & Halm Grafikdesign, Berlin

Layout und technische Umsetzung
zweiband.media, Berlin

www.cornelsen.de

1. Auflage, 1. Druck 2011

Druck: Druckhaus Berlin-Mitte GmbH

ISBN 978-3-06-032152-0

Inhalt gedruckt auf säurefreiem Papier aus nachhaltiger Forstwirtschaft.

Inhaltsverzeichnis

[B] Bildkarte
[W] Wortkarte
DK 1 = Dialogkarte 1
Sb = Schülerbuch
Ah =Arbeitsheft
L = Lehrkraft
S = Schülerinnen und Schüler
° = fakultative Wörter und Redemittel
CD 1.3 = CD 1, Track 3

Konzeption des Lehrwerks *Klick! Englisch 5*

Das Lehrwerk *Klick! Englisch 5* wendet sich an Schülerinnen und Schüler der Förderschulen mit dem Förderschwerpunkt „Lernen". Es ist für die 9. Jahrgangsstufe konzipiert und behält die allgemeinen Prinzipien der Lehrwerksreihe *Klick! Englisch* bei: Alle Materialien sind transparent aufbereitet, sodass auch Lehrkräfte mit wenig Unterrichtserfahrung mit ihnen arbeiten können. Der Schwerpunkt liegt beim Aufbau mündlicher Kommunikationsfähigkeit. Die Schülerinnen und Schüler lernen, die Fremdsprache Englisch in einem wachsenden Spektrum von Alltagssituationen zur Verständigung zu nutzen. Dementsprechend nehmen Aufgaben zu den Fertigkeiten Hören und Sprechen weiterhin einen prominenten Platz ein. Sie werden auch in Band 5 durch eine Vielzahl an Übungen zum Lesen und Schreiben und Übungen zur Sprachmittlung ergänzt. Wichtige Kompetenzen und Methoden, die die Schülerinnen und Schüler zum Erlernen einer Fremdsprache benötigen, sind nach wie vor integriert.

Im Einzelnen liegen dem Lehrwerk die folgenden methodisch-didaktischen Prinzipien zugrunde:

- Ritualisierte Lernschritte
- Lebensnähe
- Überschaubarer Umfang des eingeführten Sprachmaterials
- Berücksichtigung der fünf Fertigkeiten Hören, Sprechen, Lesen, Schreiben und Sprachmittlung
- Wiederholung von Wortschatz und Redemitteln aus *Klick! Englisch 1* bis *4*
- Sprachvorbild und Bedeutungsklärung des neuen Sprachmaterials vor Einführung der Schriftsprache
- Handlungsorientierung
- Integriertes Kompetenztraining
- Muttersprachliche Vorbilder zum Erlernen der korrekten Aussprache
- Vermittlung wichtiger landeskundlicher Aspekte
- Individuelle Förderung durch Differenzierungsmöglichkeiten

Themen und sprachliche Inhalte

Den thematischen Rahmen bildet die Landeskunde von vier verschiedenen Ländern: Indien, Kanada, Australien und Südafrika, in denen Englisch zumindest eine der offiziellen Landessprachen ist. Neben der Vertiefung der kommunikativen Fertigkeiten stehen in Band 5 besonders das Wiederholen und Üben von bereits bekannten, wichtigen Strukturen und bereits gelerntem Wortschatz im Vordergrund. Die vielfältigen, lehrplangemäßen Sprechanlässe können leicht auf andere Situationen übertragen werden. Sie ermöglichen dadurch auch zahlreiche Anknüpfungspunkte für einen fächerübergreifenden Unterricht.

Thema	Wortfelder	Kommunikative Sprechanlässe
English around the world	– Kartenarbeit: englischsprachige Länder	– Sich und andere vorstellen – Popsongs miteinander vergleichen
Love & friendship	– Freunde – Gefühle – Freizeitaktivitäten	– Personen beschreiben – Gefühle ausdrücken – Sagen, was man in der Freizeit gemacht hat
Work	– Berufswünsche – Arbeitsorte – Verhalten am Arbeitsplatz (Schlüsselqualifikationen)	– Sagen, wo und in welchem Beruf man gerne arbeiten würde – Begründen, warum man eine Arbeitsstelle bekommen sollte – Beschreiben, was man regelmäßig macht
Teen life	– Umgang mit Geld – Maßnahmen zur Gesundheitsförderung – Aufgaben zu Hause	– Ausdrücken, was man für seine Gesundheit tun muss – Sagen, was man gerade macht und was andere gerade machen
Future plans	– Traumwohnungen/ -häuser – Familienplanung – finanzielle Ausgaben	– Beschreiben, wie die Traumwohnung aussieht – Fragen und sagen, wie man sich die Zukunft vorstellt, und was man sich erhofft

Unterrichtsgestaltung

In *Klick! Englisch 5* wird darauf geachtet, dass Sprechen in sinnvollen, für die Lernenden relevanten Kontexten geschieht. Die in jeder Unit angebotenen kurzen Dialoge können von den Schülerinnen und Schülern handelnd umgesetzt und mithilfe der Lehrkraft auf eine Vielzahl von Situationen übertragen werden. Auch die Wortschatzaufgaben mithilfe der Mindmaps, die Dialogkarten und die Cartoons regen zum handlungsorientierten Umgang mit der englischen Sprache an. Raps und Gedichte unterstützen den Sprachlernprozess durch rhythmische Elemente.
Der ritualisierte Aufbau der Materialien erleichtert Förderschülern das Lernen durch die Vermittlung eines sicheren Rahmens für sprachliche Äußerungen. Dem authentischen Lernen wird in *Klick! Englisch 5* eine große Bedeutung beigemessen. Die Schülerinnen und Schüler erleben Situationen, in denen echte Kommunikation stattfindet. Sprachvorbilder sind neben der Lehrkraft die von englischen Muttersprachlern auf der Hör-CD gesprochenen Texte, Dialoge, Raps und Gedichte, die häufig zum Einsatz kommen.

Kompetenztraining

Die Schülerinnen und Schüler erweitern in *Klick! Englisch 5* ihre Kenntnisse darüber, wie man eine Sprache erlernt. Es werden ihnen unterschiedliche Möglichkeiten angeboten, die Bedeutung von Wörtern und Redemitteln zu erschließen, z. B. durch Abbildungen, durch Sinnzusammenhänge oder durch Gestik und Mimik. Die folgenden Kompetenzen werden daneben gefördert:

- Techniken zum Hörverstehen: authentischen Hörtexte wichtige Informationen entnehmen
- Imitation von Muttersprachlern
- Partnerarbeit
- *Bypassing strategies*: bei Verständnisproblemen gezielt nachfragen
- In authentischen Alltagssituationen sprachmittelnd agieren
- Bildbeschreibung
- Notizen anfertigen und für eine Präsentation verwenden
- Präsentation eigener und vorgegebener Inhalte unter Verwendung von neuen Medien
- Systematischer Aufbau eines „mentalen Lexikons“ (Mindmaps)
- Techniken zur systematischen Wortschatzerweiterung: mit einer Lernkartei arbeiten
- Techniken zum Leseverstehen: authentischen Sachtexten genaue Informationen entnehmen
- Umgang mit unterschiedlichen Textsorten
- Wörterbucharbeit
- Texte erstellen und eigenständig auf Richtigkeit überprüfen
- Lernfortschrittsbeobachtung und Selbsteinschätzung

More Reading

Um das Lesen unterschiedlicher authentischer Textformen noch weiter zu schulen, wurde in *Klick! Englisch 5* ergänzend zu jeder Unit die neue Rubrik *More Reading* geschaffen. Zur Vertiefung der Unit-Themen stehen der Lehrkraft bei Bedarf längere Lesetexte zur Verfügung. Die folgenden Textsorten sind auf fünf Seiten im Anschluss an die Units versammelt:

- Unit 1: Cartoon über Gefahren des Internets
- Unit 2: Filmsynopse: *„The Pursuit of Happyness“*
- Unit 3: Ausschnitt aus einem Jugendroman: *„A New Life Down Under“*
- Unit 4: Rezept für ein *BLT*-Sandwich

Die *More Reading*-Seiten sind für alle Schülerinnen und Schüler einer Lerngruppe konzipiert. Der jeweilige Verweis zum *More Reading*-Angebot findet sich am Ende einer jeden Schülerbuch-Unit.
In allen *More Reading*-Texten werden die Schüler wie in Texten des alltäglichen Gebrauchs mit unbekannten Vokabeln konfrontiert. In den *More Reading*-Texten zu Units 1 bis 3 sind daher wichtige unbekannte Vokabeln in Fußnoten annotiert. Im Laufe der Arbeit mit *Klick! Englisch 5* üben die Schülerinnen und Schüler Strategien der Wortschatzerschließung mithilfe eines Wörterbuchs ein. Diese können sie dann selbstständig am letzten *More Reading*-Text zu Unit 4 anwenden.
Das Arbeitsheft ergänzt das *More Reading*- Angebot im Schülerbuch durch passende Übungen zu den Kompetenzen Schreiben, Lese- und Hörverstehen.

Extra Practice

Klick! Englisch 5 unterscheidet zwischen dem Pflichtteil (mit den vier Einstiegsseiten *English around the world* sowie den Units 1 bis 4 inklusive *More Reading*) für alle Schülerinnen und Schüler sowie dem fakultativen Zusatzteil, der aus dem Abschnitt *Extra Practice* besteht. Letzterer ist für leistungsstärkere Schülerinnen und Schüler gedacht und vertieft die in den einzelnen Units vermittelten grammatischen Strukturen. Die fakultativen Zusatzübungen werden im Schülerbuch und im Arbeitsheft gleichermaßen angeboten und beziehen sich aufeinander. Sie umfassen folgende Strukturen:

- Unit 1: *Simple past*
- Unit 2: *Simple present*
- Unit 3: *Modal auxiliaries (have to)* und *present progressive*
- Unit 4: *Modal auxiliaries (would)* und *will-future*

Webcodes

Die landeskundlichen Themen zu den vier in den Units vorgestellten Ländern Indien, Kanada, Australien und Südafrika werden in jeder Unit bereits auf dem ersten Aufschlag durch Fotos und Hörtext vermittelt. Auf der vorletzten Seite jeder Unit werden diese landeskundlichen Informationen mit weiteren Fotos und mit englischen und deutschen Texten zu spezifischen kulturellen und geografischen Aspekten des jeweiligen Landes ergänzt. Auf dieser Landeskundeseite findet sich immer auch ein Webcode zur Unit. Dies ist ein Link zu didaktisierten Webseiten, mit denen die Schülerinnen und Schüler die landeskundlichen Aspekte des in der Unit vorgestellten Landes bei Interesse noch weiter vertiefen können. Neben der interkulturellen Kompetenz werden die Schülerinnen und Schüler durch den Einsatz der Webcodes in ihrer Medienkompetenz gefördert. Die folgenden Inhalte werden angeboten bzw. vertieft:

- Unit 1: *Hinduism in India*
- Unit 2: *Canada*
- Unit 3: *Life in Australia* und *Outdoors in Australia*
- Unit 4: *Wildlife in South Africa* und *Culture in South Africa*

Beschreibung der Lehrwerksbestandteile

Schülerbuch

Im Schülerbuch werden die Unterrichtsschwerpunkte durch eine zeitgemäße Bebilderung anschaulich dargestellt. Mit Ausnahme der Einstiegsunit *English around the world, den More Reading*-Seiten und dem zusätzlichen Abschnitt *Extra Practice,* der sich an lernstärkere Schülerinnen und Schüler richtet, folgen alle Units dem gleichen Aufbau:

- Kontextueller, landeskundlicher und thematischer Einstieg mit Hörtexten und Aufgaben
- Wortschatzeinführung mithilfe einer illustrierten Mindmap
- Wiederholung von Redemitteln und Wortschatz in einem Dialog
- Einführung von zwei kommunikativen Redemitteln
- Text mit schriftlichen Aufgaben
- Hinweise zum Kompetenztraining
- Lesetext mit Aufgaben zum Leseverstehen
- Altersgemäßer Cartoon mit Hörtext und Aufgaben zum Textverständnis
- Rap, Zitat oder Gedicht zur Landeskunde
- Vertiefung der Landeskunde: kulturelle Besonderheiten der vorgestellten Länder
- Zusammenfassende Übersicht über die in der Unit vermittelten sprachlichen Inhalte

Klick! Englisch 5 stellt vier englischsprachige Länder vor, die verschiedene Varianten der englischen Sprache ausgebildet haben. Um die Lernlast nicht unnötig zu erhöhen, wurde darauf verzichtet, diese nationalen Varianten des Englischen, z. B. das australische Englisch aktiv in Hörtexten und neuem Wortschatz einzusetzen. Die Schülerinnen und Schüler verwenden weiterhin die ihnen aus den vorherigen Bänden vertrauten britischen Begriffe und Schreibweisen. Die Hör-CDs zu *Klick! Englisch 5* wurden von geschulten Muttersprachlern in britischem Englisch besprochen.
Alle Grafiken sind von Illustratoren gezeichnet, die mit landeskundlichen Aspekten der dargestellten englischsprachigen Länder vertraut sind. Im Schülerbuch sind ebenso wie im Arbeitsheft alle Anweisungen in einfacher englischer Sprache formuliert und mit Symbolen versehen, die zeigen, welche

Fertigkeiten geübt werden. Diese Symbole werden zu Beginn von Schülerbuch und Arbeitsheft erläutert. Im Schülerbuch können in der vorderen Buchinnenseite die Originalzahlen nachgeschlagen werden, in der hinteren unregelmäßige Verben. *Klick! Englisch 5* verwendet sowohl Lang- als auch Kurzformen.

Hör-CD mit Texten, Gedichten und Raps

Die Hör-CD zum Schülerbuch bietet die Texte, Dialoge, Raps und Cartoons aus dem Schülerbuch als Hörfassung an. Die authentischen, korrekten Sprachvorbilder der englischen Muttersprachler machen die CD zu einer wertvollen Ergänzung der Materialien für jeden Unterricht.

Arbeitsheft mit Hör-CD

Das Arbeitsheft bietet eine Vielzahl von sprachlichen Aktivitäten. Hörverstehen, Sprechen, Lesen, Schreiben und Sprachmittlung werden gleichermaßen geübt. Mithilfe der zum Arbeitsheft gehörenden Hör-CD können die Schülerinnen und Schüler selbstständig ihre kommunikative Kompetenz in der Fremdsprache schulen. Die Dialogkarten des Arbeitshefts ermöglichen handlungsorientierten Unterricht und wiederholen vertraute sprachliche Mittel. In der vorderen Innenseite des Umschlags sind die Zahlen von eins bis hundert aufgelistet. Auch das Arbeitsheft folgt in den Units 1 bis 4 einem ritualisierten Aufbau:

- Hörverstehens-, Lese- und Schreibübung zum neuen Wortschatz der Unit
- Wiederholungsübungen zum Dialog im Schülerbuch
- Hörverstehens-, Lese- und Schreibübung zum ersten Redemittel der Unit
- Hörverstehens-, Lese- und Schreibübung zum zweiten Redemittel der Unit
- Übungen zum Lesetext des Schülerbuchs
- Aufgaben zum Cartoon des Schülerbuchs
- Übung zur Landeskunde des Schülerbuchs
- Zwei Portfolioseiten zum Lernstrategie- und Methodentraining und zur individuellen Lernfortschrittsbeobachtung der Schülerinnen und Schüler

CD-ROM mit Unterrichtsmaterialien

Die CD-ROM ergänzt das Schülerbuch und das Arbeitsheft mit weiteren Materialien für einen methodisch abwechslungsreichen und bei Bedarf binnendifferenzierten Unterricht. Die folgenden Materialien werden angeboten:

- Editierbare Kopiervorlagen in zwei Schwierigkeitsniveaus für lernschwächere und lernstärkere Schülerinnen und Schüler, die sich inhaltlich an das Arbeitsheft anlehnen
- Vorschläge zur Lernstandsermittlung
- Interaktive Übungen für Partner- und Gruppenarbeit
- Zusatzübungen, passend zu jeder Unit
- Zusätzlicher Wortschatz und zusätzliche Übungen für potenzielle Rückschüler
- Wort- und Bildkarten in DIN A5 zur Wortschatzeinführung und Wiederholung sowie für Spiele
- Leere Mindmaps als Kopiervorlage für die Wortschatzarbeit in jeder Unit
- Kopiervorlagen zur Vorbereitung auf die Abschlussprüfung an der Hauptschule

Handreichungen für den Unterricht

In den Handreichungen für den Unterricht werden Vorschläge für die Vorbereitung und Durchführung der Unterrichtsstunden gegeben. Dazu gehören:

- Erläuterungen zum Einsatz des Schülerbuchs, des Arbeitshefts und der weiteren Begleitmaterialien
- Methodisch-didaktische Hinweise für einen förderschulgerechten Unterricht
- Klar und übersichtlich strukturierte Unterrichtsbeschreibungen auf jeweils einer Seite pro Unterrichtsstunde
- Auflistung des neuen Wortschatzes, der neuen Redemittel und der von der Lehrkraft vorzubereitenden oder mitzubringenden Materialien vor jeder Stunde
- Wichtige im Klassenraum zu gebrauchende Redemittel (*classroom language*)
- Kopiervorlage zur Einschätzung der Lernentwicklung
- Kopiervorlage zur Strukturierung von Wortschatz (Mindmap)
- Lösungen zu den Aufgaben in Schülerbuch, Arbeitsheft und den didaktisierten Webseiten

Methodisch-didaktische Hinweise

Acrostic siehe S. 87

Alternativaussagen

Alternativaussagen bieten den Schülerinnen und Schülern eine effiziente Hilfe. Geben Sie verschiedene Alternativen vor, die die Schülerinnen und Schüler wiederholen können. Nennen Sie bei lernschwächeren Gruppen die richtige Aussage an zweiter Stelle, also zum Schluss. So hören die Schülerinnen und Schüler das korrekte Vorbild unmittelbar und können es sofort wiedergeben (L: *The girl is a zoo keeper. / The girl does voluntary work.* – S: *The girl does voluntary work.*).

Bild- und Wortkarten

Die Bild- und Wortkarten visualisieren die englischen Wörter in Bild und Schrift. Sie helfen beim Einprägen und Strukturieren des Wortschatzes und dienen als Hilfsmittel für Spiele und Dialoge.

Buzz reading

Das leise Mitlesen eines Hörtextes erhöht die mündliche Sprachproduktion der Schülerinnen und Schüler in der Fremdsprache. Es fördert die Zuordnung von Klang und Schriftbild durch das Sprachvorbild des von englischen Muttersprachlern gesprochenen Hörtextes. So befähigt das *buzz reading* die Schülerinnen und Schüler zum anschließenden eigenständigen Vorlesen eines Lesetextes oder Vorspielen eines Dialogs vor der Klasse. Durch das leise Mitlesen entsteht in der Klasse eine entsprechende Geräuschkulisse, ein Stimmengewirr wie ein Summen, englisch *„buzz“*.

Chorsprechen

Das Chorsprechen ist auch für die Arbeit mit *Klick! Englisch 5* nach wie vor eine wichtige Methode. Es erhöht die mündliche Sprachproduktion und unterstützt und motiviert vor allem zurückhaltende Schülerinnen und Schüler. Im Schutz der Gruppe sind diese Schülerinnen und Schüler mutiger, weshalb das Chorsprechen bei der Einführung von neuem Wortschatz und neuen Redemitteln eine wichtige Methode darstellt. Um das Chorsprechen abwechslungsreicher zu gestalten, können unterschiedliche Gruppen aufgerufen werden: *boys, girls; on the left/right; all pupils who like / don't like chicken curry / …* Das Sprechen im Chor erfordert, dass alle Schülerinnen und Schüler Rücksicht auf die Gruppe nehmen, damit ein gemeinsamer Sprachrhythmus gefunden wird. Loben Sie die Sprechversuche.

Classroom language

Classroom language wird bei der Interaktion zwischen der Klasse und der Lehrkraft verwendet, z. B. wenn es um die Organisation des Unterrichts oder die Arbeitsanweisungen geht. *Classroom phrases* kommen in jeder Englischstunde und im Umgang mit den Materialien vor. Die Schülerinnen und Schüler lernen so schnell, sie selbst einzusetzen. *Classroom phrases* vermitteln zudem Kompetenzen, die für das Erlernen einer Fremdsprache unabdingbar sind. Hierzu gehören z. B. genaues Hinsehen, Zuhören und Nachsprechen: *Look, please. Listen, please. Listen and repeat.*

Dialoge und Rollenspiele

Dialoge und Rollenspiele sind motivierend, weil sie Erfolgserlebnisse schaffen. Die Schülerinnen und Schüler erweitern und festigen ihre Kommunikationsfähigkeit. Sie werden befähigt, immer mehr und differenziertere Alltagssituationen aktiv sprachlich zu bewältigen. Dies stärkt ihre Sicherheit und erhöht ihre Lernmotivation. Die Arbeit in Kleingruppen, wie z. B. bei der Vorbereitung eines Rollenspiels, fördert zudem das soziale Miteinander im Unterricht. Die Schülerinnen und Schüler müssen die Rollenverteilung untereinander abstimmen, sich gegenseitig helfen und bei der Darbietung aufeinander achten. Stärkere Mitschüler können bei Ausspracheschwierigkeiten helfen.

Doppelkreis und Kugellager

Der Doppelkreis bzw. das Kugellager ermöglicht einen hohen Sprachumsatz der Lerngruppe, bei dem die Hemmschwelle zur aktiven Teilnahme sehr niedrig ist.

Bei einem **Doppelkreis** bildet die eine Hälfte der Schülerinnen und Schüler einen Innenkreis, die andere Hälfte einen Außenkreis, sodass sich immer zwei Schülerinnen und Schüler paarweise gegenüberstehen. In der ersten Runde stellen die Schülerinnen und Schüler des Außenkreises eine Frage oder nennen einen Oberbegriff. Die Mitschüler im Innenkreis beantworten die Frage bzw. finden einen oder mehrere zugehörige Unterbegriffe (z. B.: *feelings: happy, jealous, sad*). Alle Schülerinnen und Schüler bewegen sich dann auf Ihr Signal hin schrittweise zur Seite, in dem einen Kreis mit, im anderen gegen den Uhrzeigersinn. So wechseln die Partner. Es sollten pro Runde mehrere Wechsel durchgeführt werden. In der zweiten Runde sagen die Schülerinnen und Schüler des Innenkreises den Oberbegriff oder stellen die Frage, die Mitschüler im Außenkreis nennen die dazugehörigen Begriffe bzw. beantworten die Frage.

Eine Variante des Doppelkreises ist das Kugellager. Bei einem **Kugellager** sitzen sich die Schülerinnen und Schüler in einem Innenkreis und in einem Außenkreis gegenüber, sodass jeder einen Gesprächspartner hat. Die Partner tauschen sich zu einem vorgegebenen Thema oder einer Frage aus. Auf Ihr Signal hin bewegen sich die Schülerinnen und Schüler im Innenkreis und/oder im Außenkreis um einige Plätze weiter, damit neue Paarungen entstehen. Sie bestimmen, wie lange sich die Schülerinnen und Schüler austauschen und wie viele Plätze sie bei der Drehbewegung wechseln.
Bei ungerader Schülerzahl können Sie sich am Doppelkreis/Kugellager beteiligen oder zwei Schülerinnen und Schüler arbeiten zusammen.

30 cm-Stimme siehe S. 87

Einstiegsritual

Rituale sind ein wichtiger Bestandteil des Fremdsprachenunterrichts. Sie umfassen z. B. die Begrüßung und Verabschiedung zu Stundenbeginn und -ende, aber auch Aktivitäten zur Unterrichtsorganisation. Den Schülerinnen und Schülern vermitteln diese Rituale im Unterricht Sicherheit.
Für das Einstiegsritual empfiehlt es sich, die bekannte Form der Begrüßung weiterhin zu pflegen (s. *Classroom language: Beginning the lesson*, S. 12). Gemeinsam im Unterricht erarbeitete Raps oder Gedichte eignen sich gut als Einstiegsritual und können mithilfe der CD wiederholt werden. Die Schülerinnen und Schüler sprechen mit. Variieren Sie die Lautstärke der Darbietung. Dies fordert und fördert die Konzentration und hält auch bei Wiederholungen das Interesse der Schülerinnen und Schüler aufrecht. So werden Wortschatz und Redemittel langfristig gesichert.
Das Einstiegsritual umfasst auch, die Schülerinnen und Schüler über das Ziel und den Verlauf der Stunde zu informieren (L: *Today we'll talk about love and friendship and learn more about India. You will look, listen and talk, take notes and work with a partner*).

Galerie (*gallery walk*)

Eine Galerie bzw. ein *gallery walk* ermöglicht das gemeinsame Anschauen und Bewerten der Ergebnisse von Einzel-, Partner und Gruppenarbeiten zu einem gemeinsam bearbeiteten Thema (z. B. ein Poster). Statt nach der Erarbeitungsphase nur ausgewählte Einzelergebnisse im Plenum vorstellen zu lassen, erhalten so alle Beteiligten die Gelegenheit, ihre Produkte zu präsentieren. Um den Mitschülern Feedback zu ihren Ergebnissen geben zu können, sollten vorab gemeinsam Kriterien zur Produktbewertung erarbeitet werden.

<u>Variante 1</u>: Ergebnisse von Einzel, Partner- oder Gruppenarbeiten werden auf den Tischen im Klassenraum ausgelegt. Alle Schülerinnen und Schüler einer Klasse bewegen sich im Uhrzeigersinn im Klassenraum, um sich die Produkte anzusehen. Jede Schülerin oder jeder Schüler bzw. ein Mitglied eines Paares oder einer Gruppen, das an dem ausliegenden Produkt mitgewirkt hat, präsentiert den Mitschülern das Ergebnis. Die Schülerinnen und Schüler diskutieren und kommentieren die Produkte im Uhrzeigersinn, bis alle Arbeitsergebnisse gesichtet wurden.
<u>Variante 2</u>: Zur Präsentation von Einzelarbeiten wird die Klasse in kleinere Gruppen (mit maximal sechs Mitgliedern) aufgeteilt. Anhand der zuvor erarbeiteten Bewertungskriterien beurteilen die Schülerinnen und Schüler innerhalb der Gruppen die auf einem Tisch ausgelegten Produkte gegenseitig. Sie geben sich Feedback und können einen Gruppenfavoriten auswählen, der dann gegen die Favoritenprodukte der anderen Gruppen antritt. Diese abschließende Präsentation kann im Rahmen eines weiteren *gallery walk* oder im Plenum stattfinden.

Gruppenbildung

Die Gruppenbildung kann nach der Methode des gelenkten Zufalls erfolgen. Dabei wählen die Schülerinnen und Schüler ein von Ihnen vorbereitetes Element aus und suchen ihre Gruppenmitglieder mit dem gleichen bzw. dazugehörigen Element. Durch geschicktes Sortieren der Elemente können Sie die Zusammensetzung der Gruppen nach gewissen Kriterien steuern z. B. nach Leistungsniveau, Arbeitstempo, Sozialverhalten, Neigungen und Interessen. Folgende Elemente können z. B. verwendet werden:
- Karten mit verschiedenen Farben oder Zahlen
- Puzzleteile eines Bildes oder Fotos (ein Bild pro zu bildender Gruppe): Die Auswahl der Bilder kann sich am Thema der jeweiligen Unit orientieren, z. B. Motive zu Indien bei Unit 1, etc. Die Bilder werden, je nach Mitgliederzahl der Gruppe, in mehrere Puzzleteile zerschnitten. Die Schülerinnen und Schüler ziehen je ein Puzzleteil, suchen Mitschüler mit dazu passenden Puzzleteilen und bilden eine Gruppe.
- Bildkarten zu einem Oberbegriff: Hierfür können die Bildkarten aus *Klick! Englisch* genutzt werden. Zu einigen klar abgegrenzten Oberbegriffen wird eine bestimmte Anzahl von Karten ausgewählt, bei der Bildung von Dreiergruppen je drei spezifische Karten. Die Karten werden verdeckt ausgeteilt. Die verschiedenen Oberbegriffe werden zur Orientierung evtl. an die Tafel geschrieben (z. B. *jobs, modern media, food* aus *Klick! Englisch 3*). Die Schülerinnen und Schüler mit Karten zu demselben Oberbegriff finden sich zu einer Gruppe zu-

sammen. Sie sollten bei der Gruppenfindung Englisch sprechen (S 1: *I have a memory stick. What do you have?* S 1: *I have ...*).

Auch Aktivitäten können zur Gruppenbildung dienen, z. B. das *Line-up*-Verfahren: Die gesamte Klasse stellt sich dazu nach gewissen Kriterien nebeneinander auf (der Größe nach, in der Reihenfolge der Geburtstage, Hausnummern etc.). Nun werden die benötigten Gruppen abgezählt, z. B. bilden die ersten drei/vier/... Schülerinnen und Schüler eine Gruppe, dann die nächsten drei/vier/... Schülerinnen und Schüler, etc.

Gruppenpuzzle *(jigsaw reading)*

Für das Lesen längerer, deutlich unterteilter Texte bietet sich zur Erarbeitung ein Gruppenpuzzle an. Die Klasse wird dazu in Gruppen aufgeteilt, die jeweils einen Abschnitt des Textes lesen. Sie werden so zu „Experten" für diesen Textabschnitt. Danach tauschen sie sich mit den „Experten" aus, die die anderen Textabschnitte erarbeitet haben. Dies geschieht in zwei Phasen:

Phase 1 – Bildung und Benennung von Expertengruppen: Die Gruppen werden mit Buchstaben benannt (z. B. Gruppen A, B, C, ...). Jedes Gruppenmitglied erhält zudem eine Nummer (1, 2, 3, ...): Alle Schülerinnen und Schüler in einer Expertengruppe (A1, A2, A3, A4, ..., entsprechend B1, B2, B3, B4, ...) lesen in einer vorgegebenen Zeit den gleichen Textabschnitt in Einzelarbeit. Anschließend tauschen sie sich untereinander über den Inhalt des Abschnittes aus und halten die wichtigsten Informationen schriftlich fest. Somit verfügt jedes Gruppenmitglied am Ende dieser Phase über die gleichen Informationen.

Phase 2 – Bildung von Querschnittsgruppen: Alle Gruppenmitglieder mit der gleichen Nummer bilden nun eine neue Gruppe (A1, B1, C1, ..., entsprechend A2, B2, C2, ...). Die Schülerinnen und Schüler berichten ihren neuen Gruppenmitgliedern über den Abschnitt des Textes, den sie gelesen haben. Alle Schülerinnen und Schüler machen sich Notizen, sodass sie abschließend einen Überblick über den gesamten Text haben.

Phase 3 – Ergebnisüberprüfung: Zur Ergebnisüberprüfung können einzelne Schülerinnen und Schüler den gesamten Text später evtl. im Plenum (auf Deutsch) zusammenfassen.

Hör-CD

Durch den Einsatz der Hör-CD lernen die Schülerinnen und Schüler die Stimmen verschiedener *native speaker* kennen, die für sie in Bezug auf die Aussprache Modellcharakter haben. Die CDs stellen eine wichtige Alternative zur Stimme der Lehrkraft dar, die im übrigen Unterricht das Sprachvorbild ist. Visuelle Unterstützung, wie z. B. die Bilder im Schülerbuch oder die Bildkarten, erleichtert den Schülerinnen und Schülern das Hörverstehen, da sie einen Kontext schaffen, in den das Gehörte eingeordnet werden kann. Der Umgang mit der Arbeitsheft-CD sollte geübt werden, damit die Schülerinnen und Schüler lernen, sie auch zu Hause als Sprachvorbild zu nutzen.

Kugellager siehe Doppelkreis

Lernen an Stationen

Lernen an Stationen ist eine offene Unterrichtsform, die unterschiedliche Lernvoraussetzungen sowie unterschiedliches Lern- und Arbeitstempo in besonderer Weise berücksichtigt. Den Schülerinnen und Schülern werden Aufgaben angeboten, aus denen sie eigenverantwortlich auswählen. Die Bearbeitung der Aufgaben einschließlich der Kontrolle und Korrektur erfolgt weitestgehend selbstständig. Die Stationen werden in der Regel im Klassenzimmer aufgebaut und sollten nummeriert werden. Gearbeitet wird entweder an den Stationen, oder aber die Schülerinnen und Schüler nehmen sich die Arbeitsmaterialien mit an ihren Arbeitsplatz. Es sollten unterschiedliche Sozialformen angeboten werden.

Lob

Am besten lernen die Schülerinnen und Schüler eine Sprache durch ein korrektes Sprachvorbild und durch Lob. Es ist wichtig, dass sie das korrekte Sprachmodell von Ihnen mehrmals hören. Dies dient zur Korrektur, Bestätigung, Festigung und Ermunterung. Loben Sie die Schülerinnen und Schüler für jeden Versuch und jeden erkennbaren Fortschritt. Falls Sie keinen Fortschritt beim Sprechen feststellen, präsentieren Sie einfach erneut das korrekte Sprachbeispiel und geben Sie den einzelnen Schülerinnen oder Schülern Gelegenheit, sich anhand Ihres Beispiels zu verbessern.

Marktplatz

Alle Schülerinnen und Schüler einer Lerngruppe bewegen sich innerhalb einer vorgegebenen Zeitspanne frei im Klassenraum und kommunizieren mit möglichst vielen ihrer Mitschüler zu einem vorgegebenen Thema. Dies geschieht in der Regel in Form von Frage und Antwort. Wenn allen Schülerinnen und Schülern die Möglichkeit gegeben werden soll, sowohl zu fragen als auch zu antworten, ist es ratsam, zuerst die eine Hälfte der Klasse mit Fragen zu beauftragen, die andere Hälfte gibt die Antworten. Auf ein Signal hin tauschen die beiden Klassenhälften die Rollen.

Nachdem die relevanten Informationen ausgetauscht und evtl. notiert sind, werden die gesammelten Ergebnisse im Plenum ausgewertet.

Placemat activity siehe S. 87

Portfolio

Das Portfolio im Arbeitsheft besteht aus zwei Seiten, dem Kompetenztraining und dem Selbsteinschätzungsbogen, auf dem die Schülerinnen und Schüler auch selbst etwas zum Thema schreiben und/oder gestalten sollen. Das Portfolio dient der Zusammenfassung und macht den Schülerinnen und Schülern bewusst, was sie in einer Unit gelernt haben. Der Lehrkraft gibt es zudem einen Überblick zum Lernstand und ermöglicht eine individuelle Förderung. Die Portfolioseiten können herausgetrennt und in eine gesonderte Portfoliomappe geheftet werden.

Raps und Gedichte

Beim rhythmischen Sprechen von Gedichten und Raps erleichtern Melodie und Rhythmus den Schülerinnen und Schülern, die fremden Laute zu artikulieren. Dies ermöglicht es ihnen, auch komplexere englische Sprachmuster zu verwenden, die sie beim freien Sprechen überfordern würden.

Schülerkette

Eine Schülerkette bietet die Möglichkeit, die ganze Klasse einzubeziehen. Eine Schülerin oder ein Schüler stellt etwas vor oder macht eine Aussage zu einer Frage und gibt diese weiter. Ein Mitschüler antwortet und stellt dann die Frage erneut (S1: *How are you? What did you do yesterday?* S2: *I'm fine. I listened to music. How are you? What did you do yesterday?* S3: *I'm fine. I …*).

Spiralförmiges Lernen

Im Sinne des spiralförmigen Lernens ist es für die Behaltensleistung unabdingbar, zu einem späteren Zeitpunkt immer wieder auf schon Gelerntes zurückzukommen und dieses dadurch zu festigen. Es empfiehlt sich beispielsweise, einen Rap oder ein Gedicht immer wieder aufzugreifen. Durch ständiges Wiederholen festigt sich die Sprache. Dies gilt natürlich auch für bereits eingeführte Redemittel und für den Wortschatz. Die Redemittel sollten im Laufe der Zeit nach Möglichkeit mit neuem Wortschatz variiert und auf andere Situationen übertragen werden.

Sprachbad

Bei der Begegnung mit einer fremden Sprache, auch wenn sie wie im Englischunterricht didaktisch aufbereitet ist, erfahren die Schülerinnen und Schüler, dass sie vieles noch nicht verstehen. Sie lernen mit dieser Situation umzugehen und sie zu meistern, indem ihnen Fertigkeiten des schrittweisen Erschließens von Hör- und Lesetexten vermittelt werden. Bilder helfen beim Hör- und Leseverstehen, da sie einen Kontext schaffen.

Sprachmittlung

Unter Sprachmittlung versteht man die sinngemäße Überführung eines Inhalts von einer Ausgangssprache in eine Zielsprache. Die Aufschrift auf einem Poster oder einem Angebotsschild erklären zu können, fällt ebenso unter Sprachmittlung, wie die wichtigsten Punkte eines Gesprächs wiederzugeben. Die Schülerinnen und Schüler sollen dazu befähigt werden, in Alltagssituationen sprachmittelnd zu agieren und zu entscheiden, welche Informationen in der jeweiligen kommunikativen Situation wichtig sind und welche nicht.

Stummer Impuls

Ein stummer Impuls ist ein nonverbaler Denkanstoß an die Lerngruppe ohne weitere konkrete Vorgabe. Dies kann eine Geste sein, ein Bild, ein stummer Anschrieb oder ein Symbol. Die Schülerinnen und Schüler sollen völlig frei assoziieren und sich äußern. Der stumme Impuls wird zumeist als Einstieg in den Unterricht eingesetzt. Konkreter gefasst, kann darunter auch ein Zeichen verstanden werden, das den Schülerinnen und Schülern eine nonverbale Arbeitsanweisung gibt und sie zum Handeln auffordert.

Verwendung der Muttersprache

Je mehr fremdsprachlicher Input an die Schülerinnen und Schüler herangetragen wird, umso schneller hören sie sich in die neue Sprache ein. Dennoch gibt es Unterrichtssituationen, bei denen der Einsatz der Muttersprache sinnvoll ist, z. B. beim Sprechen über landeskundliche Themen.

Think–Pair–Share

Bei der Lernform *Think–Pair–Share* gelangen die Schülerinnen und Schüler von einer individuellen zu einer gemeinsamen Lösung. Dies geschieht in drei Phasen. Für jeden Arbeitsschritt sollten Sie ein Zeitlimit setzen.

<u>Phase 1 – Einzelarbeit:</u> Jede Schülerin oder jeder Schüler denkt für sich allein über die Aufgabenstellung nach und macht sich evtl. Notizen.

<u>Phase 2 – Partnerarbeit</u>: Je zwei Schülerinnen und Schüler besprechen ihre Notizen, kommen zu einer gemeinsamen Lösung und notieren diese.

<u>Phase 3 – Gruppenarbeit:</u> Zwei Schülerpaare bilden eine Vierergruppe und besprechen ihre Lösungen oder alle Schülerpaare stellen ihre Ergebnisse im Plenum vor.

Classroom language

Beginning the lesson

Good morning, boys and girls.
Hello, everybody.
How are you today?
I'm fine, thank you.
Nice to see you.
Who isn't here today?

Classroom management

Open/Close the window/door, please.
Come to the board, please.
Hurry up.
Let's say it together.
Do you remember …?
Listen to …
Look at …
OK, let's start with …
Be quiet, please.
Stand up, please.
Sit down, please.
Stand in a line, please.
Stop talking.
Take a chair and form a circle/semicircle.
What's … in English?
Where is your …?

Commenting on the pupils' work

Excellent.
Fine.
Good.
Great.
OK.
Well done.
That is / That's much better now.
That is / That's right.
That is / That's very good.
Try again, please.
Who can help?

Working with the books

Ask and answer with a partner / two partners.
Ask your partner/partners.
Draw a …, please.
Draw lines and write the answers.
Check your answers.
Circle the …
Open your books at page …
Close your books.
Colour the picture.
Fill in the numbers.
Find the words.
Let's look it up in the dictionary.
Listen and colour/circle/match/tick/
tick or cross out.
Listen and find …
Listen and point to …
Listen and tick the right answer.
Listen to the CD / to me.
Look at the pictures.
Look at the top/bottom of the page.
Please take out the dialogue cards.
Read the text in your pupil's book on page …
Look at number …
Take out your pencil / felt tips, please.
Take out your pupil's books / workbooks, please.
Trace and write.
Compare … and …

Listening, speaking and singing

Let's learn a new rap.
Let's start with a rap.
Listen carefully.
Listen, please.
Say it again, please.
Speak up/louder, please.
Let's all say it.
Tell the class.
Listen to me / the CD.
Look at my tongue/lips.
Repeat after me.

Playing games

Let's play a game.
Find a partner.
Form groups of four.
It is / It's your turn.
Let's make two teams, team A and team B.
Form a line / a circle / two circles, please.
Take a card.
Throw the dice.
What is / What's missing?
Who is / Who's next?
You have a pair.

Finishing the lesson

Your homework is …
See you next time.
See you later/tomorrow / on Wednesday.
Have a nice day.
Let's finish.
Please clean the blackboard.
Put everything away.
Time is / Time's up.
We have to stop now.
Goodbye.
Bye.

Klasse: ________ Datum: ______________ Name: ____

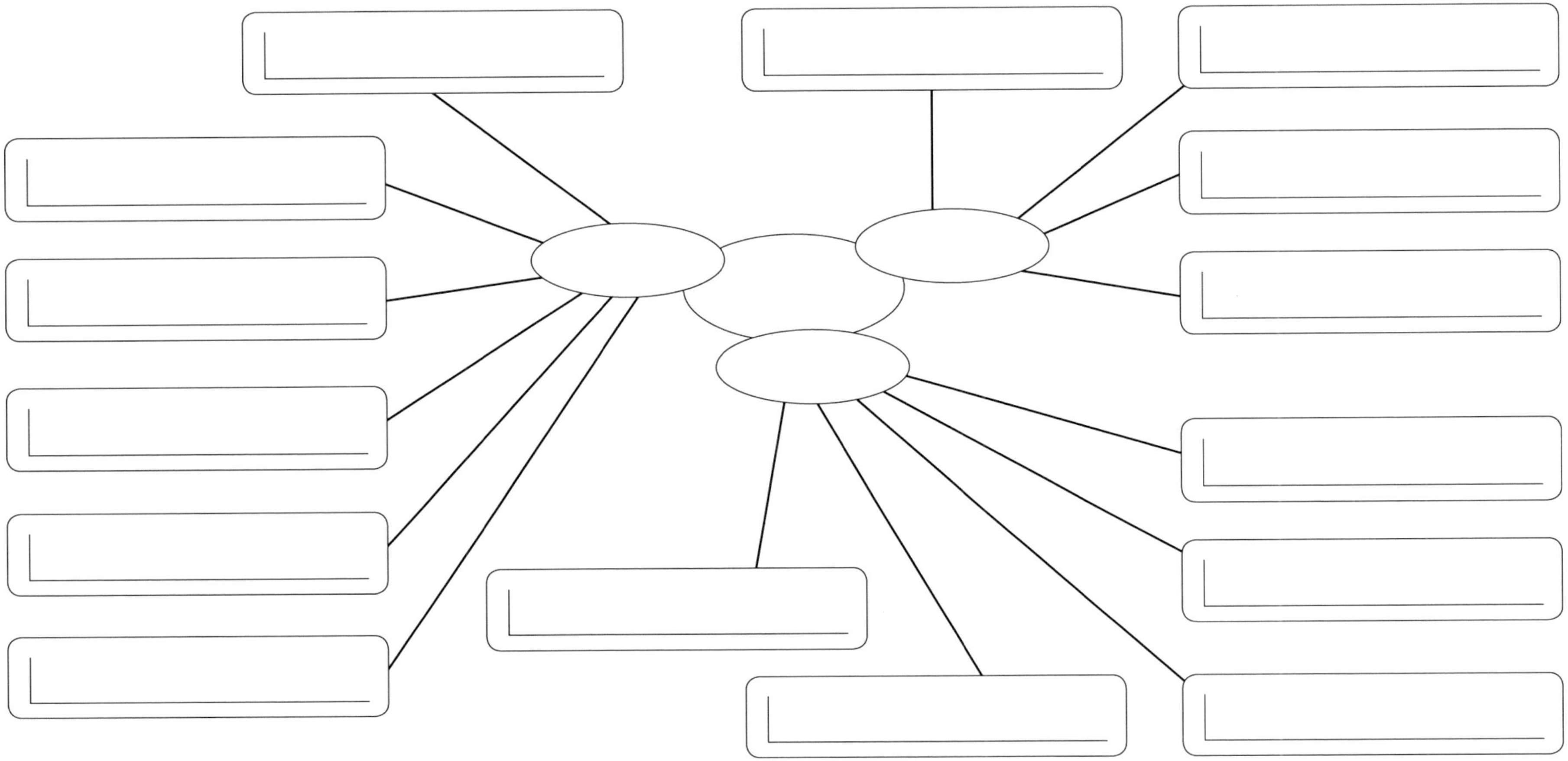

Einschätzung der Lernentwicklung

Kopiervorlage

(angelehnt an den Europäischen Referenzrahmen für Sprachen)

Klasse: ______________ Schuljahr: ______________ Beobachtungszeitpunkt: ______________________

Name Die Schülerin / Der Schüler kann																									
Hörverstehen																									
vertraute Ausdrücke und einfache Sätze verstehen.																									
das Wesentliche von kurzen, klaren und einfachen Mitteilungen und Durchsagen verstehen.																									
Mündliche Interaktion																									
sich auf einfache Art verständigen, wenn es um einen direkten Austausch von Informationen geht.																									
einfache Fragen stellen und beantworten.																									
einfache Feststellungen treffen oder auf solche reagieren, sofern es sich um vertraute Themen handelt.																									
Leseverstehen																									
kurze, einfache Texte lesen und verstehen.																									
Schriftliche Produktion																									
einfache Notizen, Sätze und Mitteilungen schreiben.																									
Selbstkompetenz																									
Gelerntes im Portfolio dokumentieren.																									

Einschätzungskategorien: a: sicher; b: recht sicher / wenige Fehler; c: teilweise / mit Hilfe; d: kaum / nur mit Hilfe

Vorschläge zur Unterrichtsgestaltung

Erläuterungen zur Unit *English around the world*

Schülerbuch (Sb) S. 4–9, Arbeitsheft (Ah) S. 3–10

Inhalt

Im landeskundlichen Mittelpunkt von *Klick! Englisch 5* stehen die Länder Indien, Kanada, Australien und Südafrika, in denen Englisch zumindest eine der offiziellen Landessprachen ist. Zum Auftakt lernen die Schülerinnen und Schüler diese vier englischsprachigen Länder anhand einer Weltkarte und damit Englisch als weltweit verbreitete Sprache kennen. Es werden ihnen vier Jugendliche vorgestellt: Samir aus Indien, Liam aus Kanada, Olivia aus Australien und Megan aus Südafrika, die sie durch das Lehrwerk begleiten und ihnen stellvertretend die Interessen, Probleme, Wünsche und Pläne von Jugendlichen vermitteln. Gemäß des Spiralcurriculums werden bekannte Sprachhandlungen wieder aufgegriffen, Kompetenzen vertieft und auf den neuen Kontext übertragen: andere Personen und sich selbst vorstellen, Dinge miteinander vergleichen und Sprachmittlung betreiben. Gleichzeitig wird den Schülerinnen und Schülern die Bedeutung von Englisch als Weltsprache bewusst gemacht. Unter Einsatz neuer Medien praktizieren sie das Ausarbeiten und Präsentieren einer Gruppenarbeit.

Neuer Wortschatz		**Redemittel – Wiederholung und Erweiterung**
• *any* • *Australia* • *Canada* • *country* • *do the dishes* • *Great Britain* • *holiday* • *India* • *Ireland* • *just*	• *language* • *love* • *not* • *same* • *school trip* • *South Africa* • *speak* • *United States of America (USA)* • *who*	**Kurze Adjektive steigern:** • *cool – cool**er** – the cool**est*** • ***good** – **better** – the **best*** **Mit kurzen Adjektiven Dinge miteinander vergleichen:** • *The song "You're the one" is **cool**, but "K1" is **cooler**.* • *"Waking up" is **the coolest** song.* • *"K1" is **cooler** than "You're the one".*

Kompetenzen

- Hörtexten durch präzises Zuhören (mit visueller Unterstützung) gezielt Informationen entnehmen
- Die geografische Lage englischsprachiger Länder bestimmen; landeskundliches Wissen darbieten
- Gehörte Informationen über Personen notieren; die Personen anhand der Informationen vorstellen
- Einfache Dialoge führen; Klassengemeinschaft fördern durch gegenseitiges Befragen
- Einem Chat wesentliche Information entnehmen und wiedergeben
- Dinge (hier: Popsongs) miteinander vergleichen
- Englische Begriffe im deutschen Sprachgebrauch finden und deren Bedeutung erklären
- Präsentationen mit neuen Medien in der Gruppe kooperativ vorbereiten und vortragen

Konzeption der Unit – Seitenübersicht des Schülerbuchs

Einstiegsseite (S. 4)	**Zentrale Inhalte (S. 5)**
• Bildbetrachtung und Hörverstehen: Anhand von Informationen auf der Weltkarte Länder identifizieren • Aus einem Hörtext Notizen zu Personen machen, diese vorstellen; sich selbst vorstellen	• Aktivieren des landeskundlichen Vorwissens über die USA und Großbritannien • Ein Klassengespräch über Sprachen führen • Umfrage und Wörterbucharbeit zu Sprachen und Ländern
Zentrale Inhalte (S. 6)	**Weiterführendes (S. 7)**
• Vergleiche anstellen: → *cool – cooler – the coolest*; *good – better – the best* • Sprachmittlung: Englischsprachige Angebote und Werbeposter verstehen und erklären	• Kompetenzerweiterung: In Gruppenarbeit einen Vortrag mit neuen Medien vorbereiten und präsentieren
Weiterführendes (S. 8)	**Zusammenfassung (S. 9)**
• Cartoon (Englisch auf Reisen) • Förderung der Lese- und Sprechkompetenz	• Wortschatzliste • Zusammenfassung der gelernten Redemittel

Stunde 1: Einführung in das zentrale Thema: Englisch als Weltsprache

Wortschatz
Australia, Canada, country, Great Britain, India, Ireland, South Africa, United States of America (USA), °around the world

Redemittel
bekannt

Material
- Schülerbuch S. 4 Nr. 1, 2, S. 5 (Karte)
- CD 1.2, 1.3
- Flaggen; große Weltkarte
- W *Germany, Australia, Canada, Great Britain, India, Ireland, South Africa, USA; Klick! Englisch 4* Unit 0: *east, north, south, west*

1. Auf das Thema einstimmen

Flaggen

Heften Sie verschiedene Landesflaggen an die Tafel. Rufen Sie das Vorwissen der S in Erinnerung (L: *What colour is the German/British/American flag?*). Fügen Sie die Flaggen der Länder Indien, Kanada, Australien und Südafrika hinzu und befragen Sie S zu ihrem Vorwissen über diese Länder.

2. Wortschatz anhand der Weltkarte einführen

Schülerbuch S. 4, 5 Nr. 1, CD 1.2, Weltkarte

Hängen Sie eine große Weltkarte in das Klassenzimmer. Nennen Sie verschiedene Länder, einschließlich der englischsprachigen, und bitten Sie einzelne S, diese auf der Weltkarte zu zeigen (L: *Look and find Germany, Great Britain, India, South Africa, … on the map*). Spielen Sie die CD vor, wiederholen Sie die Ländernamen mehrmals im Chor (→ **Chorsprechen**) und lassen Sie die Länder nochmals von einzelnen S auf der Weltkarte zeigen. Anschließend betrachten S die Weltkarte im Schülerbuch. Lassen Sie S zur besseren Orientierung auch hier Deutschland finden. Spielen Sie die CD erneut vor. S wiederholen die Ländernamen im Chor, suchen das Land auf der Weltkarte im Schülerbuch und tippen darauf.
Stellen Sie zur Vorentlastung zu Schülerbuch S. 8 Nr. 2, 3 folgende Frage: *Where is Cornwall?*

Hörtext 1.2:

English around the world. Listen and repeat. Find the places on the map: Australia, Canada, Great Britain, India, Ireland, South Africa, The United States of America (the USA).

3. Wortschatz üben, Gelerntes wiederholen

Weltkarte, W, Schülerbuch S. 4, 5

Wiederholen Sie die Begriffe für die Himmelsrichtungen und bitten Sie einzelne S, die entsprechenden Wortkarten an der großen Weltkarte anzuheften. Teilen Sie S in Gruppen ein. Je nach Gruppengröße erhalten je zwei oder drei S eine Wortkarte mit einem Ländernamen. Bitte achten Sie darauf, jede Ihrer Handlungen auf Englisch zu kommentieren und die Begriffe zu nennen.

Fragen Sie nach der geografischen Lage der Länder. S sollten sich kurz beraten können, bevor sie die Wortkarte an der Weltkarte anbringen.

L: *Find the country on the map. Where is India?*
S: *India is here. India is north and east of South Africa. / … Canada is north of the USA. / …*

S wenden sich wieder ihren Schülerbüchern zu und versuchen in Partnerarbeit, die Hauptstädte zu finden (S 1: *What's the capital of …?* S 2: *It's… Where is it?* S 3: *It's in the north/south/east/west.*).

4. Hörverstehen üben und überprüfen

Schülerbuch S. 4 Nr. 2 a, b, CD 1.3

Stellen Sie die Teenager im Schülerbuch mit Namen vor. S versuchen, anhand der auf den T-Shirts abgebildeten Flaggen das Herkunftsland der Personen zu erkennen (L: *Where is Samir/Olivia/… from?* S: *He's/She's from …*). Spielen Sie die CD vor. S teilen mit, was sie verstanden haben. S übertragen nun dreifach die Stichpunkte des Notizzettels in ihr Heft. Während des zweiten Hörens machen sich S Notizen. Stoppen Sie evtl. die CD nach jedem Sprechbeitrag, um S Zeit für ihre Notizen zu geben. Ein erneutes Hören dient der Ergebniskontrolle (Hörtext siehe S. 24 Nr. 1). Im Anschluss stellen S in Partnerarbeit nach vorgegebenem Muster die vier Personen vor.

5. Transfer

Schülerbuch S. 4 Nr. 2 c

Leiten Sie die Übung als Sprachvorbild mit einer Selbstvorstellung ein, evtl. von lernstarkem S mit Ihrer Unterstützung (S: *My name is … I'm from … I'm … (age). I like … (activity) …*). Je nach Leistungsstand der S können weitere Kriterien hinzugefügt werden (z. B. *I have a brother. / I have a dog …*). Entwickeln Sie hierfür gemeinsam mit S einen Stichpunktzettel an der Tafel, den S in ihr Heft übertragen. Lernschwächere S erhalten zusätzlich *activities* zur Auswahl. Nun stellen sich S in Partnerarbeit gegenseitig vor. Bitten Sie lernstärkere S, sich Notizen zu ihrem Partner zu machen und ihn nach dieser Erarbeitungsphase dem Plenum vorzustellen.

Stunde 2: Jugendliche aus englischsprachigen Ländern

Wortschatz
language, speak

Redemittel
bekannt

Material
- Schülerbuch S. 4, 5 Nr. 3, 4
- Arbeitsheft S. 3 Nr. 1, 2, S. 4 Nr. 1, 2, S. 5 Nr. 1, 2
- Arbeitsheft-CD 2, 3, 4
- kleine Karteikarten
- Weltkarte, DIN-A4-Blätter, Wörterbücher/Internet

1. Hörverstehen üben, Wortschatz schreiben

Arbeitsheft S. 3 Nr. 1, 2, Arbeitsheft-CD 2

Als Teil des → **Einstiegsrituals** betrachten S zur Einstimmung auf Nr. 1 vor dem Hören in Partnerarbeit die Weltkarte im Arbeitsheft und nennen die Namen der farbig markierten Länder. Als Hilfe kann die Weltkarte im Schülerbuch dienen. Spielen Sie nun die CD vor. Beim erneuten Hören schreiben S die entsprechenden Zahlen in die Kästchen. Die Ergebniskontrolle erfolgt im Plenum (Hörtext siehe S. 24, 25 Nr. 2). Nr. 2 kann in Stillarbeit oder als Hausaufgabe gelöst werden.

2. Hörverstehen und Redemittel üben

Schülerbuch S. 4, 5, Arbeitsheft S. 4 Nr. 1, Arbeitsheft-CD 3

S betrachten im Schülerbuch die Abbildungen der vier Teenager und sprechen über deren Herkunftsländer (L: *This is … – Where is he/she from?* – S: *… is from India/…*). S schlagen ihre Arbeitshefte auf. Erläutern Sie die Vorgehensweise zu Nr. 1 a und spielen Sie die CD vor. Beim zweiten Hören schreiben S die entsprechenden Anfangsbuchstaben der Namen in die Kästchen (Hörtext siehe S. 25 Nr. 3). Besprechen Sie anschließend das Ergebnis (L: *Who likes reading magazines?* – S: *Megan likes …*). Erläutern Sie nun Nr. 1 b. Beim erneuten Hören kreuzen S die Kästchen an. Die Ergebniskontrolle ist gleichzeitig eine Wiederholung bekannter Redemittel (L: *How many brothers and sisters does … have?* S: *He/She has …*).

3. Bekannte Redemittel schreiben

Arbeitsheft S. 4 Nr. 2

S lösen die Aufgaben in Einzelarbeit. Lernstärkere S können ergänzend die Sätze aus Nr. 2 a in der 3. Person in ihr Heft schreiben.

4. Landeskundliches Vorwissen aktivieren

Schülerbuch S. 4, S. 5 Nr. 3, kleine Karteikarten

Zur Einstimmung suchen S Großbritannien und die USA auf der Weltkarte im Schülerbuch. Lesen Sie gemeinsam mit S die Begriffe in Nr. 3 b. S erhalten den Auftrag, mit einem Partner je einen Satz Karteikarten mit diesen Begriffen zu erstellen. Die Karten werden verdeckt auf einen Stapel gelegt. Die Partner ziehen abwechselnd einen Begriff und führen folgenden Dialog:
S1: *Pounds are British. / …*
S2: *I agree. / I don't agree. Pounds are …*
Sind beide S der gleichen Meinung, legen sie die jeweilige Karte auf einen ‚britischen' oder ‚amerikanischen' Stapel. Vorgehensweise und Redemittel sollten zuvor besprochen und evtl. zur Unterstützung an der Tafel festgehalten werden. Anschließend werden die Ergebnisse im Plenum besprochen. Bitten Sie S, weitere Beispiele zur US-amerikanischen und britischen Landeskunde zu finden (*Pancake Day, rugby, Loch Ness, Super Bowl, Redwood trees, …*) und nach dem gleichen Muster zu besprechen.

5. Hörverstehen üben, Schreiben festigen

Arbeitsheft S. 5 Nr. 1, 2, Arbeitsheft-CD 4

Spielen Sie die CD vor, S betrachten die Bilder. Beim zweiten und dritten Hören lösen S Nr. 1. Die Ergebniskontrolle erfolgt im Plenum (Hörtext siehe S. 25 Nr. 4). Nr. 2 können S mithilfe des Reservoirs und der CD als Hausaufgabe lösen.

6. Ein Klassengespräch führen

Schülerbuch S. 5 Nr. 4, Wörterbücher, evtl. Internet, evtl. Weltkarte, DIN-A4-Blätter

Eröffnen Sie das Thema *language* mit Informationen über Ihre eigenen Sprachkenntnisse (L: *German/… is a language. I speak German and English. People in Turkey speak Turkish. / … What languages do you speak?*). S antworten mit Ihrer Hilfe. Visualisieren Sie die Antworten an der Tafel mit Mindmaps, in deren Zentrum die Sprache steht, außen die entsprechenden Länder dazu. S erhalten nun die Aufgabe, auf DIN-A4-Blättern Mindmaps zu ihren Sprachen und den entsprechenden Ländern zu erstellen. Sie können hierfür das Internet und/oder Wörterbücher nutzen. Die Mindmaps dienen als Grundlage für das Klassengespräch. Die Ergebnisse können in einem Wanddiagramm festgehalten werden. Ergänzend können S die Länder auf der großen Weltkarte suchen. Lernstärkere Klassen gestalten diese Aufgabe als Umfrage mit anschließender Präsentation.

Stunde 3: Weltweiter Austausch mittels Internet und der englischen Sprache

Wortschatz
any, just, love

Redemittel – Wiederholung und Erweiterung
- *cool – cooler – the coolest*
- *good – better – the best*
- *… is cooler than …*

Material
- Schülerbuch S. 4, 5 (Karte), S. 6 Nr. 1
- Arbeitsheft S. 6 Nr. 1, 2
- CD 1.4
- Arbeitsheft-CD 5, 6
- *Klick! Englisch 3* Unit 3

1. Gelerntes festigen

Schülerbuch S. 4, 5

Zum ➞ **Einstiegsritual** schlagen S ihre Schülerbücher auf. Sprechen Sie mit ihnen über die vier Teenager und die Größe ihrer Herkunftsländer. Unterstützen Sie S dabei.
L: *Where is Samir/Olivia/Liam/Megan from?*
S: *… is from India/Australia/Canada/…*
L: *India is a big country. What about Australia, Canada, South Africa?*
S: *Australia is bigger than India. Canada is the biggest / South Africa is the smallest country.*
Ermuntern Sie S, anhand der Weltkarte die Größe anderer Länder miteinander zu vergleichen.

2. Das Thema vorbereiten

Schülerbuch S. 6 Nr. 1, *Klick! Englisch 3* Unit 3

Betrachten Sie gemeinsam mit S die Abbildung und fragen Sie nach der Textsorte und nach dem Thema (L: *Is it a story / an e-mail / a blog / …? Where can you find it? What is it about? Who is Big C?*). Fragen Sie S, wer die Chat-Mitteilungen geschrieben haben könnte (L: *Look at the chat names. Do you know these fans?*). Führen Sie ein Unterrichtsgespräch über den Umgang der S mit Computern und dem Internet und wiederholen Sie dabei Redemittel aus *Klick! Englisch 3*, Unit 3: *Modern media* (➞ **Spiralförmiges Lernen**).
L: *Do you have a computer / webcam / digital camera? Do you download music / take/send photos / write e-mails/blogs / chat online / …?*
S: *Yes, I do. / No, I don't.*
L: *How often do you use a computer / the Internet / write e-mails / chat online / …?*
S: *I often/sometimes/never …*
<u>Hinweis</u>: Weisen Sie S darauf hin, in Chatrooms zur eigenen Sicherheit nie den vollständigen Vor- und Nachnamen preiszugeben, sondern Fantasie- oder Spitznamen zu verwenden.

3. Hörverstehen und Leseverstehen üben

Schülerbuch S. 6 Nr. 1 a, CD 1.4

S schließen ihre Schülerbücher. Spielen Sie die CD vor (Text entspricht Schülerbuch S. 6 Nr. 1 a). Fragen Sie S nach dem wesentlichen Inhalt (L: *What are they talking about – a film, a book?*). Bitten Sie S, ihre Schülerbücher aufzuschlagen. Spielen Sie die CD erneut vor, S lesen leise mit. Stellen Sie nun differenziertere Fragen (L: *What did Liam buy? What is Liam's/Olivia's/Samir's/ Megan's favourite song? Where is Big C's next concert?*). Zum Üben der Aussprache lesen S den Text wiederholt parallel zur CD laut mit (➞ ***buzz reading***). Anschließend können sie die Chat-Mitteilungen mit verteilten Rollen vortragen.

4. Vergleiche anstellen

Schülerbuch S. 6 Nr. 1 b

Schreiben Sie die Wörter *good, better, best, cool, cooler, coolest* ungeordnet an die Tafel. Fragen Sie S, welche Wörter zusammengehören und in welcher Reihenfolge sie diese nennen würden. Anschließend vervollständigen S die Sätze zunächst in Stillarbeit, besprechen evtl. mit dem Sitznachbarn mögliche Lösungen und stellen sie dem Plenum vor. S können danach noch andere regelmäßige Adjektive steigern (z. B. *hot, great*). Sammeln Sie mit S Titel aktueller Songs an der Tafel. Fordern Sie S auf, diese nach dem erlernten Sprachmuster miteinander zu vergleichen.

5. Hörverstehen üben

Arbeitsheft S. 6 Nr. 1, Arbeitsheft-CD 5, 6

Bitten Sie S, die Show-Kandidaten in Nr. 1 a zu beschreiben (*The blond boy is wearing a yellow jacket. The girl with the guitar has …*). Spielen Sie die CD, Track 5 vor, klären Sie gemeinsam mit S den Inhalt. Beim erneuten Hören schreiben S die Zahlen in die Kästchen. Verdeutlichen Sie, dass es sich in Nr. 1 b um Songtitel handelt. S tragen während des Hörens der CD, Track 6 Ziffern ein (Hörtexte siehe S. 25 Nr. 5, 6).

6. Redemittel anwenden (Schreiben/Sprechen)

Arbeitsheft S. 6 Nr. 2

Zur Vorbereitung sammeln S die Namen ihrer Lieblingspopstars an der Tafel (*My favourite popstar is … I like …*). S lösen die Aufgabe in Einzelarbeit und besprechen anschließend mit einem Partner ihre Ergebnisse auf Englisch.
<u>Auftrag</u>: Bitten Sie S, zur nächsten Stunde deutsches Werbematerial, Zeitschriften, Flyer zu sammeln, in denen englische Begriffe vorkommen.

Stunde 4: Kompetenzfestigung: Anglizismen erkennen; Sprachmittlung

Wortschatz teilweise unbekannt **Redemittel** bekannt	**Material** – Schülerbuch S. 6 Nr. 2 – Arbeitsheft S. 7 Nr. 1, 2 – Arbeitsheft-CD 7 – Werbematerial, Zeitschriften, Flyer, Folie – Wörterbücher, Schülerbuch Wörterliste S. 51–56 – Requisiten für das Rollenspiel

1. Geferntes festigen, das Thema vorbereiten

Werbematerial, Zeitschriften, Flyer (ein Beispiel auf Folie kopiert), Wörterbücher

Sichten Sie nach dem → **Einstiegsritual** gemeinsam das mitgebrachte Material mit englischen Begriffen, ergänzen Sie dieses bei Bedarf. Lassen Sie einzelne Beispiele von S laut vorlesen, unterstützen Sie S dabei. Erinnern Sie S daran, bei der Bedeutungsentschlüsselung Bilder als Verständnishilfe zu nutzen. Machen Sie S bewusst, dass sie, um die Bedeutung zu erklären, nicht jedes Wort einzeln übersetzen müssen, sondern den Inhalt sinngemäß wiedergeben sollen (→ **Sprachmittlung**). Nehmen Sie dazu ein auf Folie kopiertes Beispiel aus dem mitgebrachten Material. Lesen Sie das Beispiel laut vor, um S als Sprachvorbild zu dienen, und unterstreichen Sie unbekannte englische Begriffe auf der Folie. Dann sprechen Sie im Plenum über die deutsche Bedeutung. Erst danach können S evtl. noch die wörtliche Übersetzung im Wörterbuch nachschlagen.

Bitten Sie nun S, sich in Partnerarbeit mit dem weiteren Material auseinander zu setzen und die englischen Begriffe und Aussagen auf Deutsch wiederzugeben. Versuchen Sie, S das Material ihrem Leistungsstand entsprechend zuzuordnen, indem lernstärkere Partner mehr oder schwierigeres Material erhalten. Die Paare stellen anschließend ihre Ergebnisse im Plenum vor.

2. Leseverstehen und Sprachmittlung üben

Schülerbuch S. 6 Nr. 2 a, b, Wörterbücher, -liste

S lösen Nr. 2 a mündlich in Partnerarbeit: Sie überlegen zunächst, wie sie Jens zum englischsprachigen Angebot des Cafés auf der Tafel links im Bild beraten würden. Dann gehen S zur rechten Seite des Bildes über und versuchen, alle Informationen zum Popstar Big C auf dem Werbeplakat zu verstehen und zu erklären (→ **Sprachmittlung**). Sie können ein Wörterbuch oder die Wörterliste am Ende des Schülerbuches zu Hilfe nehmen. Anschließend formulieren die Partner gemeinsam drei Fragen zum Plakat von Big C auf Deutsch, die sie beide in ihr Heft oder auf Karteikarten schreiben. Danach sucht sich je ein S jedes Paares einen neuen Partner. Diese neuen Partner stellen sich nun gegenseitig die Fragen und beantworten sie mündlich.

Zu Nr. 2 b erstellen die neuen Partner nun gemeinsam eine Mindmap im Heft, in der sie visualisieren, an welchen Orten oder in welchen Situationen sie im Alltag mit englischer Sprache konfrontiert werden. In der Mitte der Mindmap steht: *English around me*. Ergebnisse werden im Plenum zusammengetragen.

3. Hörverstehen und Sprachmittlung üben

Arbeitsheft S. 7 Nr. 1, Arbeitsheft-CD 7

Betrachten Sie zunächst mit S die Bilder und fragen Sie S, um welche Situationen es sich handeln könnte (L: *What can you see in the picture? How many people can you see? Where are they?*). Spielen Sie nun die CD vor. Beim zweiten Hören kreuzen S die entsprechenden Kästchen an. Stoppen Sie die CD evtl. nach jeder Szene (Hörtext siehe S. 25 Nr. 7).

4. Leseverstehen und Schreiben festigen

Arbeitsheft S. 7 Nr. 2 a, Arbeitsheft-CD 7

Besprechen Sie mit S, welche Situationen aus Nr. 1 hier aufgegriffen werden. Spielen Sie evtl. die CD noch einmal vor. S bearbeiten die Aufgabe in Einzelarbeit. Die Ergebniskontrolle erfolgt im Plenum durch Vorlesen der Dialoge.

5. Sprachmittlung im Rollenspiel festigen

Arbeitsheft S. 7 Nr. 2 b, Requisiten

Bilden Sie für das Rollenspiel Gruppen mit je drei S (→ **Dialoge und Rollenspiele**). Jede Gruppe stellt einen der beiden Dialoge aus Nr. 2 a als szenisches Spiel dar. Bereiten Sie für jeden S einen Zettel vor, je nach Klassenstärke drei-, oder sechsmal mit demselben Begriff: *cafe, ambulance*. Teilen Sie S die Zettel verdeckt aus. Je drei S mit Zetteln zu demselben Begriff finden sich zu einer Gruppe zusammen (→ **Gruppenbildung**). Stellen Sie Requisiten zur Verfügung, z. B. Bestellblock, Gläser; Arztkoffer (normale Tasche mit rotem Kreuz beklebt), ... S üben die Dialoge ein. Unterstützen Sie sie dabei. Lernstärkere S können die Dialoge auch variieren (z. B. durch anderes Getränk bzw. Körperteil). Jede Gruppe spielt ihre Situation vor.

Stunde 5: Kompetenzerweiterung: Präsentationen mit neuen Medien

Wortschatz
bekannt

Redemittel
bekannt

Material
- Schülerbuch S. 7 *Learning English*
- evtl. PC mit Internet, Drucker, USB-Stick
- evtl. Computerraum mit Kopfhörern
- Atlanten

1. Vorbesprechung von Thema und Produkt

Schülerbuch S. 7 *Learning English*

Betrachten Sie nach dem → **Einstiegsritual** mit S die dargestellte Bildseite im Schülerbuch. Lassen Sie S sich zunächst frei dazu äußern und kommen Sie dabei mit ihnen ins Gespräch über das Thema Präsentationen. Fragen Sie gezielt nach, um S die Schlüsselwörter aus dem Text ins Gedächtnis zu rufen (L: *What can you see in the pictures? What country is it? What's the Zugspitze/ Rhein? Is it a mountain/river/town/city? What's the capital of Germany/this country?*).
Lesen Sie die Textseite einmal vor. Lassen Sie S den Text leise lesen und fordern Sie sie auf, ein Wort auszuwählen, das sie nicht kennen. S fragen sich nun gegenseitig nach den unbekannten Wörtern (S: *What's 'mountain' in German? …*).
Lesen Sie anschließend gemeinsam mit S den Kasten *Learning English* und besprechen Sie die einzelnen Schritte der Vorbereitung und Durchführung der Präsentation. Weisen Sie auf den obligatorischen letzten Schritt einer Präsentation hin, nämlich den Zuhörern für die Aufmerksamkeit zu danken und ihnen die Möglichkeit zu geben, Fragen zu stellen (vgl. Sprechblase im Schülerbuch S. 7).

Hinweis: Die Recherche im Internet und die Aufbereitung der Präsentation per PC (Punkt 3. unten) ist als didaktische Reserve zu verstehen bei entsprechender Einrichtung in der Schule und zeitlicher Kapazität. Gerade lernschwächere S bedürfen dabei gemeinsamer Erarbeitung und Ihrer Unterstützung. Lernstärkere S mit Heimcomputer können die Recherche evtl. als Hausaufgabe erledigen.

2. Gruppenbildung und erste Schritte

Schülerbuch S. 7 *Learning English*, Atlanten

Bilden Sie Dreiergruppen (→ **Gruppenbildung**) und steuern Sie die Gruppenbildung ein wenig, sodass im Idealfall in jeder Gruppe gleichmäßig Kompetenzen im Bereich der Textverarbeitung und Recherche am PC und schriftsprachliche Fähigkeiten vertreten sind. Die Gruppen suchen sich nun ein Land aus. Stellen Sie dazu Atlanten mit Weltkarten zur Verfügung. Analog zum Schülerbuch S. 7 bereiten S einen Notizzettel vor.

3. Einführung in Textverarbeitung, Recherche

Schülerbuch S. 7 *Learning English*, PC mit Internet, Computerraum

Falls in der Schule eine entsprechende Einrichtung zur Verfügung steht, benutzen S für das weitere Prozedere den Computerraum. Sie nehmen die Bücher und die Notizzettel dorthin mit. Stellen Sie sicher, dass es einen geeigneten Speicherort für die Arbeitsergebnisse gibt. Dieser kann sich z. B. auf dem Server der Schule befinden. S sollten möglichst Basiskenntnisse in der Textverarbeitung und der Internetrecherche haben. Wiederholen Sie einige Tricks und Kniffe evtl. zuvor im Plenum mit einem Beamer und im Idealfall mit einem interaktiven Whiteboard, das sich besonders gut für die Arbeit mit S eignet. Mögliche Schwerpunkte für diese kleine Einführung könnten sein: Recherche von Bildern mittels Suchmaschinen; Kopieren und Einfügen von Bildern; Formatieren (Schriftart, -größe, -farbe etc.); sinnvolle Dokumentennamen; sicheres Speichern; Nutzen von Online-Wörterbüchern (Aussprache).

4. Erstellen der Bild- und der Textseite am PC

Schülerbuch S. 7 *Learning English*, PC, Drucker, USB-Stick

Weisen Sie S darauf hin, dass sie sich die Arbeit aufteilen können. Auf der Basis des ausgefüllten Notizzettels (siehe Punkt 2. oben) suchen S passende Bilder und schreiben ihren Text. Den Text im Schülerbuch können sie dazu als Hilfestellung nutzen. Nach Fertigstellung drucken die Gruppen ihren Text für jedes Gruppenmitglied aus. Speichern Sie die Präsentationen nach der Stunde auf einem USB-Stick.

5. Üben eines Vortrags

Schülerbuch S. 7 *Learning English*

Jede Gruppe teilt den Text so auf, dass jedes Mitglied am mündlichen Vortrag beteiligt ist. Geben Sie den Gruppen die Möglichkeit, räumlich getrennt zu üben. Weisen Sie S auf die Notwendigkeit des lauten und deutlichen Sprechens und des Blickkontakts hin. S erhalten die Hausaufgabe, ihren Teil des Vortrages zu üben.

Stunde 6: Kompetenzanwendung: Präsentieren mit neuen Medien, Reflexion

Wortschatz
bekannt

Redemittel
bekannt

Material
- Schülerbuch S. 7 *Learning English*
- Arbeitsheft S. 9 Nr. 1, 2
- Beamer und USB-Stick mit den Präsentationen oder OHP mit Folienausdruck der Bildseiten

1. Einen guten Vortrag definieren und üben

Schülerbuch S. 7 *Learning English*

Sammeln Sie nach dem → **Einstiegsritual** mit S Kriterien für einen guten Vortrag. Zeichnen Sie zur Erinnerung Symbole an die Tafel, z. B.: Pfeil = Bilder gut sichtbar zeigen, Mund = laut und deutlich sprechen, Auge = Blickkontakt halten. Weisen Sie noch einmal auf den Schluss der Präsentation hin, der einen Dank an die Zuhörer beinhaltet und ihnen die Möglichkeit zum Fragenstellen gibt (siehe Sprechblase im Schülerbuch, S. 7). Geben Sie den Gruppen die Gelegenheit, den Vortrag nochmals räumlich getrennt voneinander zu üben und dabei besonders auf die Kriterien zu achten.

2. Feedback vorbereiten

Arbeitsheft S. 9 Nr. 1, 2

Lesen und besprechen Sie VOR den Präsentationen gemeinsam mit S die Aufgabenstellungen im Arbeitsheft. Nr. 1 bearbeiten S als Zuhörer während oder kurz nach jeder Präsentation. Stellen Sie sicher, dass S alle englischen Begriffe der Tabelle kennen. Sie entsprechen den Punkten des Notizzettels im Schülerbuch. S sollen nur die Punkte ankreuzen, die im Vortrag einer Gruppe vorkommen. So können sie den Gruppen jeweils Feedback geben, ob in ihrer Präsentation alle Punkte angesprochen wurden, und evtl. nachfragen, warum etwas fehlte. S können ihr Feedback auf Deutsch oder auf Englisch geben (evtl. Redemittel erarbeiten, z. B.: S 1: *Why didn't you talk about a mountain in …?* S 2: *Because there is no mountain in …*).
Nr. 2 dient der Selbsteinschätzung der einzelnen Gruppen auf Deutsch. S sollen dabei ihre eigenen Beobachtungen während des Vortragens und die Reaktion der Zuhörer/Zuschauer während und direkt nach der Präsentation mit einbeziehen.

3. Präsentation, Feedback der Zuhörer

Beamer und USB-Stick mit den Präsentationen oder OHP mit Folienausdruck der Bildseiten, Arbeitsheft S. 9 Nr. 1

Die Gruppen präsentieren ihr Land anhand der gestalteten Bildseite, die mit einem Beamer oder einem OHP an die Wand projiziert wird. Helfen Sie bei Schwierigkeiten, flüstern Sie Sätze evtl. vor. Die übrigen S bearbeiten während des Zuhörens Nr. 1 im Arbeitsheft. Jeder Vortrag wird natürlich mit Applaus honoriert (→ **Lob**). Anschließend geben die Zuhörer der Gruppe Feedback: Mithilfe von Arbeitsheft Nr. 1 sagen sie zunächst (auf Deutsch oder auf Englisch), ob der Vortrag vollständig war oder nicht. Dann gehen S (auf Deutsch) die an der Tafel festgehaltenen Kriterien durch: Was war sehr gut? Was war gut? Was hätte die Gruppe besser machen können?

4. Feedback reflektieren, Selbsteinschätzung

Arbeitsheft S. 9 Nr. 2

S finden sich wieder in ihren Gruppen zusammen. Sie beurteilen ihre Präsentation nach den vorgegebenen Kriterien (Nr. 2 a) und fassen ihre Selbsteinschätzung zusammen (Nr. 2 b). Dabei beziehen sie das Feedback der Zuhörer mit ein.

5. Didaktische Reserve

Bei größerem Stundenvolumen bzw. in lernstärkeren Klassen bietet sich ein Spiel zur Wissenssicherung an. Es besteht aus zwei Teilen:

1. Vorbereitung: Festigung der Inhalte
Bilden Sie neue Gruppen. In jeder Gruppe sollte mindestens ein Mitglied aus den alten Gruppen vertreten sein. So kann möglichst viel Wissen über die Länder ausgetauscht werden (→ **Gruppenbildung**). Jeder S erstellt im Heft einen Notizzettel mit den fünf Oberbegriffen für jedes Land, über das ein Vortrag gehalten wurde. Die Inhalte werden später ausgefüllt. Erarbeiten Sie gemeinsam mit allen S Redemittel, mit denen sie sich gegenseitig befragen können (z. B.: *What's the capital of …? What's the name of a big mountain / a long river / a famous sight in …? What language do people speak in …? It's …*). Nun tauschen sich S innerhalb jeder Gruppe über die Länder aus und füllen ihre Notizzettel.

2. Durchführung: Spiel zur Wissenssicherung
Alle Mitglieder einer neuen Gruppe stellen sich in einer Reihe hintereinander auf. Daneben die Mitglieder der nächsten neuen Gruppe usw. Stellen Sie nun gemischt die erarbeiteten Fragen zu allen Ländern. Nur der vorderste S aus jeder Gruppe darf antworten, evtl. mithilfe der Notizen im Heft. Eine Gruppe erhält dann einen Punkt, wenn der erste S wieder vorne steht. Die Gruppe mit den meisten Punkten gewinnt.

Stunde 7: Cartoon – Text erschließen, über Inhalt reflektieren, Dialoge führen

Wortschatz
do the dishes, holiday, not, same, school trip, who

Redemittel
bekannt

Material
- Schülerbuch S. 4, 5 (Karte), S. 8 Nr. 1–4
- Arbeitsheft S. 8 Nr. 1, 2
- CD 1.5
- Arbeitsheft-CD 8
- *Klick! Englisch 3* Sb S. 6, S. 22; Karte von GB

1. Bilder als Verständnishilfe nutzen

Schülerbuch S. 8 Nr. 1

Betrachten Sie mit S die Bilder des Cartoons im Schülerbuch und lassen Sie über die Situation Vermutungen anstellen. Regen Sie S an, sich auf Englisch zu äußern, führen Sie dabei neuen Wortschatz ein (L: *I often go camping in my holidays. What do you do in your holidays? I make dinner / do the dishes every day. How often do you …?*).

2. Hör- und Leseverstehen üben

Schülerbuch S. 8 Nr. 1, CD 1.5

Bitten Sie S, die Schülerbücher zu schließen. Spielen Sie die CD vor (Text entspricht Schülerbuch S. 8 Nr. 1). S geben sinngemäß wieder, was sie verstanden haben. Vergleichen Sie dies mit den zuvor geäußerten Vermutungen. S öffnen ihre Schülerbücher und lesen beim zweiten Hören den Text leise mit (→ ***buzz reading***). Bei Bedarf klären S Wörter durch Nachfragen (S: *What's … in German?*). Danach fassen sie den Inhalt auf Deutsch zusammen.

3. Nachsprechen und Lesen üben

Schülerbuch S. 8 Nr. 1, CD 1.5

Spielen Sie die CD erneut vor. Stoppen Sie die CD nach jeder Szene, S sprechen die Sätze im Chor nach (→ **Chorsprechen**). Danach üben S den Dialog in Partnerarbeit und tragen ihn schließlich der Klasse vor.

4. Leseverstehen und Landeskunde vertiefen

Schülerbuch S. 4, 5, S. 8 Nr. 2, 3; *Klick! Englisch 3* Schülerbuch S. 6, S. 22; Karte von Großbritannien

Erarbeiten Sie mit Rückgriff auf Landkarten und das landeskundliche Vorwissen der S die Lösung von Nr. 2 und 3 gemeinsam im Klassengespräch.

5. Dialog verstehen, schreiben, führen

Arbeitsheft S. 8 Nr. 1, Arbeitsheft-CD 8

Betrachten Sie mit S zur Vorentlastung des Hörtextes das Bild. Lassen Sie S Vermutungen zu Situation und Verlauf der Handlung anstellen. Bitten Sie S, ihre Arbeitshefte zu schließen. Spielen Sie die CD vor. Sammeln Sie an der Tafel, was S verstanden haben und vergleichen Sie dies mit den zuvor geäußerten Vermutungen. Vertiefen Sie das Hörverstehen nach dem zweiten Vorspielen, indem Sie zum Text falsche und richtige Aussagen machen (→ **Alternativaussagen**). S nennen die richtigen Aussagen.

<u>Beispiel:</u>
1. *Jean-Luc can open the door.* > *is late*
2. *Nico has a key.* > *doesn't have a key*
3. *Jean-Luc doesn't speak English.* > *speaks*
4. *Nico is from Cornwall.* > *Germany*

S schlagen ihre Arbeitshefte auf, hören die CD erneut und schreiben mithilfe des Reservoirs in Einzelarbeit den Dialog. Sie vergleichen ihre Ergebnisse mit einem Partner. Die Schülerpaare üben den Dialog und tragen ihn der Klasse vor.

Hörtext 8:
Listen, read and write.

Jean-Luc: *Ah! Je suis en retard.*
Nico: *What's the problem? Do you speak English?*
Jean-Luc: *Yes, I do. I'm late. I can't open the door.*
Nico: *Oh no, I'm late too. And I don't have a key.*
Jean-Luc: *Are you in Cornwall on a school trip too?*
Nico: *Yes, I am. I'm from Munich. That's in Germany. Where are you from?*
Jean-Luc: *I'm from Lyon. That's in France.*
Nico: *So what do we do now?*

6. Lese-, Sprech-, Schreibkompetenz festigen

Arbeitsheft S. 8 Nr. 2

S lesen mit ihrem Partner die Sätze. Jeder kreuzt die für ihn möglichen Antworten an (Nr. 2 a). Dann liest jeder Partner seine Antworten vor, der andere kommentiert jeweils mit *I agree. / I don't agree.* Zum Schluss schreibt jeder S seine Lösung auf (Nr. 2 b). Sie kann auch von den Möglichkeiten im Schülerbuch abweichen.

7. Ein Klassengespräch führen

Schülerbuch S. 8 Nr. 4

Stellen Sie die Frage: *When do you need English?* Unterstützen Sie S dabei, im Klassengespräch auch eigene Ideen einzubringen.

Stunde 8: Zusammenfassende Wiederholung

Wortschatz
bekannt

Redemittel
bekannt

Material
- Schülerbuch S. 9
- Arbeitsheft S. 10 Nr. 1, 2
- Arbeitsheft-CD 2
- zwei Fliegenklatschen, große Weltkarte

1. Wortschatz wiederholen

Schülerbuch S. 9 *New Words*

Als Teil des → **Einstiegsrituals** wiederholen S den neuen Wortschatz in Partnerarbeit. S 1 schlägt das Schülerbuch auf, S 2 hält es geschlossen. S 1 fragt S 2 anhand der Wörterliste: *What's … in English?* Wenn S 2 das englische Wort nicht weiß, spricht S 1 es deutlich vor, S 2 wiederholt es. Nach zwei bis drei Begriffen tauschen die Partner die Rollen.

2. Redemittel wiederholen

Schülerbuch S. 9 *Speaking English*

Lesen Sie gemeinsam mit S die Kästen zu *Speaking English*. Sammeln Sie mit S weitere Adjektive und schreiben Sie diese mit ihren Steigerungsformen an die Tafel. Weisen Sie S auf die Wörterliste am Ende des Schülerbuchs hin. Dort sind die Adjektive mit ihren Steigerungsformen aufgeführt und somit gut zu finden. Fragen Sie S nach passenden Dingen, die sich mithilfe der Adjektive miteinander vergleichen lassen und ergänzen Sie mit diesen das Tafelbild.

<u>Beispiele:</u>
small – smaller – the smallest → dogs, cats
short – shorter – the shortest → pencils, hair
old – older – the oldest → grandmothers, shoes
hot – hotter – the hottest → pop/film stars
cold – colder – the coldest → months

Bitten Sie S, in Partnerarbeit nach dem Muster der Sätze im Kasten zu *Speaking English* weitere Sätze zu bilden.

3. Charaktere im Buch finden

Schülerbuch S. 9 Sprechblase

Lesen Sie mit S den Hinweis in der Sprechblase. Geben Sie S einige Minuten Zeit, im Schülerbuch nach den Charakteren zu suchen und die Seiten zu notieren. Anschließend nennen S die Stellen. Geben Sie ein passendes Satzmuster vor, z. B.: *You can find (Liam) on page (23) (in the cartoon).*

4. Gelerntes Wissen festigen

Fliegenklatschen, Weltkarte, Arbeitsheft-CD 2

Teilen Sie die Klasse in zwei Teams ein (→ **Gruppenbildung**). Bitten Sie S, sich in zwei Reihen hintereinander vor der großen Weltkarte aufzustellen. Das erste Mitglied eines jeden Teams erhält eine Fliegenklatsche. Je nach Leistungsstand der Klasse lesen Sie den Hörtext langsam vor oder spielen Sie die CD vor (Hörtext siehe S. 24, 25 Nr. 2), stoppen Sie diese nach jedem Abschnitt. Das Teammitglied, das zuerst das richtige Land mit der Fliegenklatsche berührt, erhält einen Punkt für sein Team.

5. Portfolio erarbeiten

Arbeitsheft S. 10 Nr. 1, 2

Besprechen Sie die Vorgehensweise mit S. Danach führen S die Aufgaben zur Lernstandserhebung in Einzelarbeit durch (→ **Portfolio**). Geben Sie individuelle Hilfestellung.

1. Hörtext 1.3:

(*English around the world*, Stunde 1)
Schülerbuch S. 4 Nr. 2, CD 1.3

Look and listen.

Speaker: *These four teenagers are from different countries. People speak English in their countries.*
Samir: *Hi, my name is Samir and I'm from India. I'm sixteen. I like basketball.*
Liam: *Hi, my name is Liam and I'm from Canada. I'm fifteen. I like ice hockey.*
Olivia: *Hi, my name is Olivia and I'm from Australia. I'm seventeen. I like surfing and surfing the Internet.*
Megan: *Hi, my name is Megan and I'm from South Africa. I'm sixteen. I like football.*

2. Hörtext 2:

(*English around the world*, Stunde 2)
Arbeitsheft S. 3 Nr. 1, Arbeitsheft-CD 2

English around the world. Listen and number.

Number one: This country is big and far from Germany. It has fifty states. The capital is Washington DC. It's the United States of America.

Number two: This is a very big country. And it's very cold there in winter. People speak English in this country. It's north of the USA. It's Canada.

Number three: It's a small country. People speak English there. Big Ben and Buckingham Palace are in the capital of this country. It's Great Britain.

Number four: It's a very small country. People speak English there too. It's west of Great Britain. It's Ireland.

Fortsetzung: 2. Hörtext 2
(Arbeitsheft S. 3 Nr. 1, Arbeitsheft-CD 2):

Number five: In this country people speak English too. It's a big country. It's in the south of Africa. It's South Africa.

Number six: It's a big country. It's north and east of South Africa. A lot of people speak English in this country. It's India.

Number seven: It's a very big country. People speak English in this country. It's Australia.

3. Hörtext 3:

(*English around the world*, Stunde 2)
Arbeitsheft S. 4 Nr. 1, Arbeitsheft-CD 3

Listen and write: S for Samir, L for Liam, O for Olivia and M for Megan.

Samir: *Hi! My name is Samir. I like listening to music. I have one sister.*
Liam: *Hello! My name is Liam. I really like skiing. I have two sisters.*
Olivia: *Hi! My name is Olivia. I like chatting online. I have two brothers.*
Megan: *Hi! My name is Megan. I like reading magazines. I have one brother and one sister.*

4. Hörtext 4:

(*English around the world*, Stunde 2)
Arbeitsheft S. 5 Nr. 1, Arbeitsheft-CD 4

Listen and number.

Number one: Thanksgiving is a holiday in the USA. It's in November. Americans give thanks for the good things in their lives.

Number two: Martin Luther King Day is a holiday in the USA. It's in January. Martin Luther King helped black people fight for their rights.

Number three: Bonfire Night is on November fifth. It's a holiday in Great Britain. There are fireworks on Bonfire Night.

Number four: Independence Day is a holiday in the USA. It's on the fourth of July. People wear red, white and blue like the American flag.

Number five: Boxing Day is a holiday in Great Britain. It's on December twenty-sixth. The shops are open and a lot of things are on sale.

5. Hörtext 5:

(*English around the world*, Stunde 3)
Arbeitsheft S. 6 Nr. 1 a, Arbeitsheft-CD 5

Listen and number: one for good, two for better and three for the best.

Speaker: *Anne, Jim and Lauren watched "Star Stage" on TV on Sunday. On Monday they talked about the singers and their songs at school.*
Jim: *I think the blond boy was good.*
Lauren: *Yes, he was good. I liked his yellow jacket. But I think the girl with the long, brown hair was better.*
Anne: *Yes, you're right. She was a better singer. I think she looked great with her guitar.*
Jim: *I agree, but for me the boy with the short red hair was the best singer.*
Lauren: *Yeah, I think so too.*

6. Hörtext 6:

(*English around the world*, Stunde 3)
Arbeitsheft S. 6 Nr. 1 b, Arbeitsheft-CD 6

Listen and number: one for cool, two for cooler and three for the coolest.

Anne: *The boy with the red hair really was the best. But what do you think about his three songs? I think "Please stay, girl." was cool.*
Jim: *I agree, but the song "So happy!" was cooler. I liked the words in that song a lot.*
Lauren: *Yes, you're right: "So happy!" was cooler than "Please stay, girl." But for me the song "Let's party!" was the coolest song yesterday.*
Anne: *I agree!*

7. Hörtext 7:

(*English around the world*, Stunde 4)
Arbeitsheft S. 7 Nr. 1, Arbeitsheft-CD 7

Help these people. Listen and tick.

Speaker: *Number one.*
Waiter: *Guten Tag. Was kann ich für Sie tun?*
Customer: *Can I have an apple juice, please?*
Waiter: *Wie bitte? Was möchten Sie?*

Speaker: *Number two.*
Paramedic: *Are you OK? How can I help you?*
Boy: *Mein Bruder hat mich mit dem Fahrrad umgefahren. Meine Schulter tut weh.*
Paramedic: *Sorry, I don't understand.*

Speaker: *Number three.*
Receptionist: *Kann ich Ihnen helfen?*
Hotel guest: *There's no light in my room! Can you help me, please? It's room 27.*
Receptionist: *Ich habe Sie leider nicht verstanden. Gibt es ein Problem?*

Speaker: *Number four.*
Announcement: *Travelers, please pay attention to your bags.*
Passenger: *Können Sie mir bitte helfen? Ich kann meine Reisetasche nicht finden.*
Airport worker: *What's the problem? I don't understand.*

Erläuterungen zur Unit 1 *Love & friendship*

Sb S. 10–17, Ah S. 11–18; *More Reading:* Sb S. 42, 43, Ah S. 43, 44; *Extra Practice:* Sb S. 47, Ah S. 50

Inhalt

Das für diese Altersstufe bedeutsame Thema *Love and friendship* wird mit dem landeskundlichen Hintergrund Indiens verknüpft. Die Schülerinnen und Schüler erkennen Gemeinsamkeiten mit Jugendlichen anderer Kulturen in Bezug auf Gefühle, Interessen, Probleme und Anliegen und tauschen sich in mündlicher und schriftlicher Form über ihre eigenen Belange in Sachen Freundschaft aus. Sie vertiefen und erweitern dabei ihre kommunikativen Fähigkeiten und erwerben mit der Nutzung einer Lernkartei eine neue Arbeitsstrategie zum Wortschatzlernen.

Neuer Wortschatz			Redemittel – Wiederholung und Erweiterung
• *alone* • *always* • *angry* • *bad* • *block* • *boyfriend* • *crazy* • *disappointed*	• *everybody* • *feeling* • *friendship* • *girlfriend* • *go on a date* • *happy* • *jealous* • *look at*	• *online social network* • *our* • *sad* • *say* • *town* • *young*	**Jemanden beschreiben:** • *He has black hair and brown eyes. He's taller than me.* • *He's never jealous.* **Fragen und sagen, was man gemacht hat:** • *What **did** you do yesterday?* *– I **went** inline skating with my girlfriend.*

Kompetenzen

- Inhalte von Texten, Aussagen, Dialogen durch verschiedene Hör- und Lesetechniken entschlüsseln
- Verschiedenen Textsorten spezifische Informationen entnehmen
- Texte und Dialoge unter Verwendung von Hilfen mündlich vortragen und/oder schriftlich verfassen
- Zwischenmenschliche Beziehungen eigener und fremder Kultur erkennen und darüber reflektieren
- Personen beschreiben und persönliche Vorlieben und Abneigungen ausdrücken
- Auf einfache Weise praktische Fragen und Probleme des Alltags besprechen; Gefühle formulieren
- Kurze, einfache Präsentationen zu einem vertrauten Thema geben
- Einfache sprachliche Äußerungen von der einen in die andere Sprache sinngemäß übertragen
- Neue Verfahren zum Memorieren von neuem Wortschatz anwenden
- Informationen zu Indien, Mahatma Gandhi aus Zitat, Texten, Bildern entnehmen, darüber sprechen

Konzeption der Unit – Seitenübersicht des Schülerbuchs

Einstiegsseite (S. 10)	Zentrale Inhalte (S. 11)
• Liebe, Freundschaft, Interessen, Belange von Jugendlichen in Indien • Bildbetrachtung, Fragen zum Hörverstehen • Partnergespräch, Transfer: eigene Vorlieben	• Mindmap zum neuen Wortschatz: *Love & friendship* • Dialogisches Sprechen mit bekannten Redemitteln: *A bad boyfriend/girlfriend / best friend.*
Zentrale Inhalte (S. 12)	**Weiterführendes (S. 13)**
• Wiederholung und Vermittlung kommunikativer Redemittel: → *He/She listens to me / …* → *He/She has brown hair / blue eyes / …* → *He's/She's taller/shorter/… than me.* → *He's/She's often happy / never angry / …* → *What did you do yesterday? – I went … / …*	• Textsorte Brief: Text verstehen und erschließen, lautsprachlich korrekt wiedergeben und Textstruktur für selbst verfassten Brief nutzen • Kompetenztraining: Umgang mit Lernkartei, Wörter mit Karteikarten üben
Weiterführendes (S. 14)	**Weiterführendes (S. 15)**
• Textsorte: Ratgeber-Rubrik in Jugendzeitschrift • Textarbeit, Transfer, Umfrage durchführen	• Cartoon (Online-Chats verbinden weltweit) • Förderung der Lese- und Sprechkompetenz
Weiterführendes (S. 16)	**Zusammenfassung (S. 17)**
• Zitat: Mahatma Gandhi, Transfer: Freundschaft • Landeskunde: Indien	• Wortschatzliste • Zusammenfassung der gelernten Redemittel
***More Reading* (S. 42, 43)**	***Extra Practice* (S. 47)**

Stunde 1: Indien – Interessen und Anliegen von Jugendlichen

Wortschatz
°*dress, friendship,* °*wedding*

Redemittel
bekannt

Material
- Schülerbuch S. 4, 5 (Karte), S. 10 Nr. 1–3
- CD 1.6
- *Klick! Englisch 3* Unit 4, CD 2.7
- evtl. großer Bogen Papier

1. Einstiegsritual

Es empfiehlt sich, die bekannte Form der Begrüßung (L/S: *Good morning. Nice to see you. How are you? …*) weiterhin zu pflegen. Das → **Einstiegsritual** umfasst auch, S über das Ziel (L: *Talk about love and friendship and learn about India.*) und den Verlauf der Stunde (L: *Today you will look, listen and talk, take notes and work with a partner or in a group.*) zu informieren.

2. Gelerntes festigen, das Thema vorbereiten

Schülerbuch S. 4, 5 (Karte), *Klick! Englisch 3* Unit 4 S. 36, CD 2.7, evtl. großer Bogen Papier

Stimmen Sie auf das Thema ein, indem Sie den aus *Klick! Englisch 3* bekannten Rap *Friends* wiederholen. Führen Sie den Begriff *friendship* ein und initiieren Sie ein Unterrichtsgespräch über *friends* mit den bekannten Redemitteln aus *Klick! Englisch 2* und *3* (z. B. L: *My friend is tall. She has brown hair. She's nice. Tell me about your friend. What do you do with your friends? Does your friend help you / listen to you / make you laugh / …? What should a good friend do? …*).
Auf dieser Basis können Sie gemeinsam mit S eine Mindmap erstellen – am Besten auf einem großen Bogen Papier, der im Klassenraum aufgehängt wird. Die Mindmap kann so im Verlauf der Unit erweitert werden. Geben Sie in der Mindmap das Thema *friendship* und die Oberbegriffe *activities* und *a good friend* vor. S skizzieren zunächst eine eigene Mindmap im Heft, tauschen sich mit einem Partner aus und präsentieren anschließend ihre Ergebnisse, die in die gemeinsame Mindmap übernommen werden.
Lenken Sie mit der Frage *Where is Samir from?* die Aufmerksamkeit der S auf das Land Indien. Ermuntern Sie S zu äußern, was sie über Indien wissen. Zur Unterstützung ziehen S die Weltkarte im Schülerbuch heran (L: *Find India on the map. What's the capital of India? What colour is the Indian flag? Is India a small country? …*).

3. Bildbetrachtung zur Vorentlastung

Schülerbuch S. 10 Nr. 1

Bitten Sie S, ihre Schülerbücher aufzuschlagen. Betrachten Sie gemeinsam die Fotos und bitten Sie S, sich über diese zu äußern. Die Einführung unbekannter Wörter erfolgt anhand der Fotos. Unterstützen Sie die Bildbetrachtung durch Fragen (L: *Is Bollywood in the USA or in India? What sport do the two men play? What do the people eat? What pictures are about love/friendship?*) Lesen Sie die Bildunterschriften und lassen Sie diese wiederholen (→ **Chorsprechen**).

4. Hörverstehen üben

Schülerbuch S. 10 Nr. 2, CD 1.6

Lenken Sie vor dem ersten Hören die Aufmerksamkeit auf die Frage, wer spricht (Samir). Spielen Sie die CD vor. S teilen mit, welche Informationen sie dem Hörtext entnommen haben. Während des zweiten Hörens der CD deuten S auf die Bilder. Bitten Sie S zu äußern, welche Unterschiede zwischen Indien und Deutschland ihnen auffallen. Lesen und klären Sie gemeinsam die Höraufträge. Spielen Sie die CD weitere Male vor und geben Sie S Gelegenheit, während des Hörens Notizen zu machen. Anschließend besprechen S ihre Ergebnisse in Partnerarbeit mit der → **30 cm-Stimme** (siehe S. 87). Zum Schluss präsentieren Partner ihre Antworten.

Hörtext 1.6:
Look, listen and answer.
Samir: *Hi, I'm Samir and I'm from Mumbai, in India. At the weekends I like playing cricket with my friends. Lots of people play cricket in India. I spend a lot of time with my friends. We also like cooking together. Chicken curry is my favourite food to cook, and eat! But what we really like is going to the cinema and watching Bollywood films. Bollywood is the biggest film industry in the world! Most Bollywood films are about people in love. That's why they often end with a big wedding. When people have a wedding in India, the woman wears a red dress.*

5. Transfer leisten

Schülerbuch S. 10 Nr. 3

S befragen sich gegenseitig in Partnerarbeit. Lernstärkere S können sich in Gruppen zunächst gegenseitig befragen, die Ergebnisse notieren und dann schriftlich zusammenfassen. Abschließend präsentieren die Gruppen ihre Vorlieben im Plenum (*My favourite film/sport/… is …* (Name)*'s favourite film/sport/… is …*).

Stunde 2: Liebe und Freundschaft – Personen, gemeinsame Aktivitäten, Gefühle

Wortschatz
angry, boyfriend, disappointed, feeling, girlfriend, go on a date, happy, jealous, sad

Redemittel
bekannt

Material
- Schülerbuch S. 11 Nr. 4
- Arbeitsheft S. 11 Nr. 1, 2, S. 54
- CD 1.7
- Arbeitsheft-CD 9
- evtl. W *Klick! Englisch 1* Unit 2: *dancing, inline skating, football, swimming, ...*; *Klick! Englisch 3* Unit 1: *chat online, go to the cinema, ...*
- Wörterbücher

1. Gelerntes festigen, das Thema vorbereiten

evtl. W *Klick! Englisch 1, 3*

Nach dem → **Einstiegsritual** knüpfen Sie an die Mindmap der vorhergehenden Unterrichtsstunde an und sammeln Sie gemeinsam mit S weitere Beispiele zum Oberbegriff *activities* (L: *What do you do with your friends?*). Zur Anregung und Wiederholung (→ **Spiralförmiges Lernen**) können Sie die bekannten Bildkarten aus *Klick! Englisch 1* und *3* einsetzen (S: *We go dancing. / to the cinema. / We chat online. / ...*).

2. Mindmap erarbeiten, Wortschatz einführen

Schülerbuch S. 11 Nr. 4, CD 1.7, Wörterbücher

Erweitern Sie diese Mindmap nach dem im Schülerbuch vorgegebenen Muster. Ermuntern Sie S, Beispiele auf Englisch zu den Oberbegriffen *people* und *feelings* zu nennen, ergänzen Sie diese durch Einführen der neuen Wörter. Vergleichen Sie nun mit S die gemeinsam erarbeitete Mindmap mit der im Schülerbuch und gehen Sie nochmals auf den neuen Wortschatz ein. Spielen Sie die CD vor. Beim zweiten Hören der CD deuten S im Schülerbuch auf die neuen Wörter. Beim erneuten Hören sprechen S die Wörter mit (→ **Chorsprechen**). Führen Sie das Hören und Chorsprechen mehrere Male durch. Variieren Sie das Chorsprechen, indem Sie unterschiedliche Gruppen sprechen lassen (*boys, girls; on the left/right; all pupils who like / don't like chicken curry / ...*). Lassen Sie im Anschluss einzelne S den neuen Wortschatz lesen. S achten dabei genau auf das Schriftbild der Wörter.
Anschließend überträgt jeder S die Begriffe der Mindmap in sein Heft und ergänzt sie durch weitere Beispiele. Hierfür können S das Wörterbuch benutzen. Schließlich stellen S ihre Mindmaps einem Partner, einer Gruppe oder dem Plenum vor, sodass alle die eigenen Mindmaps erweitern können. Zusätzlich können sich S, in Partnerarbeit oder in Form eines → **Marktplatzes**, befragen. S: *What actvities do you like?*

Hörtext 1.7:
Listen and repeat. Love and friendship
Activities: go on a date, go to the cinema, go to a party
Feelings: angry, happy, jealous, sad, disappointed
People: best friends, boyfriend, girlfriend

3. Wortschatz üben

Lassen Sie S einen → **Doppelkreis** bilden, indem die eine Hälfte der Klasse einen Außenkreis, die andere Hälfte einen Innenkreis formt. S stehen sich so paarweise gegenüber. In der ersten Runde nennen S des Außenkreises einen Oberbegriff (z. B. *feelings*), S des Innenkreises einen oder mehrere dazugehörige Begriffe (z. B. *happy/ jealous/sad*). S können entscheiden, ob sie hierfür ihr Schülerbuch zu Hilfe nehmen. S machen nach einem solchen Austausch einen Schritt zur Seite, im Innenkreis im Uhrzeigersinn, im Außenkreis gegen den Uhrzeigersinn. So wechseln sie die Partner. Führen Sie mehrere Wechsel durch. Sie können dazu auch ein Signal geben. In der zweiten Runde sagen S des Innenkreises den Oberbegriff, S des Außenkreises nennen die dazugehörigen Begriffe.

4. Hörverstehen üben

Arbeitsheft S. 11 Nr. 1, Arbeitsheft-CD 9

Sehen Sie sich gemeinsam die Bilder an. Bitten Sie S, die Szenen zu lokalisieren (L: *Where are the persons?* – S: *They're at school, at a cafe, at a birthday party.*) Spielen Sie den Hörtext (nach Bedarf der S) mehrfach vor, S schreiben die entsprechenden Zahlen in die Kästchen. S vergleichen ihre Ergebnisse entweder in Partnerarbeit oder mit einer von Ihnen vorbereiteter Möglichkeit zur Selbstkontrolle (Hörtext siehe Seite 40 Nr. 1).

5. Leseverstehen und Schreiben üben

Arbeitsheft S. 11 Nr. 2, S. 54

S lösen die Aufgabe in Einzelarbeit oder als Hausaufgabe und kontrollieren ihre Ergebnisse selbstständig auf Arbeitsheft-Seite 54.

Stunde 3: Dialoge über schlechte Erfahrungen mit Freunden führen

Wortschatz
bad, say, town

Redemittel
bekannt

Material
- Schülerbuch S. 11 Nr. 5
- Arbeitsheft S. 11 Nr. 2, S. 12 Nr. 1, 2, DK 1
- CD 1.8
- Arbeitsheft-CD 10, 33

1. Wortschatz wiederholen

Arbeitsheft S. 11 Nr. 2

Nach dem ➞ **Einstiegsritual** wiederholen Sie zur Vorbereitung des Dialogs die neuen Wörter der letzten Unterrichtsstunde. Zunächst lesen sich S in Partnerarbeit die von ihnen zu S. 11 Nr. 2 ins Arbeitsheft geschriebenen Sätze gegenseitig vor. Dann präsentieren sie diese der Klasse. Danach bietet es sich an, einzelne S mittels Pantomime Gefühle darstellen zu lassen. Andere S erraten und formulieren diese (S: *You're angry/happy/...*).

2. Hörverstehen und Lesen üben

Schülerbuch S. 11 Nr. 5 a, CD 1.8

Die Schülerbücher sind geschlossen. Geben Sie S den Auftrag, beim Hören des Dialogs darauf zu achten, wer spricht und was der Anlass des Gesprächs ist. Spielen Sie den Dialog vor (Text entspricht Schülerbuch S. 11 Nr. 5 a). S teilen mit, was sie verstanden haben. Klären Sie den neuen Wortschatz.
Spielen Sie die CD erneut vor. S schlagen ihre Schülerbücher auf, betrachten das Bild und vergleichen ihre Aussagen mit der abgebildeten Szene. Fragen Sie S, wo die Szene ihrer Meinung nach stattfindet (L: *Where are the girls? What do you think?*). Das Bild im Hintergrund der Illustration könnte auf ein indisches Umfeld hindeuten, genauso aber auch aus rein dekorativen Zwecken in einem deutschen Café hängen.
Befragen Sie S nach schlechten Erfahrungen mit Freunden. Bitten Sie S, den Dialog beim erneuten Hören leise mitzulesen. Danach lesen S den Dialog gemeinsam ohne CD. Schließlich üben S den Dialog, indem sie ihn in Partnerarbeit mit verteilten Rollen lesen.

3. Dialogisches Sprechen festigen

Schülerbuch S. 11 Nr. 5, DK 1, Arbeitsheft-CD 33

Der Schwerpunkt verlagert sich nun auf das Schulen des freien Sprechens in authentischen Kontexten. Dies geschieht in Partnerarbeit. Lernschwächere S können den Dialog mit der Dialogkarte üben (Hörtext 33 entspricht Schülerbuch S. 11 Nr. 5 a und kann S als Sprachvorbild dienen). Lernstärkere S ersetzen eigenständig die grün markierten Wörter im Text durch andere Wörter (L: *Look at the mindmap for new words.*).
Natürlich ist auch eine Kombination möglich. Bitten Sie S, sich auf eine Präsentation des Dialogs vorzubereiten. Nutzen Sie die Arbeitsphase um umherzugehen und die Schülerpaare zu unterstützen (➞ **Dialoge und Rollenspiele**).

4. Hörverstehen und Schreiben üben

Arbeitsheft S. 12 Nr. 1, Arbeitsheft-CD 10

Die Arbeitshefte sind geschlossen. Geben Sie S den Auftrag, beim Hören des Dialogs darauf zu achten, wer spricht und was der Gesprächsanlass ist. Dann betrachten S die Szene im Arbeitsheft und identifizieren die Symbole. Beim erneuten Hören ziehen S die entsprechenden Verbindungslinien, danach schreiben sie die Wörter, auch zum Distraktor in Nr. 1 a (*angry*). Zur Ergebniskontrolle formulieren einzelne S die Aussagen (S 1: *Rania is disappointed.* S 2: *Lisa is sad ...*).

Hörtext 10:
Listen and draw lines.

Rania: *There's a party at the disco. It starts at eight o'clock. Do you want to go there, Lisa?*
Lisa: *No thanks, Rania!*
Rania: *You don't want to go? I'm so disappointed. Why don't you want to go, Lisa?*
Lisa: *Because my ex-boyfriend Jake will be there. I don't want to see him. I'm too sad.*
Rania: *Why are you sad, Lisa?*
Lisa: *Because he has a new girlfriend and I'm really jealous.*
Rania: *Oh, please Lisa. You're my best friend. Do you know Todd from class 9A? He really wants to meet you!*
Lisa: *Oh, he's really cool! OK! Let's go to the party.*
Rania: *Thank you, Lisa! I'm very happy now.*

5. Leseverstehen und Schreiben festigen

Arbeitsheft S. 12 Nr. 2

S lösen die Aufgabe in Einzelarbeit, evtl. als Hausaufgabe (Nr. 2 a). Das Vorlesen der Ergebnisse in Partnerarbeit (Nr. 2 b) bietet sich entweder ergänzend in der Abschlussphase dieser Stunde oder als Einstieg in die nächste Unterrichtsstunde an.

Stunde 4: Personen beschreiben – die ideale Freundin oder der ideale Freund

Wortschatz
young

Redemittel – Wiederholung und Erweiterung
- *He/She has … hair and … eyes.*
- *He's/She's taller/younger/… than me.*
- *He's/She's never jealous / often happy / …*

Material
- Schülerbuch S. 4 (Illustrationen), S. 12 Nr. 1, *Extra Practice*: S. 47 Nr. 1, 2
- Arbeitsheft S. 13 Nr. 1, 2, *Extra Practice*: S. 50 Nr. 1
- CD 1.9
- Arbeitsheft-CD 11, 12
- *Klick! Englisch 2* Unit 3, CD 28
- *Klick! Englisch 3* Schülerbuch S. 12

1. Gelerntes festigen, das Thema vorbereiten

Schülerbuch S. 4, *Klick! Englisch 2* Unit 3, CD 28

Stimmen Sie S während des → **Einstiegsrituals** auf das Thema ein, indem Sie den aus *Klick! Englisch 2* bekannten Rap *What's he like?* vorspielen und gemeinsam rhythmisch sprechen.
Beschreiben Sie danach eine bereits bekannte Figur aus dem Schülerbuch (z. B. Samir). S erraten die Person. Lernschwächere S können dabei S. 4 des Schülerbuchs aufschlagen. Dort sind alle Unit-Figuren abgebildet. Führen Sie bei der Personenbeschreibung das neue Wort *young* ein.

L: *Who is it? He has short, black hair. He likes basketball and cricket. He likes cooking with his friends. He likes going to the cinema with his friends. He's younger than me.*

Ermuntern Sie einzelne S, ebenfalls Personen zu beschreiben, z. B. aus der Klasse, die die anderen S erraten müssen.

2. Hörverstehen und Lesen üben

Schülerbuch S. 12 Nr. 1 a, CD 1.9, *Klick! Englisch 3* Schülerbuch S. 12 *Learning English*

Spielen Sie den Dialog zunächst bei geschlossenen Schülerbüchern vor (Text entspricht Schülerbuch S. 12 Nr. 1 a). S teilen mit, was sie verstanden haben. Leiten Sie S dabei durch Fragen an (L: *Who is talking? What are the boys talking about? What does Dave say about his dream girlfriend? What does she like? What does she look like?*). Spielen Sie den Dialog erneut vor. S schlagen ihre Schülerbücher auf, betrachten die Bilder und vergleichen ihre Aussagen mit den abgebildeten Szenen. Ermuntern Sie S, die Bilder auf Englisch zu beschreiben. Erinnern Sie S dabei an die Kompetenz „Bilder beschreiben“ aus *Klick! Englisch 3* und unterstützen Sie S durch Leitfragen (L: *Where are the people? What does … look like? What is … wearing? What are they doing?*). Spielen Sie den Dialog nach Bedarf mehrere Male vor. Ermutigen Sie S, leise mitzulesen (→ ***buzz reading***). Anschließend lesen S den Dialog mehrmals mit verteilten Rollen vor.

3. Redemittel anwenden

Schülerbuch S. 12 Nr. 1 b

Führen Sie zunächst mit lernstärkeren S mehrere Dialoge exemplarisch durch, indem S die grün markierten Wörter und Redemittel durch die im Reservoir vorgeschlagenen Beispiele ersetzen. Bitten Sie nun S, sich zunächst in Einzelarbeit Notizen zu Nr. 1 b zu machen. Klären Sie evtl. Verständnisfragen. Anschließend arbeiten S mit einem Partner ihrer Wahl zusammen. Die Partner besprechen zuerst, ob sie über *dream girlfriend*, *dream boyfriend* oder *dream best friend* sprechen möchten. Dann üben S in Partnerarbeit die Dialoge. Anschließend können einzelne Arbeitspaare ihre Dialoge der Klasse vortragen.

4. Hörverstehen üben

Arbeitsheft S. 13 Nr. 1, Arbeitsheft-CD 11, 12

S betrachten zunächst die Bilder in Nr. 1 a und beschreiben die abgebildeten Personen. Nach zweifachem Hören der Dialoge lösen S die Aufgabe dann in Einzelarbeit. Dann nennen S in Nr. 1 b die in den sechs kleinen Bildern rechts abgebildeten Aktivitäten. Nach mehrfachem Hören der CD lösen sie auch diese Aufgabe in Einzelarbeit. Die Ergebniskontrolle zu Nr. 1 a und b erfolgt abschließend in Partnerarbeit (Hörtexte siehe Seite 40, Nr. 2, 3).

5. Redemittel schreiben und anwenden

Arbeitsheft S. 13 Nr. 2

S lösen Nr. 2 a entweder in Einzelarbeit oder als Hausaufgabe. Anschließend (oder zu Beginn der Stunde 6) erfolgt das Quiz im Plenum (Nr. 1 b).

6. *Extra Practice*

Schülerbuch S. 47 Nr. 1, 2, Arbeitsheft S. 50 Nr. 1

Lernschnellere bzw. -stärkere S können zur Vertiefung der neuen Redemittel zusätzliche Aufgaben in Schülerbuch und Arbeitsheft bearbeiten. S arbeiten selbstständig und legen Ihnen die Ergebnisse danach zur Begutachtung vor. Auch eine Bearbeitung am Ende der Unit ist möglich.

Stunde 5: Tätigkeiten in der Vergangenheit, nicht eingehaltene Verabredungen

Wortschatz
bekannt

Redemittel – Wiederholung und Erweiterung
- *What did you do yesterday?*
- *I went inline skating with my girlfriend.*

Material
- Schülerbuch S. 12 Nr. 2, S. 57, *Extra Practice*: S. 47 Nr. 3
- Arbeitsheft S. 14 Nr. 1, 2, *Extra Practice*: S. 50 Nr. 2
- CD 1.10
- Arbeitsheft-CD 13
- [B] *Klick! Englisch 1* Unit 2: *Free time*; *Klick! Englisch 3* Unit 1: *Free time* (Aktivitäten)

1. Redemittel wiederholen

[B] *Klick! Englisch 1* Unit 2, *Klick! Englisch 3* Unit 1

Fragen Sie bei der Begrüßung nach dem aktuellen Wochentag (L: *What day is it today?* S: *Today is ...day.*). Nennen Sie nun den Vortag und machen Sie auf die Vergangenheitsform aufmerksam (*Yesterday was ...day. The day before yesterday was ...*). Fragen Sie S, wie ihr gestriger Tag war (L: *How was your ...day?* S: *It was fine. / It wasn't good.*). Befragen Sie lernstärkere S nach ihren gestrigen Aktivitäten (L: *What did you do yesterday?*). Verteilen Sie die Bildkarten aus *Klick! Englisch 1* und *3* an S. Stellen Sie die letzte Frage erneut und fordern Sie S auf, gemäß ihrer Bildkarte zu antworten. Alternativ können Sie auch mit einer ➞ **Schülerkette** beginnen (Fragen: *How are you? What did you do yesterday?*).

2. Hörverstehen und Lesen üben

Schülerbuch S. 12 Nr. 2, CD 1.10

Spielen Sie den Dialog bei geschlossenen Schülerbüchern vor (Text entspricht Schülerbuch S. 12 Nr. 2). S äußern, was sie verstanden haben. Spielen Sie den Dialog erneut vor und stellen Sie zum Inhalt Fragen (z. B. L: *What did the boys want to do? Did they do it? Why didn't they do it?*). Bitten Sie S nun, ihre Schülerbücher aufzuschlagen und beim erneuten Hören leise für sich mitzulesen (➞ ***buzz reading***). Anschließend lesen S den Dialog mit verteilen Rollen.

3. Dialogisches Sprechen üben und festigen

Schülerbuch S. 12 Nr. 2, CD 1.10, S. 57

Bitte verweisen Sie S auf den Tipp auf S. 12 rechts unten. Dieser erläutert, dass alle Verben in den Reservoirs in *Klick! Englisch 5* lediglich in ihrer Grundform stehen. Vor dem Einsetzen in den Dialog müssen S ab jetzt die grammatikalisch richtige Form der Verben bilden, in diesem Fall das *simple past* für Aktivitäten in der Vergangenheit (für regelmäßige und unregelmäßige Verben). Zum Lösen von Nr. 2 bitten Sie S zunächst, die Verben aus dem Reservoir in die Vergangenheitsform zu setzen. Erinnern Sie S an dieser Stelle an die Übersicht der unregelmäßigen Verben im hinteren Umschlag des Schülerbuchs (S. 57). Üben Sie dann mit S, den Dialog zu variieren, indem Sie gemeinsam die grün markierten Wörter durch die Beispiele aus dem Reservoir ersetzen. Anschließend praktizieren S in Partnerarbeit mit wechselnden Rollen verschiedene Variationen des Dialogs. Lernstärkere S können versuchen, ohne Reservoir zu arbeiten. Abschließend werden die Dialoge im Plenum präsentiert.

Hinweis: Die geforderte Formveränderung bei Verben aus den Reservoirs ist eine Neuerung gegenüber *Klick! Englisch 4* und stellt damit eine Leistungssteigerung dar. Im Ausgleich werden in *Klick! Englisch 5* keine komplett neuen grammatischen Strukturen eingeführt, sondern bereits bekannte Strukturen wiederholt und teils erweitert.

4. Hörverstehen und Schreiben festigen

Arbeitsheft S. 14 Nr. 1, Arbeitsheft-CD 13

Die Arbeitshefte sind geschlossen. Nach dem ersten Hören der CD versuchen S, den wesentlichen Inhalt zu formulieren. Beim erneuten Hören deuten S auf die Bilder im Arbeitsheft. Bei weiteren Darbietungen der CD schreiben S mithilfe des Reservoirs die Lösungen (Nr. 1 a, Hörtext siehe S. 40 Nr. 4). Nr. 1 b eignet sich als Hausaufgabe.

5. Redemittel anwenden

Arbeitsheft S. 14 Nr. 2

Je nach Klassenstärke können S die Aufgabe mit einem oder zwei Partnern bearbeiten. Bitten Sie mehrere Paare/Gruppen, Fragen und Antworten vorzutragen. Die zuhörenden S machen sich Notizen und berichten anschließend darüber (z. B. S 1: *... watched TV yesterday. ... went shopping last Saturday.* S2: *... watched TV yesterday. ...*).

6. *Extra Practice*

Schülerbuch S. 47 Nr. 3, Arbeitsheft S. 50 Nr. 2

An dieser Stelle eignen sich für lernstärkere bzw. -schnellere S die Aufgaben zum *simple past.*

Stunde 6: Textarbeit: Einen Brief lesen und schreiben

Wortschatz
bekannt

Redemittel
bekannt

Material
- Schülerbuch S. 13 Nr. 3
- Arbeitsheft S. 13 Nr. 2
- CD 1.11
- bunte Kreide (mind. braun, blau, grün, rot)
- Wörterbücher, evtl. PC, ein DIN-A4-Blatt pro S, Farbstifte

1. Gelerntes festigen, das Thema vorbereiten

Arbeitsheft S. 13 Nr. 2

Nach dem → **Einstiegsritual** können Sie zur Einstimmung auf das Thema von Nr. 2 im Arbeitsheft aus Stunde 4 zurückgreifen. Bitten Sie einzelne S, ihre dortige Beschreibung eines Mitschülers als Quiz vorzulesen (*Who is it?*). Fordern Sie S auf, zusätzlich zu dieser Beschreibung noch zu sagen, welche Kleidung die betreffende Person gerade trägt (S: *He's/She's wearing …*). Die Klasse versucht zu erraten, wer gemeint sein könnte.

2. Hörverstehen und Lesen üben

Schülerbuch S. 13 Nr. 3, CD 1.11, bunte Kreide

Zeichnen Sie (am besten vor Beginn der Stunde) nebeneinander drei (möglichst coole) männliche Figuren an die Tafel: Figur 1 hat kurze braune Haare, blaue Augen, trägt blaue Shorts, ein rotes T-Shirt; Figur 2 hat kurze braune Haare, grüne Augen, trägt blaue Shorts, ein rotes T-Shirt; Figur 3 hat etwas längere braune Haare, grüne Augen, trägt blaue Shorts, ein rotes T-Shirt.
Spielen Sie dann bei geschlossenen Schülerbüchern die CD vor (Text entspricht Schülerbuch S. 13 Nr. 3). Spielen Sie die CD je nach Bedarf mehrere Male vor. S benennen die passende Figur an der Tafel. Wischen Sie Figuren 1 und 3 weg und ergänzen Sie Figur 2 um vier Sprechblasen: *We met at … / We talked about … / We like the same … / Would you like to …?* Bitten Sie (verschiedene) S beim erneuten Hören die entsprechenden Informationen an der Tafel zu ergänzen. Das Tafelbild sollte anschließend an der Tafel verbleiben.
S öffnen nun ihre Schülerbücher und lesen während des (mehrfachen) Hörens der CD den Brief leise mit (→ ***buzz reading***). Bitten Sie S, den Brief einem Partner vorzulesen.
Hinweis: Der Tipp im Schülerbuch soll sicherstellen, dass S die bekannten Verben im Text auch im *simple past* erkennen. Thematisieren Sie dies.

3. Vorbereitende Wortschatzarbeit

Schülerbuch S. 13 Nr. 3, CD 1.11, bunte Kreide

Erläutern Sie, dass die Klasse sich nun in drei Gruppen teilen wird **(→ Gruppenbildung)** und nennen Sie die Aufgabenstellung: Jede Gruppe soll Alternativen für die grüne Schrift im Brief sammeln und diese notieren. Erarbeiten Sie zunächst ein Beispiel für jede Gruppe und verändern Sie Figur und Sprechblasen an der Tafel entsprechend. Geben Sie den Gruppen eine Zeitbegrenzung vor (z. B. zehn Minuten). Nach der Gruppenarbeit präsentieren Gruppen der Klasse ihre Ergebnisse und erstellen dazu ebenfalls ein Tafelbild mit den entsprechenden Sprechblasen.

4. Einen Brief schreiben

Wörterbücher, evtl. PC, DIN-A4-Blätter, Farbstifte, Tafelbild aus Schritt 3., Notizzettel

Diese Aufgabe umfasst drei Phasen:

Arbeitsphase 1: Anwenden, Schreiben
S schreiben in Einzelarbeit (lernschwächere S mit einem Partner) einen eigenen Brief und suchen nach Belieben einen Namen für den Verfasser aus. Dabei können sie auf die präsentierten Beispiele zurückgreifen oder eigene Alternativen finden (mithilfe von Wörterbüchern, evtl. am PC). Als Vorbereitung auf Arbeitsphase 2 sollten S sich ihren eigenen Brief zunächst selbst leise vorlesen.

Arbeitsphase 2: Lesen, Hörverstehen üben
S fahren in Partnerarbeit fort. S 1 liest seinen Brief S 2 vor. S 2 skizziert auf ein DIN-A4-Blatt die beschriebene Person und macht entsprechende Notizen (Sprechblasen) – ohne Namen! Lassen Sie an dieser Stelle sowohl ganze Sätze als auch einzelne Stichworte zu. Der Verfasser des Briefes kontrolliert Notizen und Skizze. Dann werden alle Bilder gut sichtbar aufgehängt oder ausgelegt.

Abschluss: Präsentation, Würdigung
Nummerieren Sie die ausgestellten Bilder und betrachten Sie diese gemeinsam mit S. Verweisen Sie auf Details, die Ihnen besonders ins Auge fallen, z. B. eine besonders witzige oder sorgfältige Darstellung, eine Beschreibung in ganzen Sätzen (L: *Look at number …*) (→ **Lob**).
S benötigen nun Notizzettel und Stift. Sie tauschen die Briefe gegenseitig aus. Jeder S liest dann den Brief eines anderen vor. Die Zuhörer notieren zu jedem Text den im Brief genannten Namen und suchen die Nummer des zugehörigen Bildes. Auch diese wird notiert. Zum Abschluss wird geprüft: Wer hat alles richtig zugeordnet?

Stunde 7: Kompetenzerweiterung: Wörter mit Karteikarten üben

Wortschatz
bekannt

Redemittel
bekannt

Material
- Schülerbuch S. 13 *Learning English*
- Arbeitsheft S. 17 Nr. 1–3
- DIN-A4-Blätter mit neuem Wortschatz
- Wörterbücher in halber Klassenstärke
- Karteikarten / Karten aus festem Papier

1. Hinführung zum Thema

DIN-A4-Blätter mit neuem Wortschatz

Beschriften Sie (wenn möglich vor der Unterrichtsstunde) DIN-A-4-Blätter im Querformat groß und gut lesbar mit bereits erlernten neuen englischen Wörtern aus der Unit 1 auf der einen Seite, mit den entsprechenden deutschen Übersetzungen auf der anderen Seite.
Nach dem → **Einstiegsritual** halten Sie jeweils ein deutsches Wort als → **stummen Impuls** hoch. S versuchen, das richtige englische Wort zu notieren. Drehen Sie das DIN-A4-Blatt nach einer vorgegebenen Zeit um. S überprüfen nun selbst in Stillarbeit, ob sie das Wort übersetzen konnten. Im weiteren Verlauf der Übung führen S eine Strichliste und notieren am Ende die Anzahl ihrer richtigen Lösungen. Dann tragen S auf einer Skala öffentlich ein, wie sicher sie ihrer eigenen Einschätzung nach die neuen Wörter können:

☹ ◄——————|——————► ☺

2. In die Kompetenz einführen, Arbeitsplanung

Schülerbuch S. 13 *Learning English,* Arbeitsheft S. 17 Nr. 1–3

Fragen Sie S, wie sie bisher neuen Wortschatz lernen. Weisen Sie dann auf Lerntechniken hin. Bitten Sie S nun, Arbeitsschritte 1. bis 5. zu *Learning English* im Schülerbuch zu lesen. Besprechen Sie diese mit S. Lesen Sie nun gemeinsam mit S die Arbeitsanweisungen im Arbeitsheft. Da S diese Aufgaben im Verlauf der Stunde in ihrem eigenen Tempo bearbeiten werden, ist es wichtig, an dieser Stelle das Verständnis zu sichern.

Arbeitsplan an der Tafel, Punkte 1–7 (ein Smiley = Einzelarbeit, zwei Smileys = Partnerarbeit):

1 ☺ *Write the new words from p. 17 on cards: write the English word on one side, the German word on the other side of the card.*
2 ☺ *Check your writing (✓).*
3 ☺ *Book, p. 13, Learning English: Do 2., 3. and 4. with the cards. Say the words in English.*
4 ☺/☺☺ *Workbook p. 17, number 1 a, b*
5 ☺☺ *Check with a partner (✓).*
6 ☺☺ *Workbook p. 17, number 2 a, b, c*
7 ☺☺ *Workbook p. 17, number 3*

3. Die Kompetenz üben

Schülerbuch S. 13, S. 17, Karteikarten

Diese Phase erfolgt in Einzelarbeit und umfasst Punkte 1 bis 3 des Arbeitsplans:
Punkt 1 = *Learning English*-Schritt 1. im Schülerbuch: S übertragen den Wortschatz aus Unit 1 auf Karteikarten (diese Vorbereitung eignet sich auch als Hausaufgabe für Stunde 6).
Punkt 2: Selbstüberprüfung der Rechtschreibung.
Punkt 3: S bearbeiten eigenständig *Learning English*-Schritte 2. bis 4. im Schülerbuch.
Lernschnellere S können zusätzlich den Wortschatz zu Unit 0 auf Karteikarten übertragen und dazu Punkte 1 bis 3 des Arbeitsplans bearbeiten.

4. Die Kompetenz festigen und anwenden

Arbeitsheft S. 17 Nr. 1–3, Wörterbücher

S bearbeiten Punkte 5 bis 7 des Arbeitsplans:
Punkt 4: Arbeitsheft-Nr. 1 wird in Einzelarbeit erarbeitet, kann aber zur Differenzierung auch mit einem Partner zusammen gelöst werden.
Punkt 5: S vergleichen ihre Ergebnisse aus Nr. 1 mit einem Partner.
Punkt 6: Zum Lösen von Arbeitsheft-Nr. 2 holen sich die Partner von Ihnen zunächst ein Wörterbuch. Dann lösen sie die Aufgabe gemeinsam.
Geben Sie besonders schnellen S die Möglichkeit, Extraaufgaben zu lösen (z. B. zu Nr. 2 c mehr als zwei weitere Wörter finden oder eine kurze Geschichte mit neuem Wortschatz schreiben).
Geben Sie S rechtzeitig vor Abschluss von Punkt 6 ein Zeichen, sodass alle S Gelegenheit zu Punkt 7 haben: S erarbeiten in Partnerarbeit Arbeitsheft-Nr. 3 = Schritt 5. zu *Learning English* im Schülerbuch. Die Partner befragen sich gegenseitig mit der → **30 cm-Stimme** (siehe S. 87).

5. Ergebnissicherung, Reflexion

Es bilden sich neue Paare, die sich erneut gegenseitig die Wörter der Unit 1 abfragen. Der Fragende notiert jeweils die Anzahl der vom Partner richtig genannten englischen Wörter. Jeder S kann seine Anzahl mit dem Ergebnis aus der Einstiegsphase vergleichen. Alle S notieren ihre Einschätzung wieder öffentlich auf der Skala (siehe oben) und beurteilen ihren Lernfortschritt.

Stunde 8: Textarbeit: Lesen einer Zeitschriftenrubrik, Sprachmittlung, Umfrage

Wortschatz
block, crazy, everybody, online social network, our

Redemittel
bekannt

Material
- Schülerbuch S. 14 Nr. 1–4
- Arbeitsheft S. 15 Nr. 1–3
- CD 1.12
- [B] *Klick! Englisch 3* Unit 3: *Modern media*

1. Auf das Thema einstimmen

[B] *Klick! Englisch 3* Unit 3: *Modern media*

Beginnen Sie eine → **Schülerkette** und befragen Sie S in Anknüpfung an Stunde 3 der Unit *English around the world* über ihren Umgang mit Computern und mit dem Internet (→ **Spiralförmiges Lernen**). Die Bildkarten dienen als Anregung (L: *Do you have a computer / webcam / digital camera? Do you download ringtones/photos / send photos / write e-mails/blogs / chat online / …?*). Führen Sie den Begriff *online social network* ein. Bitten Sie S zu äußern, was sie damit assoziieren und sammeln Sie die Aussagen an der Tafel (z. B. in Form einer Mindmap). Lenken Sie das Gespräch in Richtung positiver und negativer Seiten von Online-Netzwerken.

2. Hörverstehen und Leseverstehen üben

Schülerbuch S. 14 Nr. 1, CD 1.12

Spielen Sie bei geschlossenen Schülerbüchern die CD vor (Text entspricht Schülerbuch S. 14 Nr. 1). S äußern, was sie verstanden haben. Spielen Sie die CD erneut vor und klären Sie unbekannte Wörter. Bitten Sie S, ihre Aussagen zum Inhalt zu ergänzen. Lassen Sie S den Text dann leise zur CD mitlesen (→ ***buzz reading***). Ermuntern Sie S, selbst Fragen zum Text zu formulieren, die sie im Plenum gegenseitig beantworten.

3. Leseverstehen vertiefen

Schülerbuch S. 14 Nr. 2

Zur Vertiefung des Leseverstehens können S ein → **Gruppenpuzzle** durchführen: Eine Hälfte der Klasse liest Anitas Brief intensiver (Gruppe 1), die andere Hälfte Mirandas Antwort (Gruppe 2). Anschließend berichten sich je ein S aus Gruppe 1 und ein S aus Gruppe 2 gegenseitig, was in den beiden Beiträgen steht. Die Fragen zum Textverständnis werden anschließend von S in Einzelarbeit gelöst. S machen sich dazu Notizen. Danach tauschen sie ihre Ergebnisse zunächst mit dem Partner aus dem Gruppenpuzzle aus. Die Partner finden sich dann mit einem anderen Paar zu einer Vierergruppe zusammen. Diese Gruppen tauschen sich erneut aus und bereiten die Antworten so sorgfältig vor, dass jedes Mitglied fähig ist, das Gruppenergebnis zu präsentieren. Wählen Sie je einen Sprecher pro Gruppe (z. B. S mit der niedrigsten Hausnummer), der die Ergebnisse im Plenum vorstellt. Der Sprecher kann je eine Person aus der Gruppe zum Vorlesen der Fragen wählen.

4. Sprachmittlung üben

Schülerbuch S. 14 Nr. 3

S bereiten die → **Sprachmittlung** in Einzelarbeit vor und wenden sie dann in Partnerarbeit an. Besprechen Sie die Ergebnisse im Plenum. Knüpfen Sie an die zu Anfang der Stunde gemachten Aussagen über Online-Netzwerke an und erörtern Sie mit S das Problem Internet-Mobbing oder Cyberbullying. Die Bildungsserver einiger Bundesländer bieten hierzu Material an.

5. Lese- und Schreibkompetenz fördern

Schülerbuch S. 14 Nr. 1, Arbeitsheft S. 15 Nr. 1–3

S schließen ihre Schülerbücher und lösen Arbeitsheft-Nr. 1 in Einzelarbeit. Stellen Sie an einer Stelle im Klassenraum ein Schülerbuch bereit, in dem S bei Unsicherheiten nachschlagen können. Zur Kontrolle lesen S sich ihre Texte in Partnerarbeit gegenseitig vor. Arbeitsheft-Nr. 2a bearbeiten S zunächst individuell in Einzelarbeit. Danach werden im Plenum die Optionen aus Nr. 2a vorgelesen. Bitten Sie S, bei der Option ihrer Wahl aufzustehen. Einzelne S begründen ihre Wahl.
Arbeitsheft-Nr. 2b und -Nr. 3 eignen sich als Hausaufgabe. In Nr. 2b können S auch eigene Ideen zur Problemlösung aufschreiben. In Nr. 3 wiederholen sie spielerisch die Steigerung von kurzen Adjektiven aus der Unit *English around the world* (Stunde 3).

6. Projekt: Umfrage, Präsentation

Schülerbuch S. 14 Nr. 4

S bilden Gruppen (→ **Gruppenbildung**) und übertragen die Tabelle in ihr Heft. Die Gruppenmitglieder befragen sich gegenseitig und halten die Ergebnisse in der Tabelle fest (Schritt 1.). Geben Sie den Gruppen die Möglichkeit, die Ergebnispräsentation nach dem Muster in Schritt 2. vorzubereiten, zu üben und im Plenum vorzutragen. Ziehen Sie zum Abschluss der Stunde gemeinsam mit S Schlussfolgerungen für einen besonnenen Umgang mit dem Internet.

Stunde 9: Cartoon – Text erschließen, Kernaussage erfassen und formulieren

Wortschatz
alone, always, look at

Redemittel
bekannt

Material
- Schülerbuch S. 15 Nr. 1–3
- Arbeitsheft S. 16 Nr. 1, DK2
- CD 1.13
- Arbeitsheft-CD 34
- *Klick! Englisch 2* Unit 1 S. 12, CD 14
- Material (Bilder, Informationen) zu Mumbai
- evtl. PC mit Internet

1. Auf das Thema einstimmen

Klick! Englisch 2 Unit 1 S. 12, CD 14

Beginnen Sie nach dem → **Einstiegsritual** eine → **Schülerkette** und fragen Sie S nach ihren Geschwistern (L: *Do you have a brother/sister?*). Zitieren Sie die Strophen 2 und 3 aus dem Rap *I'm Miss Perfect* aus *Klick! Englisch 2* Unit 1 (*My big brother … My little sister …*). Erklären Sie bei dieser Gelegenheit das Wort *always*. Schreiben Sie die Begriffe *brothers* und *sisters* an die Tafel und notieren Sie Assoziationen der S dazu. Führen Sie den Begriff *alone* ein und befragen Sie S (L: *Are you happy or sad to be alone at home?*).

2. Bilder als Verständnishilfe nutzen

Schülerbuch S. 15 Nr. 1

Betrachten Sie mit S die Bilder des Cartoons und lassen Sie S über die Situation Vermutungen äußern (L: *Look at the pictures. What are the boys doing?* S: *They're chatting online. …*).

3. Hör-, Leseverstehen, Lesen üben

Schülerbuch S. 15 Nr. 1, CD 1.13

Bitten Sie S, die Schülerbücher zu schließen. Spielen Sie die CD vor (Text entspricht Schülerbuch S. 15 Nr. 1). S teilen mit, was sie beim ersten Hören verstanden haben, und vergleichen dies mit den zuvor geäußerten Vermutungen. Vertiefen Sie beim zweiten Vorspielen der CD das Hörverstehen, indem Sie zum Inhalt Höraufträge stellen (L: *Where is Tyler/Samir from? What are the boys talking about? Are they talking to a girl too? Who is it?*). S öffnen ihre Schülerbücher. Während des dritten Hörens der CD deuten S auf jedes Bild und lesen leise mit (→ ***buzz reading***). Zum Textverständnis beantworten S weitere Fragen (L: *What's a sari? Does Tyler want to go to Mumbai? Why?*). Danach lesen S den Cartoon mit verteilten Rollen.

4. Lese-, Sprech-, Schreibkompetenz fördern

Schülerbuch S. 15 Nr. 2, 3, Arbeitsheft S. 16 Nr. 1, DK2, Arbeitsheft-CD 34, Informationsmaterial, PC

Nach dem gemeinsamen Hören und Besprechen des Cartoons bietet es sich an, Inhalte und Redemittel im Rahmen von → **Lernen an Stationen** zu vertiefen. Sie können die folgenden Stationen anbieten (☺ = Einzelarbeit, ☺☺ = Partnerarbeit, ☺☺☺ = Gruppenarbeit):

<u>Pflichtstationen</u>:
(jeweils mit Lösungen zur Selbstkontrolle)
1 ☺ Schülerbuch S. 15 Nr. 2
2 ☺ Schülerbuch S. 15 Nr. 3
3 ☺ Arbeitsheft S. 16 Nr. 1

<u>Wahlstationen:</u>
- ☺☺ Dialogkarte 2 mit CD-Spieler, Kopfhörern und Arbeitsheft-CD 34 (= Sprachvorbild)
- ☺☺☺ *Act out the cartoon.* (Dreiergruppe)
- ☺ besonders für lernstärkere S anhand von Beispielbrief im Schülerbuch S. 13 Nr. 3: *You're Tyler. Write a letter to Rania.*
- ☺☺ *Samir and Rania live in Mumbai. What do you know about Mumbai? Find out more about the city on the Internet.*

Erinnern Sie S daran, die selbst geschriebenen Texte eigenständig zu überprüfen.
S bearbeiten die Pflichtstationen in individuellem Tempo in Einzelarbeit mit anschließender Möglichkeit zur Selbstkontrolle oder gegenseitigen Partnerkontrolle. Sie sollten für die Arbeit am gesamten Pflichtteil eine Zeitvorgabe nennen. Nach Ablauf dieser Zeit erfolgt die Kontrolle im Plenum. Aus den Wahlstationen suchen S sich anschließend mindestens eine Aufgabe aus. Ein Teil der Arbeit kann als Hausaufgabe erledigt werden. Entscheidend ist, dass S in der nächsten Unterrichtsstunde die Ergebnisse präsentieren können. Sie sollten vorher feststellen, wie viele Gruppen Dialoge vorspielen werden. Die letzten beiden Wahlstationen können in Form einer → **Galerie** mit Feedbackmöglichkeit präsentiert werden.

Hörtext 34:
Girl: *Can you tell me the way to the Internet cafe, please?*
Boy: *First go straight along Second Street. Then turn left into Market Street. The Internet cafe is on the right.*
Girl: *I'm at number three. Is that right?*
Boy: *Yes, it is.*

Stunde 10: Indien – Einblicke in eine andere Kultur

Wortschatz
°*between,* °*build,* °*comfortable,* °*grave,* °*over,* °*palace,* °*rich,* °*silence,* °*tourist,* °*true,* °*woman,* °*year*

Redemittel
bekannt

Material
- Schülerbuch S. 10 Nr. 1, 2, S. 16 Nr. 1, 2
- Arbeitsheft S. 16 Nr. 2
- CD 1.6, 1.14, 1.15
- [B] *Klick! Englisch 3* Unit 4: *call you* bis *text you*
- *Klick! Englisch 3* Unit 4, CD 2.7
- Wörterbücher
- Webcode KLEN319374-16, PC mit Internet

1. Gelerntes festigen, das Thema vorbereiten

[B] *Klick! Englisch 3, CD 2.7*

Nach der Überprüfung der Ergebnisse zu den Wahlstationen aus der vorherigen Unterrichtsstunde wiederholen Sie zum → **Einstiegsritual** noch einmal den aus *Klick! Englisch 3* bekannten Rap *Friends*. Falls Sie in Stunden 1 und 2 dieser Unit mit S eine Mindmap als Aushang erstellt haben, greifen Sie auf diese zurück. Reflektieren Sie gemeinsam mit S den Aspekt *a good friend*. Mit den Bildkarten an der Tafel als Impuls diskutieren S, was einen guten Freund ausmacht (S 1: *A good friend makes you laugh / listens to you / …* S 2: *I agree. / I don't agree.*). Markieren Sie bei jeder Zustimmung die entsprechende Bildkarte und resümieren Sie (L: … (Anzahl) *pupils think: a good friend … That's true friendship.*). Lassen Sie diesen neuen Begriff erst einmal so stehen.

2. Leseverstehen üben

Schülerbuch S. 16 Nr. 1, CD 1.14, Wörterbücher

S schlagen ihre Schülerbücher auf. Spielen Sie das Zitat mehrfach vor (Text entspricht Schülerbuch S. 16 Nr. 1) und bitten Sie S, leise mitzulesen (→ ***buzz reading***). Fordern Sie S auf, unbekannte Wörter zu nennen und vergeben Sie an mehrere S Suchaufträge für die Arbeit mit dem Wörterbuch. Die Ergebnisse werden im Plenum präsentiert. Danach beantworten S erste Frage im Schülerbuch im Plenum.

3. Transfer, Sprechkompetenz vertiefen

Schülerbuch S. 16 Nr. 1

Führen Sie nun ein Klassengespräch zu Punkt 2 zum Zitat im Schülerbuch. Zusätzlich können Sie die Frage stellen: *What is true friendship for you?* Bitten Sie S, zuerst in Einzelarbeit nachzudenken, sich danach mit einem Partner auszutauschen und die Ergebnisse dann in einer kleinen Gruppe vorzustellen. Im Plenum können nun Gruppenmitglieder die Ideen vorstellen, die für die Gruppe besonders wichtig waren. Diese können an der Tafel notiert werden. Je nach Leistungsstand der Klasse kann dies auf Englisch oder auf Deutsch geschehen (→ **Verwendung der Muttersprache**). Formulierungshilfen für die Antworten bietet die Sammlung aus der Einstiegsphase.

4. Bilder als Verständnishilfe nutzen

Schülerbuch S. 16 Nr. 2

Betrachten Sie mit S die Fotos im Schülerbuch. Bitten Sie S, spontane Kommentare möglichst auf Englisch zu äußern. Erfragen Sie, ob S Mahatma Gandhi kennen und was sie evtl. über ihn wissen. Klären Sie den unbekannten Wortschatz.

5. Hör-, Leseverstehen, Lesen üben

Schülerbuch S. 16 Nr. 2, CD 1.15

Spielen Sie die CD vor (Text entspricht Schülerbuch S. 16 Nr. 2, englischer Text oben). S lesen beim zweiten Hören den Text leise mit. Besprechen Sie den Inhalt. Lesen Sie anschließend mit S den Text mehrmals laut vor. Fordern Sie S auf, die drei Fragen aus dem Schülerbuch zunächst in Einzelarbeit zu beantworten und sich dann mit einem Partner auszutauschen. Zum Abschluss erfolgt die Kontrolle im Plenum.

6. Förderung der interkulturellen Kompetenz

Schülerbuch S. 16 Nr. 2, evtl. Webcode KLEN319374-16, PC mit Internet

S lesen den deutschen Informationstext selbstständig und geben ihn mit eigenen Worten wieder. Zusätzlich (als didaktische Reserve) können S über den angegebenen Webcode aus dem Internet landeskundliche Informationen zu Indien erarbeiten und präsentieren.

7. Leseverstehen, Schreiben festigen

Arbeitsheft S. 16 Nr. 2, Schülerbuch S. 10 Nr. 1, 2, CD 1.6

S lösen die Aufgabe in Einzelarbeit. Bieten Sie ein Blatt mit Lösungen zur Selbstkontrolle an. S, die ihre Arbeit kontrolliert haben, notieren ihre Namen auf dem Kontrollblatt und stehen anderen S als Experten zur Verfügung.
Hinweis: Diese Aufgabe nimmt auch Bezug auf die Fotos und den Hörtext im Schülerbuch S. 10.

Stunde 11: Zusammenfassende Wiederholung

Wortschatz
bekannt

Redemittel
bekannt

Material
- Schülerbuch S. 16 Nr. 1, S. 17, *Extra Practice*: S. 47 Nr. 1–3
- Arbeitsheft S. 18 Nr. 1, 2, *Extra Practice*: S. 50 Nr. 1, 2
- CD 1.14
- Karteikarten mit neuem Unit-Wortschatz

1. Das Zitat wiederholen

Schülerbuch S. 16 Nr. 1, CD 1.14

Zum ➞ **Einstiegsritual** wird nach der Begrüßung das Zitat gemeinsam gesprochen.

2. Wortschatz wiederholen

Schülerbuch S. 17 *New words*

S wiederholen den Wortschatz in Partnerarbeit, indem sie sich gegenseitig mithilfe ihrer Karteikarten aus Stunde 7 abfragen. Dazu liest S 1 einen englischen Begriff vor, S 2 nennt den dazugehörigen deutschen Begriff. Danach wird von S 1 ein deutscher Begriff vorgelesen und von S 2 die englische Übersetzung genannt. Anschließend werden die Rollen getauscht, etc.

3. Redemittel wiederholen

Schülerbuch S. 17 *Speaking English*

Lesen Sie gemeinsam mit S die *Speaking English*-Kästen zu Steigerungsformen kurzer Adjektive und den Grund- und Vergangenheitsformen von Verben. Erläutern Sie, dass S die Kästen zu *Speaking English* jederzeit als Hilfen für die Aufgaben in den Units nutzen können. Bitten Sie S, in Partnerarbeit nach dem Muster der Kästen weitere Beispiele zu finden, sie aufzuschreiben und anschließend vorzutragen.

4. Wortschatz und Redemittel festigen

S können das Erlernte spielerisch festigen. Teilen Sie die Klasse in zwei Teams ein. In einer ➞ **Schülerkette** antworten S auf die Frage: *What did you do yesterday?* Dabei wechseln sich die Teams immer ab.
Team 1-S 1: *I went shopping yesterday.*
Team 2-S 1: *I went on a date yesterday.*
Team 1-S 2: *I played football* yesterday.
Team 2-S 2: *I chilled out yesterday. …*
Während jeder S eines Teams seine Aussage macht, versuchen die S des jeweils anderen Teams sich zu merken, was dieser S am Vortag gemacht hat. Anschließend beraten sich die Mitglieder eines Teams kurz untereinander. In lernschwächeren Lerngruppen machen S sich Notizen. Anschließend berichtet ein Gruppensprecher im Plenum über die Mitglieder des jeweils anderen Teams. Letzteres Team korrigiert bei Bedarf. Punkte werden an der Tafel gezählt.
Team 1: … (Name S 1) *in team 2 went on a date yesterday. …* (Name S 2) *in team 2 …*
Team 2: … (Name S 1) *in team 1 went shopping yesterday. …* (Name S 2) *in team 1 …*

5. Portfolio erarbeiten

Arbeitsheft S. 18, Nr. 1, 2

Zur Vorbereitung gehen S die Unit 1 noch einmal in Ruhe durch. Bitten Sie S, Schwerpunkte festzulegen, mit denen sie sich noch einmal intensiver beschäftigen möchten. Nachdem Sie die Vorgehensweise besprochen haben, bearbeiten S die Aufgaben zur Lernstandserhebung in Einzelarbeit (➞ **Portfolio**).

6. *Extra Practice*

Schülerbuch S. 47 Nr. 1–3, Arbeitsheft S. 50 Nr. 1, 2

Lernstärkere S können die zusätzlichen Aufgaben zu den Redemitteln auch am Ende der Unit lösen.

7. Abschluss

Schließen Sie die Stunde mit einer Aktivität ab, an der die Klasse besondere Freude hatte. Reflektieren Sie anschließend mit S, was ihnen besonders gut bzw. nicht gut gefallen hat und warum. S schätzen danach ihren individuellen Lernzuwachs in den einzelnen Bereichen ein. Dazu können Sie z. B. folgende Aussagen an die Tafel schreiben:
1. Die Unit hat mir Spaß gemacht.
2. Ich konnte gut mitarbeiten.
3. Ich habe viel Bekanntes wiederholt.
4. Ich kann Gefühle formulieren.
5. Ich kann meine Freunde charakterisieren.
6. Ich kann über Vergangenes berichten.
7. Ich weiß, wie man einen Brief schreibt.
8. Ich habe einiges über Indien gelernt.

Zeichnen Sie darunter folgende Skala:

☹ ◄——————|——————► ☺

S zeichnen diese Skala auf ein Blatt Papier und tragen die Nummern der Aussagen darauf ein. Werten Sie das Feedback gemeinsam mit S aus.

Stunde 12 *More Reading*: Cartoon – Gefahren von Internetbekanntschaften

Wortschatz
die deutsche Übersetzung der unbekannten Wörter ist in Fußnoten angegeben

Redemittel
bekannt

Material
- Schülerbuch S. 42, 43 Nr. 1–3
- CD 2.22
- Kopien des Cartoons in Klassenstärke
- Wörterbücher in halber Klassenstärke
- *Klick! Englisch 3* S. 20 *Learning English*

1. Gelerntes festigen

Zur Einstimmung können Sie mit S eine Quizshow durchführen (*Who is it?*). S 1 als Showmaster beschreibt einen Mitschüler (S 1: *He/She has short blond hair. / … He/She likes … / doesn't like … He's/She's older/… than me.*). S 2 und S 3 als Kandidaten geben ein Zeichen (Klopfen, Klingeln), wenn sie die Antwort wissen. Der Erste, der das Zeichen gibt, darf antworten. Hat er den Mitschüler erraten, erhält er einen Punkt. Ist die Antwort falsch, darf der andere S raten.

2. Bildbetrachtung zur Vorentlastung

Schülerbuch S. 42, 43 Nr. 1

Betrachten Sie gemeinsam mit S die Bilder des Cartoons im Schülerbuch. S äußern Vermutungen über den Inhalt.

3. Hör-, Leseverstehen, Lesen üben

Schülerbuch S. 42, 43 Nr. 1, CD 2.22

Spielen Sie die CD vor (Text entspricht Schülerbuch S. 42, 43 Nr. 1). Stoppen Sie nach jeder Szene, damit S das Gehörte mit dem jeweiligen Bild verbinden können. Spielen Sie die CD ein zweites Mal vor, S lesen den Text leise mit. Bitten Sie S mitzuteilen, was sie verstanden haben, und vergleichen Sie dies mit den zuvor geäußerten Vermutungen. Lassen Sie S bekannte Wörter nennen. Weisen Sie auf die Fußnoten am Ende des Cartoons hin. Erschließen Sie mit S beispielhaft zwei bis drei Vokabeln mithilfe der Fußnoten. Spielen Sie die CD erneut vor und bitten Sie S, den Inhalt sinngemäß wiederzugeben (→ **Sprachmittlung**). Diskutieren Sie die Thematik auf Deutsch, fragen Sie S nach eigenen Erfahrungen und nach ihrer Meinung. Spielen Sie die CD nochmals vor. Stoppen Sie die CD nach jeder Szene und lassen Sie S im Chor nachsprechen (→ **Chorsprechen**). Im Anschluss lesen S den Cartoon mit verteilten Rollen vor.

4. Erschließen von unbekanntem Wortschatz

Schülerbuch S. 43 Nr. 2, CD 2.22, Wörterbücher, *Klick! Englisch 3* S. 20 *Learning English*

S lesen den Cartoon in Einzelarbeit noch einmal leise für sich und notieren sich alle Wörter, die sie nicht verstehen, in ihre Hefte. Nun befragen S ihre Sitznachbarn: Sie überlegen gemeinsam die Bedeutung der notierten Wörter. Erst danach, falls erforderlich, verwenden S die Wortschatzliste im Schülerbuch oder Wörterbücher. Schließlich schreiben S die deutschen Übersetzungen auf. Spielen Sie die CD vor und erfragen Sie gezielt die Bedeutung einzelner Wörter im Text.
Erinnern Sie S an die vier Schritte beim Arbeiten mit dem Wörterbuch aus *Klick! Englisch 3*, Unit 2: 1. Übersetzungsrichtung wählen: Engl. → Dt.,, Dt. → Engl.; 2. Wörter finden: durch alphabetische Anordnung der Wörter; 3. Eintrag richtig lesen: Aussprachehilfen, daneben Übersetzung; 4. Bei mehreren Bedeutungen eines Wortes: richtige Bedeutung erkennen, indem man den Text genau liest und an eigene Vermutungen zurückdenkt.

5. Den Cartoon nachspielen

Schülerbuch S. 42, 43 Nr. 1, Kopien des Cartoons

S bilden Dreiergruppen. Lernschwächere Gruppen spielen die Szenen zunächst auf Deutsch nach. Jeder S erhält eine Kopie des Cartoons und markiert den Text seiner Rolle (Andrew zitiert selbst seine Chatmitteilungen). Die Gruppen üben den Cartoon als Rollenspiel. Einzelne Gruppen präsentieren ihre Dialoge im Plenum (→ **Dialoge und Rollenspiele**).

6. Textverstehen festigen

Schülerbuch S. 43 Nr. 3, Kopien des Cartoons

Schreiben Sie in einem Satz verschiedene Gefühle an die Tafel (z. B. *She was angry, happy, jealous, sad, worried.*). Fragen Sie S, welche Gefühle auf Sandy und Tara zutreffen. Lesen Sie gemeinsam mit S die Aufgabe im Schülerbuch. Geben Sie den Hinweis, dass die vier Satzhälften im Reservoir die Reihenfolge des Geschehens in vier Schritten wiedergeben. Bitten Sie S, auf ihrer Kopie des Cartoons die vier beschriebenen Schritte des Geschehens zu finden, zu markieren und stichpunktartig zu notieren. Lernstärkere S lösen Nr. 3 danach in Einzelarbeit. Lernschwächere S kontrollieren mit einem Partner oder im Plenum die Abfolge der Schritte und lösen Nr. 3 evtl. in Partnerarbeit.

Stunde 13 *More Reading*: Sicher im Internet – Profile bei Online-Netzwerken

Wortschatz
die deutsche Übersetzung der unbekannten Wörter ist in Fußnoten angegeben

Redemittel
bekannt

Material
- Schülerbuch S. 43 Nr. 4
- Arbeitsheft S. 43 Nr. 1, 2, S. 44 Nr. 3, 4
- Arbeitsheft-CD 29
- Wörterbücher
- Bilder zum Einfügen in das Online-Profil

1. Eine Diskussion führen

Schülerbuch S. 43 Nr. 4, Wörterbücher

Diskutieren Sie mit S zunächst auf Deutsch über den Inhalt des Cartoons und das Verhalten sowohl von Sandy als auch von Tara. Sammeln Sie anschließend gemeinsam mit S Argumente auf Englisch an der Tafel. Mithilfe des Reservoirs versuchen S nun in Partnerarbeit auf Englisch zu diskutieren. Jeder S äußert sich zu Sandy und zu Tara. S machen sich für die spätere Präsentation Notizen (evtl. in Form eigener Dialogkarten). Teilen Sie lernstärkeren S Wörterbücher aus, damit sie eigene Ergänzungen vornehmen und ihre Meinung begründen können. Leisten Sie evtl. Hilfestellung bei der Formulierung (L: *I agree / I don't agree with … because …*). Einzelne Paare präsentieren ihre Diskussion vor der Klasse.

2. Hör- und Leseverstehen: Unsicheres Profil

Arbeitsheft S. 43 Nr. 1, Arbeitsheft-CD 29

S betrachten Hannahs Online-Netzwerkprofil im Arbeitsheft. Spielen Sie die CD mehrmals vor, lassen Sie S leise mitlesen (Text entspricht Arbeitsheft S. 43 Nr. 1). Fragen Sie S nach dem wesentlichen Inhalt. Lassen Sie S unbekannte Wörter mithilfe der Fußnoten klären.
Schreiben Sie dann die Kategorien des Profils an die Tafel: *Name, School, Gender, …* Stoppen Sie bei einer weiteren Darbietung die CD jeweils nach Nennung der Kategorie, lassen Sie S die dazugehörigen Angaben laut lesen und danach zur Bestätigung von der CD anhören. Einzelne S lesen das ganze Profil laut vor. S prägen sich die Angaben ein und schließen ihre Arbeitshefte.
Nun versuchen S, zu den Kategorien an der Tafel Hannahs Angaben aus dem Arbeitsheft zu nennen. Besprechen Sie mit S, warum es sich um ein unsicheres Netzwerkprofil handelt.

3. Sprachmittlung: Sicherheit im Internet

Arbeitsheft S. 43 Nr. 2

Hier setzen sich S aktiv mit der sicheren Internetnutzung auseinander. Nach Besprechen der Aufgabenstellung lösen lernstärkere S die Aufgabe in Einzel-, lernschwächere S in Partnerarbeit. Die Ergebniskontrolle von Nr. 2a kann als ➞ **Schülerkette** erfolgen, indem ein S die deutsche Aussage, der nächste S die englische Übersetzung liest, und zwar in geordneter oder in ungeordneter Reihenfolge. Nach Lösen der schriftlichen Nr. 2b werden die Regeln für ein sicheres Verhalten vorgelesen.

4. Leseverstehen: Sicheres Profil

Arbeitsheft S. 44 Nr. 3a

Betrachten Sie gemeinsam das geänderte Netzwerkprofil im Arbeitsheft. Lassen Sie es von einzelnen S vorlesen. Vergleichen Sie gemeinsam mit S das geänderte Profil mit dem ursprünglichen Profil auf S. 43 Nr. 1 und diskutieren Sie: Was hat Hannah geändert? Welche Tipps ihrer deutschen Freundin hat Hannah befolgt? S belegen ihre Antworten am Text.

5. Transfer: Eigenes sicheres Profil erstellen

Arbeitsheft S. 44 Nr. 3b, Bilder zum Einfügen in das Online-Profil

S erstellen in Einzelarbeit ein eigenes Online-Netzwerkprofil. Erinnern Sie S an die Kriterien für Sicherheit im Internet bzw. für das Erstellen eines Netzwerkprofils. Kopieren Sie im Anschluss die Ergebnisse und schneiden Sie die Profile aus. Legen Sie alle Profile in die Mitte eines Stuhlkreises. S ziehen jeweils ein Profil, lesen es vor und beantworten die Frage: *Who is it?* S begründen ihre Wahl. Die Netzwerkprofile können in Form einer ➞ **Galerie** ausgestellt werden.

6. Sprachmittlung, Klassengespräch

Arbeitsheft S. 44 Nr. 4, Wörterbücher

S übersetzen die Thesen in Einzel- oder Partnerarbeit, vergleichen sie mit den Übersetzungen anderer und überprüfen sie im Plenum. Die Thesen sind bewusst provokant gewählt, damit S sich aktiv an der Diskussion beteiligen. Diese erfolgt entweder sofort im Plenum oder S tauschen sich zunächst in Partner- oder Gruppenarbeit aus und stellen danach ihre Meinung im Plenum vor. Sammeln Sie die Argumente in Stichpunkten an der Tafel und diskutieren Sie mit der ganzen Klasse. In einer lernstarken Lerngruppe kann auf Englisch diskutiert werden, sonst auf Deutsch.

1. Hörtext 9:

(Unit 1 *Love & friendship*, Stunde 2)
Arbeitsheft S. 11 Nr. 1, Arbeitsheft-CD 9

Listen and number.

Speaker: *First picture: number one.*
Linda: *I'm really sad. I don't want to go to the new school on Monday. I have no friends there.*
Rachel: *I know, Linda.*
Speaker: *Number two.*
Linda: *Oh, Rachel. You're my best friend.*
Rachel: *I'll really miss you, Linda.*
Speaker: *Number three.*
Rachel: *Look, there's Susan. Are you OK, Susan?*
Susan: *No, I'm not. I'm really angry. Dan told the class all my secrets.*
Speaker: *Second picture: number four.*
Jane: *Oh, no! That's Jacob's new girlfriend.*
Speaker: *Number five.*
May: *He looks really happy.*
Speaker: *Number six.*
May: *They're on a date.*
Speaker: *Number seven.*
Jane: *I love him. I'm so jealous!*
Speaker: *Third picture: number eight.*
Louis: *What a great party! What's it for?*
Speaker: *Number nine.*
Lucy: *It's my birthday! Didn't you know? You're my boyfriend!*
Louis: *I'm sorry.*
Speaker: *Number ten.*
Lucy: *And you didn't bring me a birthday present. I'm so disappointed!*

2. Hörtext 11:

(Unit 1 *Love & friendship*, Stunde 4)
Arbeitsheft S. 13 Nr. 1 a, Arbeitsheft-CD 11

Listen and tick. Who was Rick's girlfriend?

Dave: *Hi, Rick! Great to see you. Do you want to go to the cinema?*
Rick: *No, I don't. I need to talk to you. I'm really sad.*
Dave: *Why are you sad? And where's your girlfriend Miley?*
Rick: *She's Mike's girlfriend now. She doesn't love me.*
Dave: *I'm sorry, Rick.*
Rick: *I really like her. She has great green eyes. And I love her blond hair. Her hair is short. And you know I like girls with short hair. I think Miley is perfect.*

3. Hörtext 12:

(Unit 1 *Love & friendship*, Stunde 4)
Arbeitsheft S. 13 Nr. 1 b, Arbeitsheft-CD 12

Listen and draw.

Dave: *Don't be sad, Rick. Miley is great but she's not the right girl for you. She doesn't like playing computer games. And you do.*
Rick: *Yes, and she doesn't like western movies. But …*
Dave: *But what?*
Rick: *She likes making me laugh. And we like football. Our favourite rapper is Big C and I love her.*
Dave: *Let's play basketball. That's what I do when I'm sad.*

4. Hörtext 13:

(Unit 1 *Love & friendship*, Stunde 5)
Arbeitsheft S. 14 Nr. 1, Arbeitsheft-CD 13

Listen, find the right picture and write.

Jane: *Hi, this is Jane.*
Mike: *Hi. It's Mike. What did you do after school on Thursday?*
Jane: *I went to the shopping centre with my boyfriend. Why?*
Mike: *I'm so disappointed. You wanted to help me with my homework on Thursday.*
Jane: *Oh, I'm really sorry. Can I help you now?*

Colin: *Hello?*
Miles: *Hey, Colin. It's Miles, your best friend. Do you remember me?*
Colin: *Hi, Miles. Are you angry?*
Miles: *Yes, I am. What did you do on Sunday? We had plans!*
Colin: *I'm sorry. I went to my girlfriend's house on Sunday. We played computer games.*

Tim: *Hi, Tim here.*
Harry: *Hi, Tim. It's Harry. What did you do on Friday?*
Tim: *Hi, Harry. I went camping with my family on Friday. It was great. I'm so happy!*

Mara: *Hello, this is Mara.*
Eve: *Hi, Mara. This is Eve. What did you do on Saturday? I called you!*
Mara: *Really? I went to the cinema with Sue on Saturday.*
Eve: *You went to the cinema with Sue? But you're my best friend! I'm so jealous.*
Eve: *Oh, I'm sorry, Eve. We can do something now.*

Erläuterungen zur Unit 2 *Work*

Sb S. 18–25, Ah S. 19–26; *More Reading:* Sb S. 44, Ah S. 45–46; *Extra Practice*: Sb S. 48, Ah S. 51

Inhalt

Eingebettet in den landeskundlichen Hintergrund Kanadas beschäftigt sich die Unit mit dem Thema Arbeit und Beruf. Die Schülerinnen und Schüler vertiefen ihren Einblick in Berufe, deren Anforderungen und tägliche Pflichten. Sie festigen ihre Kompetenz, eigene Berufswünsche zu äußern, eigene Schlüsselqualifikationen zu nennen und zu begründen, warum sie eine Stelle bekommen sollten. Die zentralen Bestandteile der Berufsvorbereitung wie Stellenanzeigen, Lebenslauf, Bewerbungsschreiben und Bewerbungsgespräch werden in der Unit sprachlich und formal so aufbereitet, dass sie von den Schülerinnen und Schülern selbst schriftlich bzw. in Sprachhandlungen umgesetzt werden können. Das Thema Berufsvorbereitung bietet zudem viele Gelegenheiten zu fächerübergreifendem Unterricht.

Neuer Wortschatz			Redemittel – Wiederholung und Erweiterung
• *advert* • *behaviour* • *care assistant* • *carpenter* • *dressed properly* • *early* • *florist*	• *flower shop* • *French* • *hard-working* • *hospital* • *job experience* • *job interview*	• *look* • *on time* • *police officer* • *polite* • *start* • *Yours sincerely*	**Fragen und sagen, warum etwas passieren sollte:** • ***Why** should you get the job?* – ***Because** I'm good at talking to people.* **Fragen und sagen, was man regelmäßig macht:** • *What do you do every day?* – *I have a shower at six o'clock.* **Sagen, was jemand anderes regelmäßig macht:** • *Bill goe**s** to school at 7.30.*

Kompetenzen

- Gehörtes verstehen und Bildern zuordnen
- Techniken zur Strukturierung sprachlicher Mittel vertiefen und damit Wortschatzerweiterung festigen
- In Dialogform dargebotene Handlungen erschließen
- Leseverstehen mithilfe von Textarbeit intensivieren
- Dialogisches Sprechen vertiefen; ein Bewerbungsgespräch führen; ein Poster präsentieren
- Techniken der Texterschließung festigen, Sachtexten genaue Informationen entnehmen
- Mithilfe von Vorgaben Texte schreiben; einen Lebenslauf und ein Bewerbungsschreiben verfassen
- Informationen über Kanada aus Rap, Text und Bildern entnehmen, darüber sprechen

Konzeption der Unit – Seitenübersicht des Schülerbuchs

Einstiegsseite (S. 18)	Zentrale Inhalte (S. 19)
• Typische Berufe in Kanada • Bildbetrachtung, Fragen zum Hörverstehen • Erstellen und Präsentieren eines Plakats: Berufe in der eigenen Region	• Mindmap zum neuen Wortschatz: *Work* • Dialogisches Sprechen mit bekannten Redemitteln und teilweise neuem Wortschatz: *Work experience*
Zentrale Inhalte (S. 20)	**Weiterführendes (S. 21)**
• Wiederholung kommunikativer Redemittel: → *Why should you get the job?* *– Because I'm good at …* → *What do you do every day?* *– I get up at … o'clock./He goes …*	• Textsorte Lebenslauf: verstehen und Struktur für selbst verfassten Lebenslauf nutzen • Kompetenztraining: einem Sachtext genaue Informationen entnehmen
Weiterführendes (S. 22)	**Weiterführendes (S. 23)**
• Textsorte: Bewerbungsschreiben • Textarbeit, Transfer, Bewerbung schreiben	• Cartoon (Bewerbungsgespräch vorbereiten) • Förderung der Lese- und Sprechkompetenz
Weiterführendes (S. 24)	**Zusammenfassung (S. 25)**
• Rap: *Canada* • Landeskunde: Kanada	• Wortschatzliste • Zusammenfassung der gelernten Redemittel
***More Reading* (S. 44)**	***Extra Practice* (S. 48)**

Stunde 1: Kanada – typische Berufe des Landes

Wortschatz
°*fisherman*, °*maple syrup*, °*pancake*, *police officer*

Redemittel
bekannt

Material
- Schülerbuch S. 4, 5 (Karte), S. 18 Nr. 1–3
- CD 1.16
- B W *Klick! Englisch 3* Unit 2: *Jobs*
- B W CD-ROM *Klick! Englisch 4* Unit 4: *Work*
- Material (Bilder, Informationen) zu Berufen, Papierbögen, Kleber, Stifte, Wörterbücher

1. Auf das Thema einstimmen

Schülerbuch S. 4, 5 (Karte)

Bitten Sie S, sich die Weltkarte im Schülerbuch anzusehen. Geben Sie S ein kurzes Rätsel auf (L: *Look at the map. Which country is it? It's a big country in the north. There are a lot of rivers, forests and lakes in this country. People speak English in this country.*). Fragen Sie S im Anschluss, was sie über Kanada wissen.

2. Bildbetrachtung zur Vorentlastung

Schülerbuch S. 18 Nr. 1

S betrachten die fünf Bilder im Schülerbuch. Bitten Sie S, ausgehend von ihrem Vorwissen, Vermutungen über die dargestellten Szenen zu äußern. Erklären Sie die unbekannten Wörter anhand der Fotos. Lesen Sie die Bildunterschriften und lassen Sie S diese wiederholen (➞ **Chorsprechen**). Unterstützen Sie die Bildbetrachtung durch Fragen (L: *Where are the fishermen? Where is a Canadian flag in the picture? What sport does the man play? Do you know maple syrup?*). S schließen ihre Bücher.

3. Hörverstehen üben

Schülerbuch S. 18 Nr. 2, CD 1.16

Lenken Sie vor dem ersten Hören die Aufmerksamkeit auf die Frage, wer spricht. Spielen Sie die CD vor. S teilen mit, welche Informationen sie dem Hörtext entnommen haben. S schlagen ihre Schülerbücher auf und lenken beim erneuten Hören der CD ihr Augenmerk auf die Bildunterschriften. Beim dritten Vorspielen tippen S auf das Bild und die jeweilige Bildunterschrift. Fassen Sie gemeinsam mit S den Inhalt zusammen. Falls es Unklarheiten gibt, spielen Sie die CD ein weiteres Mal vor, stoppen Sie nach jedem Sinnabschnitt und besprechen Sie das Gehörte (Hörtext siehe S. 55 Nr. 1). Lesen Sie gemeinsam die Hörverstehensfragen und klären Sie den Inhalt. Spielen Sie die CD weitere Male vor und bitten Sie S, sich Notizen zu den Antworten zu machen. Danach beantworten S die Fragen in Einzelarbeit. Regen Sie S zum Vergleich mit Deutschland an (L: *What about Germany? Do people work as fishermen / farm workers / Mounties / …?*).

4. Auf das Projekt einstimmen

B W *Klick! Englisch 3* Unit 2: *Jobs*, *Klick! Englisch 4* CD-ROM Unit 4: *Work* (Berufe)

Wiederholen Sie mit dem Spiel „Berufe raten" bekannte Redemittel (➞ **Spiralförmiges Lernen**). Die Bild- und Wortkarten liegen mit der Bildseite nach unten auf dem Pult. Ein S kommt nach vorne und zieht verdeckt eine Karte. Ein S als Spielleiter stellt die Frage: *What's his/her job?* Der S, der die Karte gezogen hat, stellt den darauf abgebildeten Beruf pantomimisch dar. Die anderen S versuchen, die Frage richtig zu beantworten (S: *He's/She's a lorry driver / gardener / …*). Kommen Sie auf Kanada zurück mit der Frage: *What jobs do a lot of people do in Canada?* Leiten Sie über zum Projekt in Schülerbuch Nr. 3, indem Sie fragen: *What jobs do a lot of people do in your town?*

5. Projekt: Ein Plakat erstellen

Schülerbuch S. 18 Nr. 3, Material zu Berufen, Papierbögen, Kleber, Stifte, Wörterbücher

Sichten und besprechen Sie gemeinsam mit S das Material zu Berufen in Ihrer Region (S: *There are a lot of car mechanics /… in …*). Sammeln Sie gemeinsam die englischen Begriffe der Berufe an der Tafel. S nehmen dazu Wörterbücher zu Hilfe. Teilen Sie die Klasse in Schülerpaare oder Gruppen ein. Stellen Sie jedem Team Material zur Verfügung, mit dem es nun ein Plakat über Berufe in seiner Stadt anfertigt. Klare Anweisungen zu Gestaltung und Inhalt helfen S bei der Vorbereitung: Geben Sie eine Mindestanzahl der vorzustellenden Berufe an. Weisen Sie darauf hin, dass S zu jedem Beruf möglichst ein Bild einfügen sollten. Schreiben Sie den Titel (*Jobs in our town*) und die Textstruktur für die Präsentation an die Tafel. Diese sollte mehrere Berufe umfassen und angeben, wie häufig diese vertreten sind (*This is a poster about in … There are a lot of / some … There is / are only … in …*). Die Präsentation erfolgt in der nächsten Stunde. Belassen Sie dazu wenn möglich Hilfen für Struktur und Redemittel an der Tafel.

Stunde 2: Berufe, Arbeitsorte und Verhalten am Arbeitsplatz

Wortschatz
behaviour, care assistant, dressed properly, florist, flower shop, hard-working, hospital, on time, polite

Redemittel
bekannt

Material
- Schülerbuch S. 19 Nr. 4
- Arbeitsheft S. 19 Nr. 1, 2, S. 54
- CD 1.17
- Arbeitsheft-CD 14, 15
- Wörterbücher
- Plakate über Berufe in der Region aus Stunde 1

1. Projekt: Das Plakat präsentieren

Plakate über Berufe in der Region aus Stunde 1 (Schülerbuch S. 18 Nr. 3)

Erinnern Sie S vor der Präsentation an die in der Unit *English around the world* gesammelten Kriterien für einen guten Vortrag (siehe S. 22, Stunde 6). Zeichnen Sie zusätzlich zu den Redemitteln für den Vortrag aus der Vorstunde dazu Symbole an die Tafel: Pfeil = Bilder gut sichtbar zeigen, Mund = laut und deutlich sprechen, Auge = Blickkontakt halten. Ein Schlusssatz sollte einen Dank an die Zuhörer beinhalten und ihnen die Möglichkeit geben, Fragen zu stellen. Bitten Sie S, den Vortragenden Feedback zu geben. Erinnern Sie sie daran, immer mit etwas Positivem zu beginnen. Anhand der Symbole bewerten S die zunächst von lernstärkeren Teams vorgestellten Präsentationen (S: *I like your poster. Everybody could see your poster. You spoke loudly and clearly. You looked at us.*). Sprechen Sie Ihr ➞ **Lob** aus, auch wenn Unsicherheiten auftreten.

2. Mindmap erarbeiten, Wortschatz einführen

Schülerbuch S. 19 Nr. 4, CD 1.17, Wörterbücher

Erstellen Sie nach der Vorlage im Schülerbuch gemeinsam mit S eine Mindmap zum Thema *work*. Schreiben Sie zunächst die Oberbegriffe *places, jobs* an die Tafel. Ermuntern Sie S, Wörter zu finden, die zu den Oberbegriffen passen, und sie an die Tafel zu schreiben. Lassen Sie S bei Bedarf im Wörterbuch nachschlagen. Führen Sie den Oberbegriff *behaviour* ein und sammeln Sie gemeinsam mit S Begriffe dazu. S schlagen ihre Schülerbücher auf. Vergleichen Sie gemeinsam mit S die Mindmap an der Tafel mit der im Schülerbuch und klären Sie neuen Wortschatz. Spielen Sie die CD vor. Beim zweiten Hören der CD deuten S im Schülerbuch auf die Wörter. Bei weiteren Durchgängen sprechen S die Wörter mit (➞ **Chorsprechen**). Danach lesen einzelne S die neuen Wörter vor. Anschließend überträgt jeder S die Mindmap ins Heft und ergänzt zum Oberbegriff *places* weitere Beispiele des Tafelbildes oder eigene Ideen. Hierfür können S das Wörterbuch benutzen. Vergleichen Sie die Ergebnisse.

Hörtext 1.17:
Listen and repeat. Work.
Places: hospital, flower shop
Behaviour: on time, polite, dressed properly, hard-working
Jobs: police officer, florist, care assistant

3. Hörverstehen üben, Wortschatz festigen

Arbeitsheft S. 19 Nr. 1, Arbeitsheft-CD 14, 15

Bitten Sie S, ihre Arbeitshefte aufzuschlagen. Bearbeiten Sie Nr. 1 a und 1 b auf die gleiche Weise: Sehen Sie sich gemeinsam die Bilder an und erfragen Sie den Wortschatz. Spielen Sie den Dialog vor. S teilen mit, was sie verstanden haben. Beim zweiten Hören zeichnen S die entsprechenden Smileys in die Kästchen. Die Ergebniskontrolle erfolgt im Plenum (Hörtext Arbeitsheft-CD 14 siehe S. 55 Nr. 2).

Hörtext 15:
Listen and draw.
Mr Brown: *Are you hard-working, Sandra?*
Sandra: *Yes, I am. I'm always hard-working. Even my teacher says I work hard.*
Mr Brown: *And are you always dressed properly?*
Sandra: *Yes, I am. I like being dressed properly.*
Mr Brown: *And are you always polite?*
Sandra: *Oh yes, I am. My friends say I'm polite to everybody.*
Mr Brown: *And are you always on time?*
Sandra: *No, I'm not. I'm sorry. I'm not always on time because I don't like getting up in the morning. But I'm working on it.*

4. Schreiben festigen

Arbeitsheft S. 19 Nr. 2, S. 54

Die Aufgabe kann zunächst gemeinsam mündlich bearbeitet werden, bevor S sie in Einzelarbeit schriftlich lösen. Sie eignet sich als Hausaufgabe. Die Kontrolle anhand der Lösung im Arbeitsheft, S. 54 erfolgt in der nächsten Stunde und dient gleichzeitig als Einstimmung auf den Dialog.

Stunde 3: Dialoge über Betriebspraktika führen: Orte, Berufe und Verhalten

Wortschatz
bekannt

Redemittel
bekannt

Material
- Schülerbuch S. 19 Nr. 5
- Arbeitsheft S. 19 Nr. 2, S. 20 Nr. 1, 2, DK 3
- CD 1.18
- Arbeitsheft-CD 16, 35

1. Wortschatz und Redemittel wiederholen

Arbeitsheft S. 19 Nr. 2

Nach dem → **Einstiegsritual** werden zur Vorbereitung des Dialogs bekannter Wortschatz und bekannte Redemittel wiederholt (→ **Spiralförmiges Lernen**) und mit Neuem verbunden. Besprechen Sie zunächst Nr. 2 aus Stunde 2. Fragen Sie dann S nach ihren Berufswünschen:

L: *What do you want to be?*
S: *I want to be a …*
L: *Why do you want to be a …?*
S: *Because I want to work indoors/outdoors / with tools/plants …*
L: *Do you have any experience working as a …?*
S: *Yes, I do. / No, I don't.*

2. Hörverstehen und Lesen üben

Schülerbuch S. 19 Nr. 5 a, CD 1.18

Die Schülerbücher sind geschlossen. Geben Sie S den Auftrag, beim Hören des Dialogs darauf zu achten, wer spricht und was der Anlass ist. S machen sich evtl. Notizen. Spielen Sie den Dialog vor (Text entspricht Schülerbuch S. 19 Nr. 5 a). S teilen mit, was sie verstanden haben. Stellen Sie vor dem erneuten Hören Fragen zum Hörtext (L: *What does Jake want to be? Is Jake at the hospital?*). Spielen Sie die CD vor und bitten Sie S, die Fragen zu beantworten. S öffnen ihre Schülerbücher und lesen den Dialog beim erneuten Hören zunächst leise und dann laut mit. Danach lesen S den Dialog in Partnerarbeit mit verteilten Rollen und tragen ihn anschließend vor.

3. Dialogisches Sprechen festigen

Schülerbuch S. 19 Nr. 5 b, DK 3, Arbeitsheft-CD 35

Teilen Sie nun die Schülerpaare so ein, dass sie differenziert arbeiten können. Lernstärkere S ersetzen eigenständig die grün markierten Wörter durch andere Wörter (L: *Look at the mindmap for new words.*). Lernschwächere S üben den Dialog mithilfe der Dialogkarte (Sprachvorbild Hörtext 35 entspricht Schülerbuch S. 19 Nr. 5 a).

4. Hörverstehen üben, Gespräche führen

Arbeitsheft S. 20 Nr. 1, Arbeitsheft-CD 16

Die Arbeitshefte sind geschlossen. Bitten Sie S, sich beim ersten Hören Notizen über das Verstandene zu machen. Besprechen Sie die Notizen. Betrachten Sie anschließend gemeinsam die Bilder im Arbeitsheft, sammeln Sie zu diesen die englischen Begriffe. Spielen Sie die CD erneut vor, S kreuzen die entsprechenden Kästchen an (L: *What didn't Kate have to do?* S: *She didn't have to cut people's hair.*).
Geben Sie einen Impuls zum Klassengespräch: *Do you think it was a good idea that Kate stopped doing her work experience? Why? Why not?*

Hörtext 16:

Listen and tick. What did Kate have to do?

Tom: *Hi, Kate, nice to see you. How was your work experience at Cut & Go?*
Kate: *Hi, Tom! I tell you, it was a hard job. I stopped doing my work experience after the first week.*
Tom: *Why did you stop doing your work experience?*
Kate: *I'm not crazy. I had to wash people's hair. And I had to put shampoo and hairspray on the shelf.*
Tom: *Isn't that normal for a work experience as a hairdresser?*
Kate: *Oh, that's not all. I had to make coffee for everybody. And I had to go for sandwiches every day!*
Tom: *But I had to do that in my work experience too.*
Kate: *Yes, but that wasn't enough. I had to clean the place every day. And I had to bring everybody magazines.*
Tom: *So I guess you were hard-working at that place.*
Kate: *Yes, I was! And then my boss asked me to clean the windows. But I didn't do it. I told him: "I'm not your cleaning lady!"*
Tom: *And then?*
Kate: *Then I took my jacket and went.*
Tom: *Do you think that was a good idea?*
Kate: *Yes, I do!*

5. Leseverstehen und Schreiben festigen

Arbeitsheft S. 20 Nr. 2

S lösen die Aufgabe in Einzelarbeit. Zur Kontrolle der Ergebnisse tauschen S ihre Hefte mit ihrem Sitznachbarn aus. Anschließend erfolgt die Überprüfung im Plenum.

Stunde 4: Berufswunsch begründen und eigene Qualifikationen beschreiben

Wortschatz
bekannt

Redemittel – Wiederholung und Erweiterung
- *Why should you get the job?*
- *Because, I'm good at talking to people / …*

Material
- Schülerbuch S. 20 Nr. 1, *Extra Practice:* S. 48 Nr. 3
- Arbeitsheft S. 21 Nr. 1, 2, *Extra Practice:* S. 51 Nr. 3
- CD 1.19
- Arbeitsheft-CD 17
- *Klick! Englisch 3* Schülerbuch S. 20, CD 1.27

1. Musikalischer Einstieg

Klick! Englisch 3 Schülerbuch S. 20, CD 1.27

Beim → **Einstiegsritual** können Sie zur Einstimmung den Rap *Jobs* aus *Klick! Englisch 3* wiederholen. Vergeben Sie die einzelnen Strophen jeweils an eine Gruppe, sodass der Rap mit verteilten Rollen rhythmisch gesprochen werden kann.

2. Wortschatz, Redemittel wiederholen

Sammeln Sie gemeinsam mit S bekannten Wortschatz zu Arbeitsorten (*outdoors, indoors, shoe shop, cafe, …*) und Berufen (*gardener, cook, …*) an der Tafel. Fügen Sie die folgende Dialogstruktur hinzu: S 1: *Where do you want to work?* S 2: *I want to work outdoors/indoors … I at …* – S 1: *What do you want to be?* S 2: *I want to be a …* Üben sie mit einzelnen Schülerpaaren den Dialog. Anschließend befragen sich alle S gegenseitig in Form eines → **Marktplatzes** oder → **Doppelkreises**.

3. Redemittel einführen

Fragen Sie in Anschluss an die Befragung einen S nach dem Berufswunsch und initiieren Sie eine → **Schülerkette** (S 1: *What do you want to be?* S 2: *I want to be a …*). Schreiben Sie die Frage an die Tafel und notieren Sie die genannten Berufe darunter. Setzen Sie eine zweite Frage daneben: *Why should you get the job?* Erklären Sie S, dass diese Frage nach persönlichen Qualitäten und erforderlichen Schlüsselqualifikationen in Bewerbungsgesprächen üblich ist. Erarbeiten Sie nun mit S, basierend auf den genannten Berufen, die Einschätzung der eigenen Stärken und die Begründung, warum man sich für den bestimmten Beruf eignet (*Because I'm good at making pizzas / doing people's hair / working with tools / … and because I'm friendly / polite / always on time / …*). Schreiben Sie diese ebenfalls an die Tafel.

4. Hörverstehen und Lesen üben

Schülerbuch S. 20 Nr. 1 a, CD 1.19

Spielen Sie die CD vor (Text entspricht Schülerbuch S. 20 Nr. 1 a). S teilen mit, was sie verstanden haben, wer spricht und was der Anlass des Gesprächs ist. Spielen Sie die CD erneut vor. S öffnen ihre Schülerbücher, betrachten die Bilder und ergänzen evtl. ihre Aussagen. S üben den Dialog zunächst durch Nachsprechen (→ **Chorsprechen**), anschließend lesen sie ihn mehrmals mit verteilten Rollen vor. Finden Sie im Anschluss gemeinsam weitere Beispiele und ersetzen Sie damit die grün markierten Redemittel. Lassen Sie S erneut vorlesen.

5. Redemittel, dialogisches Sprechen üben

Schülerbuch S. 20 Nr. 1 b

Führen Sie zunächst mit lernstärkeren S mehrere Dialoge exemplarisch durch, indem S die grün markierten Redemittel durch die im Reservoir vorgeschlagenen Beispiele ersetzen. Anschließend üben S in Partnerarbeit die Dialoge.

6. Hörverstehen üben

Arbeitsheft S. 21 Nr. 1, Arbeitsheft-CD 17

Bitten Sie S, ihre Arbeitshefte aufzuschlagen. Betrachten Sie gemeinsam die Bilder und ermuntern Sie S, die englischen Begriffe der Berufe und/oder Arbeitsorte zu nennen. Spielen Sie die CD vor (Hörtext siehe S. 55 Nr. 3). S deuten während des Hörens auf die Bilder. Beim zweiten Hören tragen S die entsprechenden Zahlen in die Kästchen ein. Die Ergebniskontrolle erfolgt im Plenum. Beim dritten Hören kreuzen S die richtigen Aussagen zu den Texten 1 bis 4 an.

7. Redemittel schreiben, Dialoge führen

Arbeitsheft S. 21 Nr. 2

S lösen die Aufgabe zunächst in Einzelarbeit. Sie schreiben die Fragen und anhand des Reservoirs die Antworten dazu. Anschließend lesen S die Fragen und Antworten in Partnerarbeit. Lassen Sie sie die Rollen tauschen. Einzelne Schülerpaare präsentieren ihre Dialoge vor der Klasse.

8. *Extra Practice*

Schülerbuch S. 48 Nr. 3, Arbeitsheft S. 51 Nr. 3

An dieser Stelle eignen sich die Extraaufgaben für lernstärkere bzw. lernschnellere S.

Stunde 5: Nach regelmäßigen Aktivitäten fragen und darüber berichten

Wortschatz
start

Redemittel – Wiederholung und Erweiterung
- *What do you do every day?*
- *I have a shower at six o'clock.*
- *Bill goes to school at 7.30.*

Material
- Schülerbuch S. 20 Nr. 2,
  Extra Practice: S. 48 Nr. 1, 2
- Arbeitsheft S. 22 Nr. 1, 2,
  Extra Practice: S. 51 Nr. 1, 2
- CD 1.20
- Arbeitsheft-CD 18
- [B] *Klick! Englisch 2* Unit 5: *My day*, Karten mit je einer Uhrzeit (jeweils in halber Klassenstärke)

1. Wortschatz und Redemittel wiederholen

[B] *Klick! Englisch 2* Unit 5, Karten mit Uhrzeiten

Die Uhrzeitenkarten sollten so gewählt sein, dass sie je einer Aktivität des Tages entsprechen (z. B. *I get up at six o'clock. …*). Heften Sie die Uhrzeiten in ungeordneter Reihenfolge an die Tafel. Fordern Sie S auf, die Uhrzeiten auf Englisch vorzulesen (L: *What's the time?* S: *It's six o'clock / …*). Verfahren Sie mit den Bildkarten auf die gleiche Weise (L: *This is what you do every day.* S: *I have breakfast / go to school / …*). Anschließend erhält jeder S eine Bildkarte oder eine Karte mit einer Uhrzeit. Geben Sie ein Sprachbeispiel (L: *I have lunch. I go home. It's 7.15. …*). S stellen sich nun so in einer Reihe auf, dass sie mithilfe der Karten einen Tagesablauf darstellen: immer abwechselnd S mit Bildkarten und S mit Zeitkarten. Jeder S formuliert entsprechend seiner Karte (S 1: *I get up.* S 2: *It's six o'clock. …*). In einem weiteren Durchlauf fassen die nebeneinander stehenden S Tätigkeit und Uhrzeit in einem Satz zusammen (S 1: *I get up …* – S 2: *… at six o'clock. …*). S tauschen die Karten und wiederholen den Vorgang. Die Karten werden danach wieder an die Tafel geheftet.

2. Redemittel einführen

Bitten Sie einzelne S, eine Auswahl ihres eigenen Tagesablaufs darzustellen, indem sie andere S auffordern, bestimmte Karten von der Tafel zu nehmen und sich ihren Anweisungen entsprechend aufzustellen (S 1: *I go home at … I have lunch at …*). Danach berichtet ein anderer S den dargestellten Tagesablauf (S 2: … (Name) *goes home at … He/She has lunch at …*). Erinnern Sie S an die Form des *simple present* für regelmäßige Aktivitäten.

3. Hörverstehen, dialogisches Sprechen üben

Schülerbuch S. 20 Nr. 2, CD 1.20

S öffnen die Schülerbücher. Spielen Sie die CD vor (Text entspricht Schülerbuch S. 20 Nr. 2 a). Beim zweiten Hören lesen S leise mit. Danach lesen S den Dialog mit verteilten Rollen. In Partnerarbeit berichten sich S gegenseitig im Wechsel über den Tagesablauf von Bill.

4. Hörverstehen und Schreiben üben

Arbeitsheft S. 22 Nr. 1, Arbeitsheft-CD 18

S lösen die Aufgabe als Partnerpuzzle. Die Arbeitshefte sind geöffnet. Spielen Sie die CD vor. Beim zweiten Hören konzentriert sich S 1 auf die Aussagen von A, S 2 auf die von B; S 1 trägt „A", S 2 „B" in die entsprechenden Kästchen ein. Anschließend tauschen sich die Partner über die Aktivitäten der Personen aus. Spielen Sie zur Kontrolle die CD noch einmal vor. S lösen Nr. 1 b in Einzelarbeit und lesen die Ergebnisse vor.

Hörtext 18:
Listen and write: A for construction worker and B for cook.
Bill: *I'm a construction worker in Vancouver and I like my job. I work from nine to twelve and from one to five every day. From where I work I can see very far. From there buses, cars and lorries look very small. That's cool. I always work outdoors. I even work when it's hot, cold or rainy. I have lunch from twelve to one. I have fish and chips and then I relax before work starts again.*
Lucy: *I'm the cook at Tracy's Cafe. I work indoors. Every morning I make the breakfast. Then I buy what I need for the day at the supermarket. At twelve o'clock I make the lunch. We have soup for lunch. Then I chill out from 2.30 to five o'clock. Then I cook the dinner. Today you can eat spaghetti. After dinner I have to clean the kitchen and do the dishes. Then I go home.*

5. Redemittel schreiben und anwenden

Arbeitsheft S. 22 Nr. 2

Die Aufgabe kann zunächst gemeinsam mündlich bearbeitet werden, bevor S sie in Einzelarbeit schriftlich lösen. Sie eignet sich als Hausaufgabe.

6. *Extra Practice*

Schülerbuch S. 48 Nr. 1, 2,Arbeitsheft S. 51 Nr. 1,2

An dieser Stelle eignen sich die Extraaufgaben für lernstärkere bzw. -schnellere S.

Stunde 6: Textarbeit: Einen Lebenslauf lesen und schreiben

Wortschatz
job experience, French

Redemittel
bekannt

Material
- Schülerbuch S. 21 Nr. 3
- CD 1.21
- Kopien von Lebensläufen auf Overheadfolien

1. Auf das Thema einstimmen

Spielen Sie nach dem → **Einstiegsritual** das Spiel *Who is it?*. Beschreiben Sie unter Verwendung bekannter Redemittel (→ **Spiralförmiges Lernen**) einen S in Bezug auf Berufswunsch, Qualifikationen und Hobbies. S versuchen zu erraten, um welchen Mitschüler es sich handelt. Im Anschluss beschreiben einzelne S jeweils einen Mitschüler. Geben Sie die relevanten Stichpunkte an der Tafel vor.

L/S: *Who is it?*
Age: He's/She's …teen.
Dream job – Why: He/She wants to be a … because he/she wants to work …
Good at: He's/She's good at …
Work experience: He/She did his/her work experience at …
Hobbies: His/Her hobbies are … He/She likes …

2. Das Thema mit Wortschatz vorbereiten

Führen Sie mit S ein Unterrichtsgespräch zum Thema Lebenslauf. Sammeln Sie auf Deutsch die Bereiche, die ein Lebenslauf enthalten sollte. Ermuntern Sie S, die Oberbegriffe auf Englisch zu formulieren, unterstützen Sie S dabei (*name, address, e-mail address, phone number, school, job experience, languages, hobbies*). Führen Sie bei dieser Gelegenheit die neuen Wörter ein. Schreiben Sie die Begriffe an die Tafel.
Besprechen Sie auch die formalen Aspekte eines Lebenslaufes. Der erste Eindruck ist oft wichtig für die Entscheidung, ob ein Bewerber zum Vorstellungsgespräch geladen wird. Der Lebenslauf sollte ordentlich und korrekt mit einem Textverarbeitungsprogramm am Computer geschrieben und ausgedruckt werden. Er sollte ein professionelles Foto enthalten.
Ermuntern Sie anschließend einzelne S, den Lebenslauf an der Tafel mit den gesammelten Stichpunkten auf Englisch zu vervollständigen.

3. Hör-, Leseverstehen und Lesen üben

Schülerbuch S. 21 Nr. 3 a, CD 1.21

Bitten Sie S, ihre Schülerbücher aufzuschlagen. Spielen Sie die CD vor (Text entspricht Schülerbuch S. 21 Nr. 3 a). Lassen Sie S im Anschluss zusammenfassen, was sie verstanden haben. Bitten Sie S bei weiteren Darbietungen der CD, den Text leise für sich mitzulesen (→ ***buzz reading***). Klären Sie evtl. offene Fragen zum Inhalt. Lassen Sie einzelne S anschließend den Text laut vorlesen.
Besprechen Sie den Tipp im Schülerbuch. Thematisieren Sie den Unterschied zu Deutschland: In englischsprachigen Ländern werden Lebensläufen keine Fotos beigefügt, um auf Arbeitgeberseite Voreingenommenheit und Diskriminierung wegen Aussehen und Alter vorzubeugen. Daher finden sich im Lebenslauf dort auch keine Angabe zum Geburtsdatum oder Alter.

4. Einen Lebenslauf schreiben

Schülerbuch S. 21 Nr. 3 b, Overheadfolien

Bitten Sie S zunächst, den Lebenslauf aus dem Schülerbuch in ihre Hefte zu übertragen. Anschließend verfassen S in Einzelarbeit ihren eigenen Lebenslauf. Dies kann auch als Hausaufgabe erfolgen.
Heben Sie die Arbeitsanweisung *You should use a computer* hervor und erinnern Sie S an die formalen Anforderungen eines Lebenslaufes. Wahrscheinlich sind nicht alle Klassen oder Schulen bzw. Schüler privat mit Computern und Druckern ausgestattet. Machen Sie S aber gerade wegen solcher Organisationsschwierigkeiten bewusst, dass zur Erstellung von Lebensläufen und Bewerbungsschreiben ein Computerzugang unabdingbar ist. Besprechen Sie im Plenum, an wen S sich wenden könnten, wenn sie selbst keinen Computer zur Verfügung haben (Freunde, Berufsinformationszentrum, Internetcafés, …).
Zum Schluss stellen einzelne S ihre Lebensläufe dem Plenum vor. Kopieren Sie eine Auswahl auf Overheadfolie; diese Beispiele unterstützen lernschwächere S bei der Korrektur ihrer Lebensläufe. Leisten Sie individuelle Hilfestellung. Falls Sie im fächerübergreifenden Unterricht zur Berufsvorbereitung die Form von Lebensläufen thematisieren, ist es ratsam, auf die Unterschiede zu englischsprachigen Ländern zurückzukommen, um S die Erfordernisse im eigenen Land bewusst zu machen.
Hinweis: Es wurde darauf verzichtet, den gebräuchlichen englischen Begriff für Lebenslauf *CV* (*curriculum vitae*) einzuführen, um den neuen Wortschatz der Unit nicht zu überfrachten.

Stunde 7: Kompetenzerweiterung: Sachtexten genaue Informationen entnehmen

Wortschatz
°*available, carpenter, °contact, °hour, °position*

Redemittel
bekannt

Material
- Schülerbuch S. 21 *Learning English*
- Arbeitsheft S. 25 Nr. 1–3
- Kopien von S-Lebensläufen auf Overheadfolien
- Zeitungsartikel, Annoncen auf Overheadfolien
- Wörterbücher
- *Klick! Englisch 4* Schülerbuch S. 27 Nr. 3 b

1. Auf das Thema einstimmen

Kopien von Lebensläufen auf Overheadfolien, *Klick! Englisch 4* Schülerbuch S. 27 Nr. 3 b

Bitten Sie nach dem → **Einstiegsritual** weitere S, ihre Lebensläufe aus der vergangenen Stunde bzw. der Hausaufgabe vorzustellen. Wählen Sie einen oder mehrere Lebensläufe aus; kopieren und präsentieren Sie diese auf Overheadfolien.
Rufen Sie S in Erinnerung, welche Aspekte Aufschluss über den Inhalt eines Textes geben und wie man mithilfe von Schlüsselfragen diese Aspekte ermitteln kann (→ **spiralförmiges Lernen**). Schreiben Sie die Fragewörter an die Tafel: *Who? What? Where? When?* (vgl. *Klick! Englisch 4* Schülerbuch S. 27 Nr. 3 b). Wenden Sie nun gemeinsam mit S die Schlüsselfragen auf die Lebensläufe an und filtern Sie die wesentlichen Aspekte heraus.

2. In die Kompetenz einführen

Schülerbuch S. 21 *Learning English*, Annoncen, Zeitungsartikel auf Overheadfolien, Wörterbücher

Lassen Sie S ihre Schülerbücher aufschlagen. Lesen und besprechen Sie gemeinsam mit S die Schritte 1. bis 5. im Kasten zu *Learning English*. Ergänzen Sie die Schlüsselfrage *Why?* an der Tafel und erläutern Sie, dass diese Frage nicht unbedingt für jeden Text beantwortet werden kann. Demonstrieren Sie anhand der Zeitungsartikel und Annoncen, wie man einem Sachtext genaue Informationen entnimmt. Präsentieren Sie die Texte auf Overheadfolien, damit alle S aktiv teilnehmen können. Wenden Sie für jeden Text beispielhaft die Schritte 1. bis 5. im Schülerbuch *Learning English* an. Beziehen Sie dabei S mehr und mehr ein, bis Sie den Eindruck haben, dass sie die Schritte zur Texterschließung verinnerlicht haben und einen Text anhand der Schritte im Schülerbuch komplett allein erschließen können.

3. Die Kompetenz üben

Schülerbuch S. 21 *Learning English*, evtl. Wörterbücher

Lesen Sie gemeinsam mit S Schritt 6. und den Text der Stellenanzeige im Kasten zu *Learning English* im Schülerbuch. Teilen Sie S in Paare oder Gruppen ein (→ **Gruppenbildung**). Diese erarbeiten nun die Stellenanzeige nach den Schritten 1. bis 5. im Kasten zu *Learning English*. Machen Sie S bewusst, dass sie nicht unsicher werden müssen, wenn sie nicht gleich alles verstehen. Leisten Sie Hilfestellung und stellen Sie S evtl. Wörterbücher zur Verfügung. Die Partner bzw. Gruppen stellen zum Schluss ihre Ergebnisse zur Aufgabe im Schülerbuch der Klasse vor.

4. Die Kompetenz anwenden

Schülerbuch S. 21 *Learning English*, Arbeitsheft S. 25 Nr. 1–3, Wörterbücher

Hinweis: Auf dieser Seite des Arbeitsheftes finden sich ausnahmsweise deutsche Arbeitsanweisungen, da die Erarbeitung für S auf Englisch sehr schwierig wäre. Die Bearbeitung von Nr. 2 soll daher ebenfalls auf Deutsch erfolgen. Nr. 3 b kann je nach Leistungsniveau der Klasse auf Englisch oder auf Deutsch gelöst werden (→ **Verwendung der Muttersprache**).

In Nr. 1 bis 3 des Arbeitsheftes wenden S die im Schülerbuch vermittelte Kompetenz an. In diesen Aufgaben werden die einzelnen Arbeitsschritte 1. bis 5., die im Schülerbuch S. 21 im Kasten zu *Learning English* beschrieben sind, umgesetzt. Machen Sie S die Vorgehensweise bewusst, indem Sie gemeinsam mit ihnen die Arbeitsaufträge der Aufgaben im Arbeitsheft lesen und zu den Arbeitsschritten im Kasten zu *Learning English* im Schülerbuch in Bezug setzen (Nr. 2 = Schritt 1., Nr. 3 a = Schritt 3., Nr. 3 b = Schritt 4.).
Als Hilfestellung zu Nr. 2 verweisen Sie S auf Schritt 1. im Schülerbuch *Learning English:* Hier finden S eine Auswahl an Textsorten. Machen Sie S auf die Nummerierung der Zeilen des Textes (*line 1, 2, …*) aufmerksam, die zur Orientierung dient. Im Anschluss führen S die Bearbeitung der Aufgaben selbstständig durch. Leisten Sie individuelle Unterstützung. S besprechen ihre Ergebnisse zunächst in Partnerarbeit. Die Ergebniskontrolle wird anschließend gemeinsam im Plenum durchgeführt.

Stunde 8: Textarbeit: Bewerbungsschreiben erschließen und verfassen

Wortschatz
advert, Yours sincerely

Redemittel
bekannt

Material
- Schülerbuch S. 13 Nr. 3, S. 21, S. 22 Nr. 1–4
- Arbeitsheft S. 23 Nr. 1, 2
- CD 1.22
- evtl. Stellenangebote aus englischen Zeitungen

1. Auf das Thema einstimmen

Schülerbuch S. 13 Nr. 3, S. 22 Nr. 1

Zitieren Sie jeweils Anfang und Ende der beiden Briefe (L: *Dear Anita, … Love, Rupesh; Dear Mrs Brown, … Yours sincerely, Amy Baker*). Ermuntern Sie S, den Unterschied zu nennen und zu erklären: Erläutern Sie an diesen verschiedenen Formen von Anrede und Schlussformel den Unterschied zwischen persönlichen und förmlichen Briefen. In förmlichen Briefen werden im Englischen Langformen der Verben verwendet: *"I am …"* statt *"I'm …"*.

2. Kompetenz der Texterschließung anwenden

Schülerbuch S. 21 *Learning English*, S. 22 Nr. 1, 2, CD 1.22

Spielen Sie bei geschlossenen Schülerbüchern die CD vor (Text entspricht Schülerbuch S. 22 Nr. 1). Sammeln Sie nach dem ersten Hören alle Informationen, die S verstanden haben. Lassen Sie S nun die Schülerbücher aufschlagen und spielen Sie die CD erneut vor. S lesen den Text leise mit. Lassen Sie die neuen Wörter aus dem Kontext erschließen. Bitten Sie S, den Text mit ihren vorherigen Vermutungen zu vergleichen.
Machen Sie S bewusst, dass sie im Folgenden die erworbene Kompetenz der Texterschließung anwenden und nach den Arbeitsschritten (1.–5.) aus *Learning English* im Schülerbuch S. 21 vorgehen werden. Fragen Sie (auf Deutsch) nach der Textsorte (Schritt 1.). Bitten Sie S anschließend, den Text vorzulesen (Schritt 2.) und erarbeiten Sie gemeinsam Fragen, die wesentliche Aspekte des Textes behandeln (Schritt 3.).
Nr. 2 auf S. 22 (Schritte 4. und 5.) bereiten S zunächst in Partnerarbeit vor. Diese Aufgabe enthält alle fünf *Wh*-Fragen zum Textverständnis. Im Anschluss tragen einzelne Paare die Fragen und die von ihnen erarbeiteten Antworten vor.
Hinweis: Auf den englischen Begriff *letter of application* wurde in diesem Rahmen verzichtet, um den Wortschatz nicht zu überfrachten.

3. Lese- und Schreibkompetenz fördern

Arbeitsheft S. 23 Nr. 1, Schülerbuch S. 22 Nr. 1

Besprechen Sie mit S die Aufgabenstellung und klären Sie evtl. den Inhalt. Anschließend verfassen S in Einzelarbeit mithilfe des Reservoirs das Bewerbungsschreiben. Geben Sie individuelle Hilfestellung. S können den Brief im Schülerbuch S. 22 als strukturelles Vorbild nutzen. Zur Ergebniskontrolle lesen S ihre Texte im Plenum vor.

4. Leseverstehen vertiefen

Arbeitsheft S. 23 Nr. 2

In Partnerarbeit ordnen S die Stellenanzeigen den zugehörigen Stellenanforderungen (*job profiles*) zu. Die Ergebniskontrolle erfolgt im Plenum.

5. Transfer auf die eigene Situation

Schülerbuch S. 22 Nr. 3

S erarbeiten Antworten zunächst in Einzelarbeit. Führen Sie danach ein Klassengespräch dazu. Lassen Sie dafür die Fragen im Schülerbuch von lernstärkeren S an ihre Mitschüler stellen.

6. Ein Bewerbungsschreiben verfassen

Schülerbuch S. 21 (*job advert*), S. 22 Nr. 1, 4, Arbeitsheft S. 23 Nr. 2, englische Stellenangebote

Je nach Leistungsstand verfassen S ihr Bewerbungsschreiben auf verschiedene Weise:
Lernschwächere S bewerben sich für dieselbe Stelle wie Amy und nutzen Amys Brief (Schülerbuch S. 22 Nr. 1) als direkte Vorlage. Sie müssen dazu persönliche Angaben adaptieren bzw. austauschen (*address, work experience, part-time job, I am good at …, I am always …, …*).
Lernstärkere S erhalten eine Stellenanzeige als Bezugsrahmen für ihre Bewerbung und verfassen ein eigenes Bewerbungsschreiben für diese Stelle. Sie verwenden lediglich Struktur und Wendungen aus Amys Brief. Als Bezugsrahmen können ihnen dienen:
- das Stellenangebot im Schülerbuch S. 21 (*carpenter*),
- die Stellenanzeigen im Arbeitsheft S. 23 Nr. 2,
- mitgebrachte Stellenangebote aus englischen Zeitungen.

Geben Sie ausreichend Hilfestellung. S können auch in kleinen Gruppen arbeiten. Die Gruppenmitglieder halten das Gruppenergebnis im Heft fest. Je ein S aus den Gruppen bzw. bei Einzelarbeit einzelne S präsentieren ihre Briefe.

Stunde 9: Cartoon – Text erschließen, über Inhalt reflektieren, Transfer leisten

Wortschatz
early, job interview, look

Redemittel
bekannt

Material
- Schülerbuch S. 23 Nr. 1–3
- Arbeitsheft S. 24 Nr. 1; DK 4
- CD 1.23
- Arbeitsheft-CD 36

1. Bilder als Verständnishilfe nutzen

Schülerbuch S. 23 Nr. 1

Betrachten Sie nach dem → **Einstiegsritual** den Cartoon im Schülerbuch und lassen Sie S Vermutungen über die Situation äußern. Fordern Sie S auf, Wörter zu finden, die sie bereits kennen. Klären Sie unbekannte Wörter.

2. Hörverstehen üben

Schülerbuch S. 23 Nr. 1, CD 1.23

Bitten Sie S, ihre Schülerbücher wieder zu schließen. Spielen Sie die CD vor (Text entspricht Schülerbuch S. 23 Nr. 1). Sammeln Sie, was S beim ersten Hören verstanden haben und vergleichen Sie dies mit den zuvor geäußerten Vermutungen. Vertiefen Sie beim zweiten Vorspielen der CD das Hörverstehen, indem Sie zum Inhalt Höraufträge stellen. (z. B. L: *Is Liam on time? Is Liam dressed properly? How does Liam get to Jay's Carpentry?*)

3. Leseverstehen und Lesen üben

Schülerbuch S. 23 Nr. 1, 2, CD 1.23

S öffnen ihre Schülerbücher. Während des erneuten Hörens der CD deuten S auf jedes Bild und lesen den Text leise mit (→ ***buzz reading***). Bitten Sie S anschließend, den Inhalt des Cartoons sinngemäß wiederzugeben. Erinnern Sie S daran, dass eine wörtliche Übersetzung nicht erforderlich ist (→ **Sprachmittlung**). Gehen Sie auf bestimmte Szenen ein, fragen Sie S zunächst nach ihren Vermutungen, warum Liam so handelt, und besprechen Sie diese dann gemeinsam, z. B.: In Szene 3 nimmt Liam für das Vorstellungsgespräch seinen Ohrring heraus; in Szene 5 übt er seine vorbereitete Antwort auf die vom Chef wahrscheinlich gestellte Frage: *Why should you get the job?* Bitten Sie S, in Einzelarbeit einen Titel für den Cartoon zu finden, und somit die Kernaussage zu formulieren (Nr. 2). Leisten Sie individuelle Hilfestellung. S begründen ihre Ergebnisse. Lassen Sie S den Cartoon im Anschluss in Fünfergruppen mit verteilten Rollen lesen. Fordern Sie einzelne Gruppen auf, das Geübte der Klasse zu präsentieren. Im weiteren Verlauf können S den Cartoon als szenisches Spiel darstellen (→ **Dialoge und Rollenspiele**).

<u>Landeskundlicher Hinweis:</u> Die Frage nach der Abfahrtszeit des Busses im vierten Bild ist darin begründet, dass in Kanada an Bushaltestellen meist kein detaillierter Fahrplan aushängt wie in Deutschland, sondern oft nur Ziel und zeitlicher Rhythmus angegeben sind, in dem der Bus fährt.

4. Dialogisches Sprechen festigen

DK 4, Arbeitsheft-CD 36

Mithilfe der Dialogkarte 4 im Arbeitsheft kann die Situation eines Vorstellungsgespräches geübt werden. Nach dem Anhören des Dialogs von der CD üben S diesen paarweise und präsentieren ihn im Anschluss im Plenum.

Hörtext 36:

Man: *Hi, are you here for the job at the cafe?*
Girl: *Yes, I am. My name is Monica.*
Man: *Nice to meet you, Monica. Why should you get the job?*
Girl: *Because I'm good at talking to people and I'm always polite.*
Man: *That's great. You can have the job. Do you have any questions about it?*
Girl: *Thank you! Yes, I do. What time do I start work every day?*
Man: *You start work at 9.30. See you on Wednesday.*
Girl: *Great! See you then.*

5. Lese-, Sprech-, Schreibkompetenz festigen

Arbeitsheft S. 24 Nr. 1

Besprechen Sie mit S die Aufgaben. Nr. 1 a führen S mündlich in Partnerarbeit durch, indem sie im Dialog mithilfe des Reservoirs die grün markierten Wörter ersetzen. S üben die Dialoge und tragen sie der Klasse vor. Nr. 1 b lösen S schriftlich in Einzelarbeit. Sie eignet sich auch als Hausaufgabe. Die Ergebniskontrolle erfolgt als Dialog erst in Partnerarbeit, dann im Plenum.

6. Sprechkompetenz anwenden, Transfer

Schülerbuch S. 23 Nr. 3

Führen Sie, ausgehend vom Cartoon, ein Klassengespräch über korrektes Auftreten bei einem Vorstellungsgespräch. Verweisen Sie auch auf den Tipp im Schülerbuch auf S. 25. Finden Sie gemeinsam mit S weitere Tipps.

Stunde 10: Kanada – Landschaft, Sehenswürdigkeiten, Industrie

Wortschatz
°awesome, °beautiful, °between, °boat, °waterfall, °boat, °logging, °industry, °steak

Redemittel
bekannt

Material
- Schülerbuch S. 18 Nr. 1, 2, S. 24 Nr. 1, 2
- Arbeitsheft S. 24 Nr. 2
- CD 1.16, 1.24, 1.25
- große Karte von Kanada
- Material (Bilder, Informationen) zu Kanada
- Kopie des Raptextes auf Overheadfolie
- Locherreste/Konfetti
- Webcode KLEN319374-24, evtl. PC mit Internet

1. Landeskundliches Vorwissen aktivieren

Schülerbuch S. 18 Nr. 1, 2, CD 1.16, Wandkarte von Kanada, Bild- und Informationsmaterial

Regen Sie nach dem → **Einstiegsritual** S an, anhand der Karte, der Inhalte aus Stunde 1 dieser Unit und des Bild- und Informationsmaterials ihr Wissen über Kanada zu äußern. Lenken Sie das Klassengespräch durch Fragen bzw. Stichworte. Dabei kann der unbekannte situative Wortschatz eingeführt werden, z. B. L: *What's the capital of Canada? Where is Ottawa/Vancouver/…? Tell me about the landscape (rivers, forests, lakes, mountains, waterfalls), animals (bears, fish, …), activities (fishing, walking, swimming, skiing, …). What jobs do a lot of people do there? (fishermen, Mounties, ice hockey players, …) What languages do people speak (English, French)?*

2. Bildbetrachtung zur Vorentlastung

Schülerbuch S. 24 Nr. 2

S sehen sich die Bilder im Schülerbuch an und ergänzen ihre Aussagen und Eindrücke über Kanada. Klären Sie den restlichen neuen Wortschatz und bitten Sie S, auf den Bildern zu zeigen, wo die neuen Begriffe optisch umgesetzt sind. S schließen die Schülerbücher.

3. Einen Rap lernen

Schülerbuch S. 24 Nr. 1, CD 1.24, Kopie des Raptextes auf Overheadfolie, Locherreste

Spielen Sie den Rap vor (Text entspricht Schülerbuch S. 24 Nr. 1). S berichten darüber, was sie verstanden haben. Legen Sie die Overheadfolie auf. Lesen Sie den Text Zeile für Zeile mit S laut vor. Klären Sie gemeinsam den Inhalt. Lesen Sie anschließend den gesamten Text. Spielen Sie den Rap ein weiteres Mal vor und lassen Sie S leise mitlesen. Streuen Sie ein paar Locherreste auf die Overheadfolie, sodass einige Textpassagen verdeckt sind. Spielen Sie die CD erneut vor und lassen Sie S laut mitsprechen. Streuen Sie bei jedem Durchgang immer mehr Locherreste auf die Overheadfolie, sodass immer mehr Textpassagen abgedeckt sind. S üben, bis sie Teile des Raps oder den ganzen Rap mitsprechen können (→ **Raps und Gedichte**). S öffnen die Schülerbücher, lesen zur Förderung des Leseverstehens den Rap und geben darin enthaltene Informationen über Kanada wieder.

4. Hör-, Leseverstehen und Lesen üben

Schülerbuch S. 24 Nr. 2, CD 1.25

Spielen Sie die CD zweimal vor (Text entspricht Schülerbuch S. 24 Nr. 2), S lesen den englischen Text im Kasten leise mit (→ ***buzz reading***). Besprechen und klären Sie den Inhalt. Lesen Sie anschließend mit S den Text nach Vorlage der CD mehrmals laut vor. Lernstärkere S können den Text vortragen. S beantworten die drei Fragen, indem sie in Partnerarbeit die entsprechenden Textstellen finden und notieren.

5. Förderung der interkulturellen Kompetenz

Schülerbuch S. 24 Nr. 2

Betrachten Sie erneut mit S das Bild im Schülerbuch unten links und wiederholen Sie gemeinsam, was anlässlich der Bildbetrachtung darüber geäußert wurde. Lassen Sie den deutschen Informationstext laut vorlesen und die Frage beantworten. Erarbeiten Sie Gemeinsamkeiten und Unterschiede mit Deutschland.

6. Leseverstehen üben

Schülerbuch S. 24 Nr. 2, Arbeitsheft S. 24 Nr. 2

S lesen den englischen Text im Schülerbuch noch einmal und bearbeiten selbstständig Nr. 2 im Arbeitsheft. Die Kontrolle erfolgt im Plenum.

7. Didaktische Reserve

Webcode KLEN319374-24, PC mit Internet

Falls zeitlich und technisch möglich, können S über den angegebenen Webcode im Internet landeskundliche Informationen zu Kanada erhalten, diese bearbeiten und präsentieren.

Stunde 11: Zusammenfassende Wiederholung

Wortschatz
bekannt

Redemittel
bekannt

Material
- Schülerbuch S. 22 Nr. 1, S. 24 Nr. 1, S. 25, *Extra Practice:* S. 48 Nr. 1–3
- Arbeitsheft S. 26 Nr. 1, 2, *Extra Practice:* S. 51 Nr. 1–3
- CD 1.24

1. Einen Rap wiederholen

Schülerbuch S. 24 Nr. 1, CD 1.24

Zur Einstimmung und Wiederholung wird nach der Begrüßung der Rap gemeinsam rhythmisch gesprochen (→ **Einstiegsritual**).

2. Wortschatz wiederholen

Schülerbuch S. 25 *New words*

S wiederholen den Wortschatz in Partner- oder Gruppenarbeit. Dazu liest S 1 aus der Wörterliste einen englischen Begriff und den dazugehörigen deutschen Begriff vor und hängt noch ein zweites, evtl. auch ein drittes englisch-deutsches Begriffspaar an. Bei Partnerarbeit wiederholt S 2, bei Gruppenarbeit wiederholen S 2 und S 3 ohne Vorlage die Begriffspaare wie ein Echo. Je nach Motivation der S kann die Anzahl der vorgelesenen Begriffspaare erhöht werden:
S 1: *advert* – Anzeige, *early* – früh, …
S 2 / S 2+S 3: *advert* – Anzeige, *early* – früh, …

3. Redemittel wiederholen

Schülerbuch S. 25 *Speaking English*

Lesen Sie gemeinsam die Kästen zu *Speaking English* und machen Sie S die Bedeutung der Redemittel bewusst. Erläutern Sie, dass S die Kästen zu *Speaking English* zum Lösen von Aufgaben jederzeit als Hilfsmittel oder Erinnerungshilfe nutzen können. Bitten Sie S, in Partnerarbeit nach dem Muster der Kästen weitere Beispiele zu finden, sie aufzuschreiben und als kurze Dialoge bzw. als Bericht vorzutragen.

4. Wortschatz und Redemittel festigen

Auf spielerische Weise festigen S das Gelernte:
Spiel 1:
Unter Verwendung möglichst vieler Begriffe zum Thema dieser Unit, bietet sich das Spiel *From word to word* an. S stellen sich dazu hinter ihre Stühle. Schreiben Sie einen Begriff an die Tafel, z. B. *flower shop*. S bilden mit dem letzten Buchstaben des Wortes ein neues Wort bzw. einen neuen Begriff. Ausschlaggebend ist der letzte gesprochene Laut. Wer ein neues Wort gefunden hat, schreibt es an die Tafel und darf sich setzen (z. B.: *flower shop – plant – tool – look – Canada – advert* – …).

Spiel 2:
Teilen Sie die Klasse in zwei Teams ein. Die beiden Teams stellen sich in einer Reihe hintereinander vor die Tafel. Diktieren Sie den lernstärkeren S eines jeden Teams Begriffe aus dieser Unit. S schreiben diese an die Tafel, sodass jedes Team sein Set an Begriffen vor sich hat. Die S eines jeden Teams erhalten anschließend vom Spielleiter den Auftrag, bestimmte Begriffe anzukreuzen (L/S: *Tick: hard-working; tick: carpenter; …*). Die Spieler versuchen, den Auftrag so schnell wie möglich auszuführen. Der schnellere S erhält für sein Team einen Punkt.
Die Teams versuchen nun, mit den Begriffen an der Tafel Sätze zu bilden. Ein Mitglied jedes Teams hat dabei die Aufgabe, die Vorschläge der Mitglieder seines Teams zu notieren. Für jeden passenden und richtig geschriebenen Satz wird ein Punkt vergeben. Geben Sie eine bestimmte Zeitdauer vor und markieren Sie deren Ende durch ein Signal. Das Team, das die meisten richtigen Sätze gebildet hat, gewinnt.

5. Portfolio erarbeiten

Arbeitsheft S. 26 Nr. 1, 2

Nachdem Sie mit S die Vorgehensweise besprochen haben, bearbeiten S die Aufgaben zur Lernstandserhebung in Einzelarbeit (→ **Portfolio**).

6. *Extra Practice*

Schülerbuch S. 48 Nr. 1–3, Arbeitsheft S. 51 Nr. 1–3

Die zusätzlichen Aufgaben für lernschnellere bzw. -stärkere S können auch gesammelt am Ende der Unit eingesetzt werden.

7. Didaktische Reserve

Schülerbuch S. 22 Nr. 1

Als kreativen Abschluss der Unit können S die Stellenanzeige von *Cool Fashion*, auf die Amy sich mit ihrem Bewerbungsschreiben bewirbt, entwerfen und gestalten. Weisen Sie S darauf hin, dass die Anzeige u. a. Informationen zu den erwünschten Kompetenzen/Schlüsselqualifikationen, zu Arbeitszeit und Aufgaben enthalten soll.

Stunde 12 *More Reading*: Film – Beschreibung der Handlung, Texterschließung

Wortschatz
die deutsche Übersetzung der unbekannten Wörter ist in Fußnoten angegeben

Redemittel
bekannt

Material
- Schülerbuch S. 21 *Learning English,* S. 44 Nr. 1–3
- CD 2.23
- Wörterbücher
- Schülerbuchtext in Kopie (¼ Klassenstärke)
- Karteikarten

1. Bildbetrachtung zur Vorentlastung

Schülerbuch S. 44 Nr. 1, Wörterbücher

Betrachten Sie gemeinsam das Titelbild des Films. Fragen Sie, ob S den deutschen Titel des Films kennen. Versuchen Sie, gemeinsam mithilfe der Wörterbücher den Filmtitel ins Deutsche zu übersetzen („Das Streben nach Glück"). Sie können die Titelfindung auch interessierten S mit Internetzugang als Hausaufgabe aufgeben. Weisen Sie S darauf hin, dass im englischen Titel das Wort *happy* steckt, das Wort *happiness* aber normalerweise mit *i* und nicht mit *y* geschrieben wird. Der Grund für die falsche Schreibung im Filmtitel findet sich im Filmverlauf: Der Sohn des Protagonisten entdeckt das falsch geschriebene Wort als Graffiti an einer Hauswand. Jemand erklärt ihm, dass das Gefühl, das hinter dem Wort steht, wichtiger sei als die richtige Schreibung.

2. Hör- und Leseverstehen üben

Schülerbuch S. 44 Nr. 1, CD 2.23, Kopien des Schülerbuch-Textes

Spielen Sie die CD vor (Text entspricht Schülerbuch S. 44 Nr. 1). S hören den Text im Mitleseverfahren. Für schwierige englische Wörter wie *pursuit* erhalten sie somit ein Sprachvorbild. Nach dem erneuten Hören der CD teilen S mit, was sie verstanden haben. S schließen danach ihre Schülerbücher.
Sie können zum Detailverstehen ein → **Gruppenpuzzle** *(jigsaw reading)* durchführen. Kopieren Sie hierfür den Text aus dem Schülerbuch (Klassenstärke geteilt durch vier). Zerschneiden Sie die Textkopien in die vier Textabschnitte und kennzeichnen Sie jeden Textabschnitt: A, B, C, D. S bilden entsprechend den Textabschnitten vier Expertengruppen (A, B, C, D). Die Mitglieder jeder Gruppe erhalten jeweils den gleichen Textabschnitt und zusätzlich eine Nummer (1, 2, 3, 4, 5, …). Alle S lesen in einer vorgegebenen Zeit den ihnen zugeteilten Textabschnitt in Stillarbeit. Anschließend tauschen sich S innerhalb einer Gruppe (A, B, C, D) über ihren Textabschnitt aus und halten die wichtigsten Informationen schriftlich fest, sodass jedes Gruppenmitglied über die gleichen Informationen verfügt. In lernschwächeren Gruppen kann dies auf Deutsch geschehen. Danach werden Querschnittsgruppen gebildet, indem alle Mitglieder mit der gleichen Nummer zusammen kommen: A 1+B 1+C 1+D 1; A 2+B 2+C 2+D 2; … Die Mitglieder der Querschnittsgruppen haben also jeweils unterschiedliche Textabschnitte gelesen. S berichten den neuen Gruppenmitgliedern über den Abschnitt des Textes, den sie gelesen haben (zuerst berichtet S mit Abschnitt A, dann S mit Abschnitt B, etc.). Alle S machen sich Notizen. So setzen die S einer Querschnittsgruppe nach und nach den Inhalt des gesamten Textes zusammen. Abschließend öffnen S ihre Schülerbücher und hören den gesamten Text noch einmal im Mitleseverfahren. Zur Ergebnisüberprüfung können einzelne S den Text im Plenum (evtl. auf Deutsch) zusammenfassen.

3. Bildbetrachtung und Leseverstehen fördern

Schülerbuch S. 44 Nr. 1, 2

Betrachten Sie gemeinsam die Szenen aus dem Film im Schülerbuch. Weisen Sie S darauf hin, dass sie zuerst die Begründungen in den Sprechblasen ergänzen müssen. Dazu können sie auf den Lesetext zurückgreifen. Bitten Sie S, zunächst gemeinsam Begründungen zu formulieren. Lernschwächeren S können Sie zur Unterstützung eine Multiple-Choice-Auswahl für die zu ergänzenden Begründungen anbieten. Anschließend üben S das Rollenspiel mit einem Partner. Einzelne Paare präsentieren die Dialoge.

4. Eine Kompetenz üben

Schülerbuch S. 21 *Learning English*, S. 44 Nr. 3, Karteikarten

Erinnern Sie S an die Kompetenzerschließung in Stunde 7 der Unit 1: Mithilfe von Leitfragen lassen sich die wichtigen Informationen eines Textes erschließen. Schreiben Sie die Fragewörter an die Tafel: *What? Where? When? Who? Why?* (vgl. Schülerbuch S. 21). In Gruppenarbeit erarbeiten S mit diesen Fragewörtern Leitfragen zum Text auf S. 44 Nr. 1. Sie notieren die Fragen ihrer Gruppe auf Karteikarten. Die Leitfragen werden im Plenum präsentiert und beantwortet.

Stunde 13 *More Reading*: Film – Handlung, Charaktere, Hintergrund

Wortschatz
siehe Fußnoten im Schülerbuch

Redemittel
bekannt

Material
- Schülerbuch S. 44 Nr. 1
- Arbeitsheft S. 45 Nr. 1–3, S. 46 Nr. 4–6
- Arbeitsheft-CD 30
- je 1 grünes und 1 rotes Kärtchen für jeden S
- Wörterbücher

1. Detailverstehen: Beschreibung des Films

Schülerbuch S. 44 Nr. 1, Arbeitsheft S. 45 Nr. 1, grüne und rote Kärtchen

Nach dem → **Einstiegsritual** lösen S in Einzelarbeit die Nr. 1 im Arbeitsheft. Lernschwächere S können mit einem Partner arbeiten. Danach bitten Sie S, die Arbeitshefte zu schließen. Teilen Sie an jeden S ein grünes und ein rotes Kärtchen aus. Lesen Sie die Aussagen aus Arbeitsheft-Nr. 1 vor. S halten die grüne Karte (*true*) hoch, wenn die Aussage richtig ist, und wiederholen die Aussage im Chor. Ist die Aussage falsch, zeigen S die rote Karte (*false*) und versuchen, die Aussage zu korrigieren. Bitten Sie S nun, die Arbeitshefte wieder zu öffnen. In einer → **Schülerkette** werden die Aussagen erneut vorgelesen und die Kreuze für *true* und *false* verglichen.

2. Detailverstehen: Handlungsablauf des Films

Arbeitsheft S. 45 Nr. 2

Betrachten Sie gemeinsam die vier Bilder aus vier verschiedenen Filmszenen. Sie sind entsprechend dem Handlungsablauf im Schülerbuchtext chronologisch nummeriert. Zunächst teilen S mit, an welche Inhalte aus der Beschreibung des Films sie die Bilder erinnern. Unterstützen Sie S durch Vorgabe von Redemitteln (z. B. L: *What are their feelings? Are they angry/disappointed/fine/happy/sad/worried/…? Why? S: They're angry/happy/… because …*). Lernschwächere S teilen ihre Assoziationen auf Deutsch mit. Sie lösen im weiteren Verlauf Nr. 2 in Partnerarbeit. Lernstärkere S verfahren in Einzelarbeit. S lesen die Zitate im Reservoir und erschließen, welches Zitat zu welcher Szene passt. Sie schreiben die Zitate in die entsprechenden Zeilen. Ergebniskontrolle durch lautes Vorlesen im Plenum.

3. Lesen, Schreiben: Charakterisierung

Schülerbuch S. 44 Nr. 1, Arbeitsheft S. 45 Nr. 3

S lesen den Text im Schülerbuch noch einmal durch und achten gezielt auf Informationen über die Hauptfigur Chris Gardner. Lernstärkere S schließen ihre Schülerbücher und lösen Nr. 3 selbstständig mithilfe des Reservoirs. Lernschwächere S können den Text des Schülerbuchs zu Hilfe nehmen. Zum Schluss lesen alle S ihre Ergebnisse vor.

4. Schreibkompetenz fördern: Meinung äußern

Arbeitsheft S. 46 Nr. 4

S äußern ihre Meinung zur Hauptfigur. Die Reservoirs bieten Satzanfänge und Satzenden zum Zusammenfügen. S müssen sich für einen der beiden Satzanfänge entscheiden. V. a. lernstärkere S können aber auch ein eigenes Satzende finden, falls die Auswahl im Arbeitsheft ihre Meinung nicht widerspiegelt. Besprechen Sie die Ergebnisse im Plenum.

5. Medienkompetenz: Hintergrund des Films

Arbeitsheft S. 46 Nr. 5, Wörterbücher

S versuchen, mithilfe von Wörterbüchern die Bedeutung des Begriffes *true story* zu finden. Erläutern Sie, dass die Geschichte der Hauptfigur auf einer „wahren Geschichte“ beruht.

6. Kompetenz anwenden: Texterschließung

Arbeitsheft S. 46 Nr. 6, Arbeitsheft-CD 30

Die Filmfigur Chris Gardner hat ein Vorbild im wahren Leben: Dem ‚echten' Chris Gardner sind die geschilderten Schicksalsschläge tatsächlich passiert. Spielen Sie bei geschlossenen Arbeitsheften die CD vor (Text entspricht Arbeitsheft S. 46 Nr. 6). S teilen den wesentlichen Inhalt mit. Beim zweiten Hören öffnen S die Arbeitshefte und lesen leise mit. Erarbeiten Sie gemeinsam mit S Leitfragen zur Texterschließung und lassen Sie S diese beantworten. Nr. 6 b wird von lernstärkeren S in Einzelarbeit, von lernschwächeren S in Partnerarbeit gelöst. S lesen den Text, markieren die Textstellen, die die Antworten zu den drei Fragen beinhalten, mit verschiedenen Farben. Danach beantworten S die Fragen zum Detailverstehen schriftlich. Zum Vergleich tauschen S ihre Arbeitshefte mit zwei anderen S aus. Die drei S besprechen die Antworten. Die Ergebniskontrolle erfolgt im Plenum.

1. Hörtext 1.16:

(Unit 2 *Work*, Stunde 1)
Schülerbuch S. 18 Nr. 2, CD 1.16

Look, listen and answer.

Liam: *Hi, I'm Liam from Vancouver, in Canada. Canada is the second biggest country in the world. There are a lot of lakes, rivers and forests here. That's why a lot of people work as fishermen or farm workers. Some of the farm workers work on maple tree farms. They make maple syrup there. When I'm older, I don't want to work on a farm. I want to be a professional ice hockey player. Ice hockey is Canada's biggest sport. It would be so cool to be a famous ice hockey player! My sister also has a cool job. She's a Mountie. Mounties are police officers in Canada. On special days they wear black trousers and red jackets.*

2. Hörtext 14:

(Unit 2 *Work*, Stunde 2)
Arbeitsheft S. 19 Nr. 1 a, Arbeitsheft-CD 14

Listen and draw.

Mr Brown: *Hello, my name is Mr Brown. I'm from the job centre and today I'm at your school to help you find a job.*
Sandra: *Hello, Mr Brown, nice to meet you. My name is Sandra Miller.*
Mr Brown: *Hi, Sandra. Do you want to be a police officer?*
Sandra: *No, I don't. That's not the right job for me.*
Mr Brown: *Do you want to be a florist?*
Sandra: *No, I don't. I'm sorry. I like plants, but I don't want to work at a flower shop.*
Mr Brown: *Do you want to work at a park?*
Sandra: *Yes, I do. I like working outdoors.*
Mr Brown: *Do you want to be a zoo keeper?*
Sandra: *No, I don't. I don't like animals and I don't want to work at a zoo.*
Mr Brown: *Do you want to be a care assistant?*
Sandra: *Yes, I do. I like helping people and talking to people.*
Mr Brown: *And do you want to work at a hospital?*
Sandra: *Yes, I do. I did my work experience there and I really liked it.*

3. Hörtext 17:

(Unit 2 *Work*, Stunde 4)
Arbeitsheft S. 21 Nr. 1, Arbeitsheft-CD 17

Listen and number.

Speaker: *Number one.*
Teacher: *Matt, why do you want to work at Pizza House?*
Matt: *Because I like cooking.*
Teacher: *And why should you get the job?*
Matt: *Because I'm good at making pizzas.*

Speaker: *Number two.*
Teacher: *Brad, why do you want to work at Kim's flower shop?*
Brad: *Because I like flowers.*
Teacher: *And why should you get the job?*
Brad: *Because I'm good at working with plants.*

Speaker: *Number three.*
Teacher: *Jessica, why do you want to work at the hospital?*
Jessica: *Because I like helping people.*
Teacher: *And why should you get the job?*
Jessica: *Because I'm good at talking to people and I'm always on time.*

Speaker: *Number four.*
Teacher: *Bob, why do you want to work at Car World?*
Bob: *Because I like cars.*
Teacher: *And why should you get the job?*
Bob: *Because I'm good at working with tools.*

Speaker: *Number five.*
Teacher: *Leah, why do you want to work at Cut & Go?*
Leah: *Because I like meeting new people.*
Teacher: *And why should you get the job?*
Leah: *Because I'm good at doing people's hair.*

Speaker: *Number six.*
Teacher: *Tom, why do you want to work at the zoo?*
Tom: *Because I like animals.*
Teacher: *And why should you get the job?*
Tom: *Because I'm good at working in a team.*

Speaker: *Number seven.*
Teacher: *Fiona, why do you want to work at Hip Shop?*
Fiona: *Because I like fashion and working with people.*
Teacher: *And why should you get the job?*
Fiona: *Because I'm good at talking to people.*

Speaker: *Number eight.*
Teacher: *Holly, why do you want to work at Media Store?*
Holly: *Because I know a lot about technology.*
Teacher: *And why should you get the job?*
Holly: *Because I'm good at talking to people and I'm always polite.*

Erläuterungen zur Unit 3 *Teen life*

Sb S. 26–33, Ah S. 27–34; *More Reading:* Sb S. 45, Ah S. 47–48; *Extra Practice:* Sb S. 49, Ah S. 52

Inhalt

Vor dem landeskundlichen Hintergrund des Surf- und Tauchparadieses Australien und seiner vielfältigen Natur befassen sich die Schülerinnen und Schüler mit dem Alltagsleben von Teenagern. Sie kommunizieren über Freizeitaktivitäten, Freiwilligendienste und über Aufgaben und Pflichten in Familie und Haushalt. Sie tauschen sich über Gebote und Verbote der Eltern und über Ratschläge für gesunde Ernährung und für einen vernünftigen Lebensstil aus. Sie sprechen über das Ausgeben von Taschengeld, reflektieren über ihr eigenes Verhalten und fassen gute Vorsätze. Die Kompetenz des dialogischen Sprechens wird gefestigt und durch Nachfragen bei Verständnisproblemen erweitert.

Neuer Wortschatz			**Redemittel – Wiederholung und Erweiterung**
• *after that* • *alcohol* • *babysit* • *do the washing* • *eat well* • *for* • *health*	• *healthy* • *ice cream* • *life* • *more* • *most* • *nose* • *pocket money* • *point*	• *smoke* • *spend* • *suncream* • *that* • *their* • *this*	**Sagen, was man machen muss:** • *I **have to** drink more water.* **Sagen, was man gerade macht:** • *I'm help**ing** my mum.* **Sagen, was jemand anderes gerade macht:** • *She's help**ing** her mum.*

Kompetenzen

- Inhalte von Texten, Aussagen, Dialogen durch verschiedene Hör- und Lesetechniken entschlüsseln
- Gehörtes verstehen und Bildern zuordnen
- Techniken zur Strukturierung sprachlicher Mittel zum Zweck der Wortschatzerweiterung festigen
- Dialogisches Sprechen anhand von Dialogkarten, Sprech- und Bildimpulsen vertiefen
- Transfer auf die eigene Situation: Recherche, Umfrage, Darbietung
- Sagen, was man machen muss, was man unterlassen soll
- Über gerade stattfindende Tätigkeiten berichten
- Texte mithilfe vorgegebener Informationen schreiben; Listen erstellen
- Die Kompetenz des Nachfragens bei Verständnisproblemen erweitern
- Informationen über Australien aus Rap, Text und Bildern entnehmen, darüber sprechen

Konzeption der Unit – Seitenübersicht des Schülerbuchs

Einstiegsseite (S. 26)	**Zentrale Inhalte (S. 27)**
• Freizeitbeschäftigungen in Australien • Bildbetrachtung, Fragen zum Hörverstehen • Gruppengespräch, Transfer: Freiwilligendienste	• Mindmap zum neuen Wortschatz: *Teen life* • Dialogisches Sprechen mit bekannten Redemitteln und teilweise neuem Wortschatz: *Talking to a friend: Dos and don'ts*
Zentrale Inhalte (S. 28)	**Weiterführendes (S. 29)**
• Wiederholung und Vermittlung kommunikativer Redemittel: → *I have to …* → *I'm helping my / She's helping her mum.*	• Textsorte Chat: verstehen, daraus Liste für Urlaubsplanung erstellen • Kompetenztraining: Nachfragen bei Verständnisproblemen
Weiterführendes (S. 30)	**Weiterführendes (S. 31)**
• Textsorte: Diagramm • Diagramm auswerten, Diagramm erstellen	• Cartoon (Sonnenbrand zur Weihnachtszeit) • Förderung der Lese- und Sprechkompetenz
Weiterführendes (S. 32)	**Zusammenfassung (S. 33)**
• Rap: *Australia* • Landeskunde: Australien	• Wortschatzliste • Zusammenfassung der gelernten Redemittel
***More Reading* (S. 45)**	***Extra Practice* (S. 49)**

Stunde 1: Australien – Aktivitäten in der Freizeit

Wortschatz
alcohol, °coast, °koala, life, suncream, °voluntary work

Redemittel
bekannt

Material
- Schülerbuch S. 4, 5 (Karte), S. 26 Nr. 1–3
- CD 2.1
- evtl. Wandkarte von Australien
- Wörterbücher

1. Gelerntes festigen, das Thema vorbereiten

Schülerbuch S. 4, 5 (Karte) oder Wandkarte von Australien

Regen Sie S in einem Unterrichtsgespräch an, zu äußern, was sie über Australien wissen. Verwenden Sie dazu bekannte Redemittel (→ **Spiralförmiges Lernen**). Ermuntern Sie S, die Gesprächsführung zu übernehmen und ebenfalls Fragen zu stellen:

L/S: *Where is Australia?*
S: *Australia is south-east of India.*
L/S: *What's the capital of Australia?*
S: *The capital of Australia is Canberra.*
L/S: *What do you know about Australia?*
S: *Australia is a big country.*
L/S: *Would you like to go to Australia?*
S: *Yes, I would. I think it's nice there. There are a lot of beaches. / It's sunny in Australia.*
L/S: *What can you do there?*
S: *You can go swimming/surfing / …*

2. Bildbetrachtung zur Vorentlastung

Schülerbuch S. 26 Nr. 1

S öffnen ihre Schülerbücher. Sie betrachten die Fotos und äußern sich spontan zu ihnen. Die Einführung unbekannter Wörter erfolgt anhand der Fotos. Unterstützen Sie die Bildbetrachtung durch → **Alternativaussagen**. S wiederholen jeweils die richtigen Aussagen.

a) *The girl is a zoo keeper. > does voluntary work.*
b) *Drink alcohol at the beach. > Don't drink*
c) *There are a lot of ice hockey players at the beach. > surfers*
d) *The Great Barrier Reef is on the west coast of Australia. > east coast*
e) *Sydney is a small town on the east coast. > big city*

Lesen Sie die Bilderunterschriften und lassen Sie S diese wiederholen (→ **Chorsprechen**).

3. Hörverstehen üben

Schülerbuch S. 26 Nr. 2, CD 2.1

S schließen ihre Schülerbücher. Spielen Sie die CD vor (Hörtext siehe S. 70 Nr. 1). S teilen mit, welche Informationen sie dem Hörtext entnommen haben. Sie schlagen ihre Schülerbücher auf und deuten während des zweiten Hörens der CD auf die Bilder. Bitten Sie S zu äußern, welche Unterschiede zwischen Australien und Deutschland ihnen auffallen. Lesen und klären Sie gemeinsam die Höraufträge. Spielen Sie die CD weitere Male vor. S machen während des Hörens Notizen. Danach besprechen S ihre Ergebnisse in Partnerarbeit mit der → **30 cm-Stimme**. Die Paare präsentieren schließlich ihre Antworten.

4. Gruppenprojekt: Transfer leisten

Schülerbuch S. 26 Nr. 3, Wörterbücher

Lesen Sie gemeinsam die Fragen im Schülerbuch. Die Erarbeitung erfolgt in vier Schritten:

<u>Schritt 1</u>: Bitten Sie S, sich in Einzelarbeit Gedanken zu den drei Fragen zu machen und ihre Ideen zu Möglichkeiten freiwilliger Arbeit zu notieren. Ermuntern Sie S, die Notizen auf Englisch zu machen, wenn sie können, sonst auf Deutsch. S überlegen, wo und für was sie sich gerne freiwillig engagieren möchten und warum.

<u>Schritt 2</u>: Teilen Sie S in Gruppen mit drei bis vier S ein (→ **Gruppenbildung**). Für lernschwächere Klassen eignet sich eher Partnerarbeit.

<u>Schritt 3</u>: Die S einer Gruppe tauschen sich zuerst auf Deutsch über ihre Vorschläge zu Möglichkeiten freiwilliger Arbeit in ihrem Umfeld aus. Sie erstellen eine Liste dazu. Anschließend erarbeitet jede Gruppe mithilfe eines Wörterbuchs die englischen Begriffe für die verschiedenen freiwilligen Aufgaben. Lernschwächeren S sollten Sie eine Vorauswahl an der Tafel oder als Kopie zur Verfügung stellen (z. B. *clean the parks in your town, go shopping for / read books to old people, walk dogs from / help in an animal shelter, …*).

<u>Schritt 4</u>: Jede Gruppe fasst, möglichst auf Englisch, ihre Vorschläge zusammen und einigt sich auf eine Auswahl von fünf bis sechs Ideen. Diese bündelt sie z. B. in Form einer Mindmap zu *voluntary work*. Ein Gruppensprecher präsentiert das Ergebnis im Plenum. Geben Sie hierfür Redemittel an der Tafel vor (z. B. *In our town you can do a lot of voluntary work: You can …*). Einzelne Gruppenmitglieder stellen dann ihre Wahl vor und begründen diese (z. B. *I'd like to do voluntary work at/in … because I want to help old people. / because I like animals. / …*).

Stunde 2: Teen life – Gesundheit, Aufgaben im Haushalt, Geldfragen

Wortschatz
babysit, do the washing, eat well, health, life, smoke, spend

Redemittel
bekannt

Material
- Schülerbuch S. 27 Nr. 4
- Arbeitsheft S. 27 Nr. 1, 2
- CD 2.2
- Arbeitsheft-CD 19

1. Geerntes festigen, das Thema vorbereiten

Befragen Sie S als Teil des → **Einstiegsrituals** unter Verwendung bekannter Redemittel zu ihren Aufgaben und Tätigkeiten im Haushalt und zu ihrem Gesundheitsbewusstsein (→ **Spiralförmiges Lernen**). Skizzieren Sie eine Tabelle an die Tafel mit den Häufigkeitsangaben *often, sometimes, never* und den Stichpunkten Ihrer Fragen (L: *Do you help at home / make dinner / clean your room? Do you eat fruit/vegetables/ cereal/sausages/…? Do you drink water/milk/ juice/alcohol/…? Do you do any sport? How often do you …?* S: *I often/sometimes/never help at home / …*). Markieren Sie bei jeder Antwort die Häufigkeitsangabe. Bitten Sie S, die Antworten zusammenzufassen. S: … (Anzahl) *pupils often/ sometimes/never help at home / do sport / …*

2. Mindmap erarbeiten, Wortschatz einführen

Schülerbuch S. 27 Nr. 4, CD 2.2

Das Schülerbuch bleibt geschlossen. Schreiben Sie den Oberbegriff *jobs at home* an die Tafel und bitten Sie S, die vorher genannten *jobs* (*clean my room, make dinner, …*) dazu zu schreiben bzw. Begriffe für weitere Tätigkeiten zu finden. Führen Sie die neuen Begriffe ein. Schreiben Sie anschließend den Oberbegriff *health* an die Tafel und erklären Sie ihn. Geben Sie den Impuls: *What's good for your health? What should you do?* S zitieren nun aus den vorher genannten die passenden Begriffe (S: *You should eat fruit/ cereal. / drink water. / do sport. / …*). Stellen Sie die Frage: *What's bad for your health?* Lassen Sie S darüber diskutieren und ziehen Sie das Fazit: *Don't smoke! Don't drink alcohol!* Erklären Sie, dass die beiden Oberbegriffe *jobs at home* und *health* zum Thema *teen life* gehören.
S schlagen nun ihre Schülerbücher auf und betrachten die Mindmap. Vergleichen Sie gemeinsam mit S die Mindmap an der Tafel mit der im Schülerbuch, S werden feststellen, dass hier als weiterer Oberbegriff *money* aufgeführt ist. Klären Sie den neuen Wortschatz und spielen Sie die CD vor. Beim zweiten Hören der CD deuten S im Schülerbuch auf die Wörter. Beim erneuten Hören sprechen S die Wörter mit (→ **Chorsprechen**). Führen Sie das Hören und Chorsprechen mehrere Male durch. Einzelne S lesen den neuen Wortschatz vor.
Anschließend überträgt jeder S zu Nr. 4 b die Begriffe der Mindmap in sein Heft und ergänzt den Oberbegriff *jobs at home* durch weitere Beispiele des Tafelbildes oder durch eigene Ideen. Hierfür können S das Wörterbuch benutzen. Vergleichen Sie die Ergebnisse.

Hörtext 2.2:
Listen and repeat. Teen life.
Money: spend, save
Health: don't smoke, do sport, eat well, don't drink alcohol
Jobs at home: do the washing, babysit

3. Hörverstehen üben, Wortschatz festigen

Arbeitsheft S. 27 Nr. 1, Arbeitsheft-CD 19

Spielen Sie den Hörtext bei geschlossenen Arbeitsheften vor. S berichten, was sie verstanden haben. Sie sehen sich anschließend die Bilder im Arbeitsheft an und vergleichen diese mit den zuvor gemachten Aussagen. Erfragen Sie den neuen Wortschatz. Beim erneuten Hören zeichnen S das entsprechende Smiley in die Kästchen (Hörtext siehe S. 70 Nr. 2).

4. Leseverstehen, Schreiben festigen, Transfer

Arbeitsheft S. 27 Nr. 2

S lösen die Nr. 2 a schriftlich in Einzelarbeit. In Nr. 2 b tauschen S ihre Ergebnisse in Partnerarbeit aus, indem sie sich gegenseitig befragen. Nr. 2 a eignet sich als Hausaufgabe. Die gegenseitige Befragung erfolgt dann zu Beginn der nächsten Stunde.

5. Didaktische Reserve

Arbeitsheft S. 27 Nr. 2 b

Während sich die Partner gegenseitig befragen, machen sie sich jeweils Notizen zu den Antworten des anderen. Anschließend berichten sie der Klasse jeweils von den Gepflogenheiten des Partners:
L: *What does …* (Name) *do for his/her health?*
S: … (Name) *drinks water. He/She doesn't drink cola. …*

Stunde 3: Dialoge über *dos and don'ts* führen

Wortschatz
after that, healthy, that, this

Redemittel
bekannt

Material
- Schülerbuch S. 27 Nr. 5
- Arbeitsheft S. 28 Nr. 1, 2, DK5
- CD 2.3
- Arbeitsheft-CD 20, 37

1. Hörverstehen und Lesen üben

Schülerbuch S. 27 Nr. 5 a, CD 2.3

Nach dem → **Einstiegsritual** werden die Schülerbücher geschlossen. Geben Sie S den Auftrag, beim Hören des Dialogs darauf zu achten, wer spricht und was der Anlass des Gesprächs ist. Spielen Sie den Dialog vor (Text entspricht Schülerbuch S. 27 Nr. 5 a). S teilen mit, was sie verstanden haben. Klären Sie den neuen Wortschatz. Stellen Sie vor dem erneuten Hören Fragen zum Hörtext (L: *How is May? What does May's mum say?*). Spielen Sie die CD erneut vor, S machen sich evtl. Notizen. Bitten Sie S, die von Ihnen gestellten Fragen zu beantworten. S öffnen ihre Schülerbücher, betrachten das Bild und fassen den Inhalt des Dialogs zusammen. Bitten Sie S, den Dialog beim erneuten Hören leise mitzulesen (→ ***buzz reading***). Danach lesen S den Dialog in Partnerarbeit mit verteilten Rollen.

2. Dialogisches Sprechen festigen

Schülerbuch S. 27 Nr. 5, DK5, Arbeitsheft-CD 37

Bitten Sie S, die im Dialog grün markierten Wörter durch andere Wörter zu ersetzen. Praktizieren Sie dies zunächst gemeinsam mit S. In Partnerarbeit üben lernstärkere S eigenständig weitere Variationen (L: *Look at the mindmap for new words.*). Lernschwächere S üben den Dialog mithilfe der Dialogkarte und dem dazu gehörigen Sprachvorbild auf der Arbeitsheft-CD (Hörtext 37 entspricht Schülerbuch S. 27 Nr. 5 a). Einzelne Schülerpaare tragen ihre Dialoge der Klasse vor.

3. Hörverstehen üben

Arbeitsheft S. 28 Nr. 1, Arbeitsheft-CD 20

Die Arbeitshefte sind geschlossen. Beim ersten Hören versuchen S, den wesentlichen Inhalt des Hörtextes zu erfassen. Beim zweiten Hören achten S darauf, welche Aktivitäten im Hörtext vorkommen. Nun schlagen S das Arbeitsheft auf und betrachten die Bilder. Sie identifizieren und nennen die Aktivitäten. Beim dritten Hören markieren S die Kästchen entsprechend der Anweisung. S vergleichen die Ergebnisse. Stellen Sie evtl. die Frage: *What does Ella's mother say?*

Hörtext 20:
What does Ella's mother say? Listen and tick or cross out.

Mum: *Ella, I have to go to Canberra for work this weekend. OK?*
Ella: *OK, Mum. Can I go camping with Thomas?*
Mum: *Camping? No, you can't. You have a lot to do this weekend. Do your homework on Friday, please. And then do the washing. Go shopping at the supermarket too. But don't spend too much money.*
Ella: *Fine, Mum.*
Mum: *Then cook dinner for your grandfather on Saturday. He'll be here at eight o'clock.*
Ella: *There's a party at Fiona's on Saturday. Can I go?*
Mum: *Yes, go to the party. But don't smoke. And don't drink alcohol.*
Ella: *I won't, Mum.*
Mum: *Get enough sleep on Sunday. And clean your room.*
Ella: *Can I go to the cinema on Sunday?*
Mum: *No, don't go to the cinema. Stay at home and surf the Internet for your school project.*
Ella: *Ugh, Mum!*

4. Leseverstehen, Schreiben festigen, Transfer

Arbeitsheft S. 28 Nr. 2

S lösen Nr. 2 a in Einzelarbeit mithilfe des Reservoirs. Zu Nr. 2 b tauschen sich S in Partnerarbeit über ihre Erfahrungen aus, indem sie sich ihre aufgeschriebenen *dos and don'ts* gegenseitig vorlesen und sie miteinander vergleichen.

5. Didaktische Reserve

Arbeitsheft S. 28 Nr. 2 a

Erstellen Sie eine Top-Ten-Liste der *dos and don'ts*. Sammeln Sie hierfür die Ergebnisse aller S aus Nr. 2 a an der Tafel. Ermuntern Sie S, weitere Beispiele zu finden und diese zu nennen oder an die Tafel zu schreiben. Ermitteln Sie die Häufigkeit jeder Aussage, indem Sie diese jedes Mal, wenn sie von einem S formuliert wird, durch einen Strich markieren.

Stunde 4: Darüber sprechen, was man für die eigene Gesundheit tun sollte

Wortschatz
more

Redemittel – Wiederholung und Erweiterung
- *I have to sleep more.*
- *I have to drink more water.*

Material
- Schülerbuch S. 28 Nr. 1, *Extra Practice:* S. 49 Nr. 1
- Arbeitsheft S. 29 Nr. 1, 2, *Extra Practice:* S. 52 Nr. 1
- CD 2.4
- Arbeitsheft-CD 21
- DIN-A3-Papierbögen

1. Gelerntes festigen, das Thema vorbereiten

Kündigen Sie im → **Einstiegsritual** das Thema an, z. B.: *Are you healthy and fit?* Führen Sie unter Verwendung bekannter Redemittel ein Klassengespräch über gesunde Lebensführung (→ **Spiralförmiges Lernen**).

L: *How often do you drink water / eat fruit and vegetables / do sport / go outdoors / …?*
S: *I … once/twice / … times / a day/week / …*
L: *That's good / not good for you. / That's not enough. You have to … more …*

Erinnern Sie an die Mindmap aus Stunde 2 und lassen Sie S möglichst viele Begriffe zum Thema *health* finden und an die Tafel schreiben.

2. Hörverstehen und Lesen üben

Schülerbuch S. 28 Nr. 1 a, CD 2.4

Spielen Sie die CD vor (Text entspricht Schülerbuch S. 28 Nr. 1 a). S teilen mit, was sie verstanden haben. Spielen Sie die CD erneut vor. S schlagen ihre Schülerbücher auf, betrachten die Bilder und vergleichen ihre Aussagen mit den abgebildeten Szenen. Besprechen Sie das neue Redemittel. Spielen Sie die CD nach Bedarf mehrere Male vor. Ermutigen Sie S, leise für sich mitzulesen (→ ***buzz reading***). Danach lesen S den Dialog mehrmals mit verteilten Rollen vor.
Hinweis: *„You look great."* hat hier die Bedeutung von „Du siehst gut/fit aus." Im Englischen ist *„You look fit."* dagegen zweideutig und kann mit „Du siehst heiß aus." übersetzt werden. Im Unterricht sollten Sie daher auch *„You look great."* benutzen.

3. Redemittel, dialogisches Sprechen üben

Schülerbuch S. 28 Nr. 1 b

Erarbeiten Sie zunächst einige Dialogbeispiele gemeinsam mit S. Führen Sie dann mit lernstärkeren S mehrere Dialoge exemplarisch durch, indem S die grün markierten Wörter und Redemittel durch die im Reservoir vorgeschlagenen Beispiele ersetzen. Anschließend üben S in Partnerarbeit die Dialoge. Regen Sie S an, weitere Beispiele zu finden. Abschließend präsentieren einzelne Paare ihren Dialog.

4. Hörverstehen und Schreiben üben

Arbeitsheft S. 29 Nr. 1, Arbeitsheft-CD 21

Spielen Sie den Hörtext zunächst bei geschlossenen Arbeitsheften vor (Hörtext siehe S. 70 Nr. 3). S versuchen, die Anzahl der Szenen und ihren wesentlichen Inhalt zu erschließen. S öffnen ihre Arbeitshefte, betrachten die Bilder und sprechen über die drei Szenen. Beim zweiten Hören schreiben S Zahlen in die Kästchen (Nr. 1 a). S hören die CD erneut und verbinden die Szenen mit den abgebildeten Aktivitäten (Nr. 1 b). Danach schreiben S in Einzelarbeit die Sätze (Nr. 1 c). Die Ergebnisse werden in Partnerarbeit verglichen und dann im Plenum vorgetragen.

5. Redemittel schreiben, Transfer

Arbeitsheft S. 29 Nr. 2

S lösen die Aufgabe mithilfe des Reservoirs zunächst in Einzelarbeit. Dieser Teil eignet sich auch als Hausaufgabe. Die Ergebnisse werden anschließend (bzw. in der nächsten Unterrichtsstunde) in Partnerarbeit im Frage-Antwort-Wechsel ausgetauscht und im Plenum vorgestellt.

6. Didaktische Reserve, Transfer

DIN-A3-Papierbögen

Führen Sie mit S ein Klassengespräch zur Frage: *What do you have to do to get fit?* Die Vorbereitung darauf kann in Gruppenarbeit als → ***placemat activity*** auf DIN-A3-Bögen erfolgen (siehe S. 87). Die *Placemat*-Methode gibt S die Möglichkeit, erst individuell Ideen und Gedanken zu einer Frage zu formulieren und auf der *placemat* zu sammeln, um sich anschließend darüber (auf Deutsch) auszutauschen. Auch kontroverse Positionen können aufgenommen werden. Nach dem anschließenden Klassengespräch kann jeder S eine Prioritätenliste von Maßnahmen zur persönlichen Fitness und Gesundheitsvorsorge erstellen.

7. *Extra Practice*

Schülerbuch S. 49 Nr. 1, Arbeitsheft S. 52 Nr. 1

An dieser Stelle eignen sich die Extraaufgaben für lernstärkere bzw. -schnellere S.

Stunde 5: Berichten, was man gerade macht und was andere gerade machen

Wortschatz
bekannt

Redemittel – Wiederholung und Erweiterung
- *I'm helping my mum.*
- *She's helping her mum.*

Material
- Schülerbuch S. 28 Nr. 2, *Extra Practice:* S. 49 Nr. 2, 3
- Arbeitsheft S. 30 Nr. 1, 2, S. 54, *Extra Practice:* S. 52 Nr. 2
- CD 2.5
- Arbeitsheft-CD 22
- Zettel mit *activities* in der Grundform

1. Auf das Thema einstimmen

Zettel mit *activities* in der Grundform

Schreiben Sie als Teil des → **Einstiegsrituals** verschiedene bekannte Aktivitäten (→ **Spiralförmiges Lernen**) in der Grundform auf mehrere Zettel (z. B. *chill out, listen to music, play football / table tennis / ...., read a magazine, sleep, ...*). Verwenden Sie auch Beispiele mit Possessivpronomina, sodass S Gelegenheit haben, diese von der ersten Person in die dritte Person zu setzen (z. B. *clean my room; do my homework; ...*). Legen Sie die Zettel mit der Schriftseite nach unten auf das Pult. Ein S kommt nach vorne und zieht verdeckt einen Zettel. Ein S als Spielleiter stellt die Frage: *What's he/she doing?* Der S, der den Zettel gezogen hat, stellt die darauf geschriebene Tätigkeit pantomimisch dar. Die anderen S versuchen, die Frage richtig zu beantworten. Achten Sie darauf, dass S auf Englisch antworten und dabei die richtige Form des Verbs, das *present progressive,* und die richtige Form des Possessivpronomens verwenden. Visualisieren Sie im Anschluss die Form an der Tafel, indem Sie sie der Grundform gegenüberstellen und die Änderungen farbig markieren (*swim – swimm**ing**, play – play**ing**; ...*). Verfahren Sie auf gleiche Weise mit den Possessivpronomina (*my → his/her, our →* their).

2. Hörverstehen, dialogisches Sprechen üben

Schülerbuch S. 28 Nr. 2, CD 2.5

Spielen Sie den Dialog bei geschlossenen Schülerbüchern vor (Text entspricht Schülerbuch S. 28 Nr. 2). S äußern, was sie verstanden haben. Spielen Sie den Dialog bei geöffneten Schülerbüchern erneut vor und sprechen Sie über den Inhalt. Bei weiteren Darbietungen der CD lesen S leise mit (→ ***buzz reading***). Nun lesen S den Dialog mit verteilten Rollen. Bitten Sie zunächst lernstärkere S, mithilfe des Reservoirs die grün markierten Wörter zu ersetzen. Anschließend spielen S in Partnerarbeit die Dialoge durch. Ermutigen Sie S, die Sprechbeiträge mithilfe des Reservoirs oder mit eigenen Ideen zu variieren.

3. Hörverstehen üben

Arbeitsheft S. 30 Nr. 1, Arbeitsheft-CD 22

S betrachten zunächst die Bilder und beschreiben sie (*He's/She's ...-ing ...*). Nach mehrfachem Hören der Dialoge lösen S die Aufgabe in Einzelarbeit (Hörtext siehe S. 70, Nr. 4).

4. Redemittel, Schreibkompetenz festigen

Arbeitsheft S. 30 Nr. 2, S. 54

S betrachten gemeinsam die Bilder im Arbeitsheft und beschreiben die Aktivitäten (*He's/She's ...-ing ...*). Danach lösen S Nr. 2a mithilfe des Reservoirs in Einzelarbeit. Die Ergebnisse werden im Plenum verglichen, indem ein S die Frage stellt und jeweils ein anderer S die Antwort vorliest. S können des Weiteren die Kurzdialoge in Partnerarbeit mit wechselnden Rollen durch gegenseitiges Vorlesen spielen bzw. sprechen. Anschließend lösen S Nr. 2b in Einzelarbeit und lesen sich nach der Selbstkontrolle auf S. 54 die Sätze mit einem Partner gegenseitig vor.

5. Didaktische Reserve

Schülerbuch S. 28 Nr. 2, Arbeitsheft S. 30 Nr. 2

Bitten Sie S, nach der Vorlage im Schülerbuch und/oder im Arbeitsheft weitere Vorschläge für Einladungen zu gemeinsamen Aktivitäten zu finden. Sammeln Sie diese an der *Tafel* (z. B. *Do you want to go swimming / inline skating / ... with me?*). Ein → **Marktplatz** oder ein → **Doppelkreis** gibt S Gelegenheit, die Kurzdialoge abwechselnd zu sprechen. Die Beispiele aus den Reservoirs in Schülerbuch und Arbeitsheft können für die Antworten als Hilfe genutzt werden. Einzelne Schülerpaare können im Anschluss ihre Dialoge präsentieren.

6. *Extra Practice*

Schülerbuch S. 49 Nr. 2, 3, Arbeitsheft S. 52 Nr. 2

An dieser Stelle eignen sich die Extraaufgaben für lernstärkere bzw. -schnellere S zur Verwendung des *present progressive* zum Berichten über aktuelle Aktivitäten und zur Bildbeschreibung.

Stunde 6: Textarbeit: Einen Chat lesen, eine Liste zur Urlaubsplanung erstellen

Wortschatz
for, most, suncream

Redemittel
bekannt

Material
- Schülerbuch S. 29 Nr. 3
- Arbeitsheft DK 6
- CD 2.6
- Arbeitsheft-CD 38
- Wörterbücher
- Zettel mit Fragen zum Schülerbuch-Text

1. Auf das Thema einstimmen

Wörterbücher

Verteilen Sie die Wörterbücher in der Klasse. Schreiben Sie die Überschrift *A trip to the Great Barrier Reef* an die Tafel und stellen Sie die Frage: *What do you need for this trip?* Bitten Sie S, möglichst viele Gegenstände zu nennen, die für dieses Urlaubsziel notwendig sind. Geben Sie die Satzstruktur vor: *Take a cap/camera/mobile/…* S können zur Unterstützung die Wörterbücher benutzen. Sammeln Sie die Ideen an der Tafel.

2. Hör-, Leseverstehen und Lesen üben

Schülerbuch S. 29 Nr. 3 a, CD 2.6, Zettel mit Fragen zum Text

Betrachten Sie gemeinsam mit S den Text und fragen Sie nach der Textsorte (L: *Is it a story / an e-mail / a blog / …?*). Spielen Sie die CD vor (Text entspricht Schülerbuch S. 29 Nr. 3). Fragen Sie S nach dem wesentlichen Inhalt. Bitten Sie S, bei weiteren Darbietungen der CD den Text leise für sich mitzulesen (→ ***buzz reading***). Fordern Sie S auf, die Wörter zu nennen, die sie kennen. Klären Sie den neuen Wortschatz. Lassen Sie anschließend einzelne Schülerpaare den Text laut vorlesen.
Verteilen Sie im Anschluss an jeden S einen Zettel, auf dem je eine Frage zum Text steht. Jeweils zwei oder drei S erhalten dieselbe Frage, sodass sie ihre Antwort miteinander vergleichen können (z. B. *What should Sid9 take? What should Sid9 take for sunny days? When will Sid9 go to the Great Barrier Reef? ...*). S notieren ihre Antworten auf den Zettel, suchen den/die Partner mit derselben Frage (S: *What's your question? My question is …*) und befragen sich gegenseitig.

3. Schreibkompetenz festigen, Transfer

Schülerbuch S. 29 Nr. 3 b

Bitten Sie S, die Tabelle in ihre Hefte zu übertragen und zu ergänzen. Weisen Sie S darauf hin, bei der Zuordnung von *sweatshirt* den Text genau zu lesen, denn erst im Nachfolgesatz (*It can be cold …*) wird die Zuordnung klar. S schreiben die Liste in Einzelarbeit. Dieser Teil der Aufgabe eignet sich auch als Hausaufgabe. Die Ergebniskontrolle erfolgt im Plenum, evtl. in der nächsten Unterrichtsstunde.

4. Dialogisches Sprechen festigen

Arbeitsheft DK 6, Arbeitsheft-CD 38

Zur Schulung der Sprechkompetenz in Alltagssituationen üben S in Partnerarbeit mithilfe der Dialogkarte 6 den Kauf einer Fahrkarte am Bahnhofsschalter. Spielen Sie die CD mehrmals vor und stellen Sie S ausreichend Zeit zum Üben des Dialogs zur Verfügung. Achten Sie darauf, dass die Partner die Rollen tauschen. Im Anschluss tragen einzelne Schülerpaare ihre Dialoge vor.

Hörtext 38:

Woman:	*Can I help you?*
Boy:	*I'd like a ticket to Cairns, please.*
Woman:	*Would you like a single or a return ticket?*
Boy:	*I'd like a return ticket.*
Woman:	*There's a train at 10.45 and 2.15.*
Boy:	*I'll take the train at 2.15.*
Woman:	*That's thirty-five dollars, please.*
Boy:	*Here you are.*
Woman:	*Thank you. Have a good day.*
Boy:	*The same to you. Bye.*

5. Didaktische Reserve, Transfer

Sprechen Sie mit S über den nächsten geplanten Klassenausflug und geben Sie S den Auftrag: L: *Write a list for a school trip with your class to ... What should you take with you?* Überlegen Sie gemeinsam, was man mitnehmen sollte (L/S: *Take …*). Anschließend folgen Sie der Methode → ***Think – Pair – Share***: S entscheiden sich in Einzelarbeit für jeweils maximal vier Dinge, die man ihrer Ansicht nach auf jeden Fall dabeihaben sollte und notieren sie. In Partnerarbeit einigen sich S dann auf jeweils maximal fünf Dinge. In einer darauf folgenden Gruppenarbeit bestimmt jede Gruppe maximal sechs Gegenstände, die nicht vergessen werden sollten. Die Ergebnisse der Gruppenarbeit werden notiert und der Klasse vorgestellt. Die Gruppen versuchen nun, sich auf eine gemeinsame Liste von nötigen Dingen für einen Klassenausflug zu einigen.

Stunde 7: Kompetenzerweiterung: Nachfragen bei Verständnisproblemen

Wortschatz
bekannt

Redemittel
- *Can you say that again, please?*
- *Can you speak slowly, please?*
- *What does …/that mean?*

Material
- Schülerbuch S. 29 *Learning English*
- Arbeitsheft S. 33 Nr. 1, 2, DK 6
- Arbeitsheft-CD 23

1. Hinführung zum Thema

Arbeitsheft DK 6

Sofern Sie in der vorhergehenden Unterrichtsstunde mit der Dialogkarte 6 gearbeitet haben, lassen Sie als Teil des ➞ **Einstiegsrituals** den Dialog noch einmal von einigen Schülerpaaren vortragen.

2. Die Kompetenz wiederholen und erweitern

Schülerbuch S. 29 *Learning English*

Rufen Sie in Erinnerung, dass Englisch eine Sprache ist, die von sehr vielen Menschen aus vielen verschiedenen Ländern gesprochen wird, und dass man als Nicht-Englisch-Muttersprachler nicht alles sofort versteht. Deshalb muss man manchmal gezielt nachfragen. Bitten Sie S, ihre Schülerbücher aufzuschlagen. Lesen Sie gemeinsam den Kasten zu *Learning English*. Besprechen Sie den Inhalt. Lassen Sie die Verständnisfragen aus Schritt 2. im Chor wiederholen. Schreiben Sie verschiedene Aussagen an die Tafel (z. B. *Let's go swimming!; I went to the Great Barrier Reef last weekend.; Don't smoke, eat well!; Let's go to the cinema.; I'm helping my mum. ...*). Teilen Sie die Klasse in zwei Gruppen ein. S der ersten Gruppe lesen eine Aussage von der Tafel vor, S der zweiten Gruppe wählen eine der Fragen aus Schritt 2. zu *Learning English* im Schülerbuch und gruppenweise so weiter als ➞ **Schülerkette**.

3. Die Kompetenz üben

Schülerbuch S. 29 *Learning English*, Arbeitsheft S. 33 Nr. 1, Arbeitsheft-CD 23

Lesen Sie noch einmal gemeinsam den Kasten zu *Learning English* und kündigen Sie an, dass S die Schritte in den folgenden Aufgaben umsetzen werden. S schlagen ihre Arbeitshefte auf. S betrachten die Bilder und stellen Vermutungen über die Örtlichkeiten an (S: *They're at a train station / shop / bus stop.*). Spielen Sie die CD vor. Beim zweiten Hören schreiben S die entsprechenden Zahlen in die Kästchen. S teilen mit, was sie verstanden haben. Beim erneuten Hören kreuzen S die jeweilige Nachfrage an. Vergleichen Sie die Ergebnisse im Plenum.

Hörtext 23:

Listen and number.

Speaker: *Number one.*
Boy 1: *Sorry, is there no bus today?*
Policeman: *Yes, there is, but today the bus stop is over there. Hurry up, the bus is coming.*
Boy 1: *Can you speak slowly, please?*
Policeman: *Sorry. The bus won't stop here. You have to go over there. Hurry!*

Speaker: *Number two.*
Woman 1: *The train to Sydney is delayed by 20 minutes.*
Boy 2: *Excuse me. What does that mean?*
Man 2: *The train won't be on time. It will come 20 minutes later.*

Speaker: *Number three.*
Woman 2: *That's exactly seven pounds.*
Girl: *Can you say that again, please?*
Woman 2: *That's seven pounds.*
Girl: *Ah, thank you. Here you are.*

4. Die Kompetenz anwenden

Schülerbuch S. 29 *Learning English*, Arbeitsheft S. 33 Nr. 2

Besprechen Sie gemeinsam die Aufgabenstellung zu Nr. 2a. Weisen Sie darauf hin, dass S zunächst die gesamten lückenhaften Dialoge durchlesen müssen, um die richtigen Nachfragen auswählen und aufschreiben zu können.
Zur Unterstützung für die Wahl der richtigen Fragen können S auf den Kasten zu *Learning English* im Schülerbuch S. 29, Schritt 2. oder auf Nr. 1 im Arbeitsheft zurückgreifen. Ein kleiner Hinweis ist auch die Regieanweisung für die erste Sprecherin (*slowly*). S lösen den schriftlichen Teil der Aufgabe in Einzelarbeit. Die Ergebniskontrolle erfolgt im Plenum durch gemeinsames Lesen der Dialoge.
Anschließend wählen S einen Partner und üben die Dialoge durch gegenseitiges Vorlesen mit verteilten Rollen (Nr. 2b). Lernstärkere S können versuchen, die Dialoge der Klasse vorzutragen.

Stunde 8: Diagramme auswerten und erstellen

Wortschatz
pocket money, point, their

Redemittel
bekannt

Material
- Schülerbuch S. 30 Nr. 1–4
- Arbeitsheft S. 31 Nr. 1, 2
- CD 2.7
- Kopien mit Redemitteln
- Klebepunkte (6 pro S)

1. Das Thema vorbereiten

Sprechen Sie über das Ausgeben von Geld (L: *I spend money on books. What do you spend money on?*). Klären Sie den Begriff *pocket money* und fragen Sie: L: *Do you get any pocket money?*

2. Hörverstehen üben, Diagramm lesen

Schülerbuch S. 30 Nr. 1, CD 2.7

Betrachten Sie gemeinsam das Diagramm der Klasse 9 a im Schülerbuch. Spielen Sie die CD vor. Bitten Sie S, beim Hören mit dem Finger auf die entsprechende Stelle im Diagramm oder den zugehörigen Text zu tippen. Klären Sie den neuen Wortschatz. Spielen Sie die CD erneut vor, S lesen mit. Fragen Sie abschließend: *What do the pupils spend their pocket money on?*

Hörtext 2.7
Look and listen. Spending pocket money in class 9a: The pupils in class 9a made a chart about how they spend their pocket money. There are six points from every pupil on the chart:
fast food, music, mobiles, activities, I save …

3. Leseverstehen üben, Diagramm auswerten

Schülerbuch S. 30 Nr. 2

Machen Sie S bewusst, dass bei einem Diagramm die Grafik wesentliche Aussagen über einen Sachverhalt vermittelt. Besprechen Sie mit S, welche Informationen in dem Diagramm enthalten sind. Sammeln Sie Ideen zur Ermittlung der Schülerzahl und zur Formulierung der Punkteverteilung. Unterstützen Sie S durch Fragen und Notizen an der Tafel (Lösungen in Klammern):
Fragen zu Nr. 2b: *How many points are there on the chart? (= 90). How many points are there from every pupil? (= 6).* (Lösung: 90:6 = *15*)
Notizen zu Nr. 2c: *some (on activities); a lot (on music, mobiles); most (on fast food); They save … (some)*

S formulieren die Antworten auf Englisch.

4. Sprechkompetenz festigen

Schülerbuch S. 30 Nr. 3

S äußern ihre Meinung zu den Ausgaben der Klasse 9b zunächst im Klassengespräch. Dazu kann die Antwort „*I don't agree.*" noch erweitert werden durch „*I think they shouldn't spend so much money on …*" Schreiben Sie diese Redemittel und die Diskussionspunkte (*fast food, music, mobiles, activities*) an die Tafel. Zusätzlich kann folgende Aussage diskutiert werden: *I think the pupils should save more of their pocket money.* Die Meinungsumfrage kann reihum in einer ➞ **Schülerkette** oder in Gruppen erfolgen.

5. Ein Diagramm auswerten

Arbeitsheft S. 31 Nr. 1

S lösen Nr. 1 zum Arbeitsheft-Diagramm der Klasse 9b in Partnerarbeit und besprechen ihre Ergebnisse im Plenum.

6. Sprechkompetenz festigen, Transfer

Arbeitsheft S. 31 Nr. 2, Kopien mit Redemitteln

Bereiten Sie die notwendigen Redemittel für die Punktevergabe an der Tafel oder auf Kopien vor (*1 point: I spend some of my pocket money on…; 2 points: I spend a lot of ...; 3 points: I spend most of …*). In Einzelarbeit schreiben S zunächst ihre drei Ausgabeposten auf. Danach teilen sie sich diese in Partnerarbeit gegenseitig mit. S notieren jeweils die Posten des Partners. Zur Kontrolle lesen sich die Paare die Posten gegenseitig vor (S: *You spend some / a lot / most of your … on…*). Danach tauschen sich zwei Paare aus (S: *He/She spends some /… of his/her … on …*).

7. Projekt: Ein Diagramm erstellen, Transfer

Schülerbuch S. 30 Nr. 4, Klebepunkte

Schreiben Sie die Ausgabeposten aus Schülerbuch Nr. 1 nebeneinander an den Fuß der Tafel. S lösen Teil 1. in Einzelarbeit oder nutzen ihr Ergebnis aus Arbeitsheft Nr. 2a. In letzterem Fall können weitere Ausgabeposten an der Tafel aufgenommen werden (z. B. *computer games, magazines, ...*). Teil 2. erfolgt im Plenum. Jeder S formuliert seine Ausgaben für die notierten Posten (S: *I spend some / … of my … on …*) und heftet entweder die entsprechende Anzahl Klebepunkte über die genannten Posten oder ein S führt eine Strichliste. Abschließend fassen S das so entstandene Klassendiagramm zusammen (S: *We spend most / … of our … on … We save a lot / some …*). Ermuntern Sie S zu einer Diskussion.

Stunde 9: Cartoon – Text erschließen, über den Inhalt reflektieren

Wortschatz
ice cream, nose

Redemittel
bekannt

Material
- Schülerbuch S. 31 Nr. 1–4
- Arbeitsheft S. 32 Nr. 1, 2
- CD 2.8
- je 1 grünes und 1 rotes Kärtchen für jeden S
- Wörterbücher, PC, Internet

1. Bilder als Verständnishilfe nutzen

Schülerbuch S. 31 Nr. 1

Betrachten Sie nach dem ➞ **Einstiegsritual** mit S die Bilder des Cartoons im Schülerbuch. S äußern Vermutungen über die Situation.

2. Hörverstehen üben

CD 2.8, grüne und rote Kärtchen

Bitten Sie S, die Schülerbücher zu schließen. Spielen Sie die CD vor (Text entspricht Schülerbuch S. 31 Nr. 1). Sammeln Sie an der Tafel, was S beim ersten Hören verstanden haben. Vergleichen Sie dies mit den zuvor geäußerten Vermutungen. Nach dem zweiten Vorspielen der CD geben Sie S ➞ **Alternativaussagen** zum Text. Teilen Sie an jeden S ein grünes und ein rotes Kärtchen aus. S halten die grüne Karte (*true*) hoch, wenn die Aussage richtig ist, und wiederholen die Aussage im Chor. Ist die Aussage falsch, zeigen S die rote Karte (*false*) und korrigieren sie. Stoppen Sie hierfür die CD nach der jeweiligen Szene.

Beispiel:

1. *Olivia needs a birthday present for her mum.*
   > christmas present
2. *Olivia saved a lot of money.* ✓
3. *Olivia wants some ice cream.*
   > Olivia wants to do some sport.
4. *Olivia wants to drink some water.* ✓
5. *Olivia used suncream. > … didn't use …*
6. *Olivia looks like a red-nosed reindeer.* ✓

3. Leseverstehen und Lesen üben

Schülerbuch S. 31 Nr. 1, 2, CD 2.8, Wörterbücher

S öffnen ihre Schülerbücher. Während des erneuten Hörens der CD deuten sie auf die Bilder und lesen den Text leise mit. Fordern Sie S auf, im Text Wörter zu finden, die sie bereits kennen, und die neuen Wörter aus dem Kontext zu erschließen. Bitten Sie S, den Inhalt des Cartoons sinngemäß auf Deutsch wiederzugeben (➞ **Sprachmittlung**). Fordern Sie S anschließend auf, in Einzelarbeit einen Titel für den Cartoon zu finden, der die Kernaussage trifft. Stellen Sie S Wörterbücher zur Verfügung. S präsentieren und begründen ihre Ergebnisse.

Im Anschluss lesen S den Cartoon mit verteilten Rollen. Erneutes Abspielen der CD dient S dabei als Sprachvorbild. Einzelne Paare präsentieren das Geübte der Klasse.

4. Den Cartoon nachspielen

Schülerbuch S. 31 Nr. 1, CD 2.8

S können im weiteren Verlauf den Cartoon als szenisches Spiel darstellen (➞ **Dialoge und Rollenspiele**). Zur Erleichterung kann jede Rolle mit zwei S besetzt werden. Ein S fungiert als Sprecher, der vorliest, der zweite S stellt die Szene pantomimisch dar. Falls S den Cartoon-Dialog zur Vorbereitung ins Heft übertragen haben, können sie zur Verdeutlichung der Szene 2 ergänzen: „*Olivia: How much is it? Shop assistant: It's 50 (Australian) dollars.*"

5. Schreibkompetenz festigen, Transfer

Schülerbuch S. 31 Nr. 3

S übertragen die Tabelle in ihr Heft und schreiben die Liste in Einzelarbeit. Zur Ergebniskontrolle tauschen S ihre Hefte mit dem Sitznachbarn aus. Fragen Sie S nach ihrem eigenen Verhalten (L: *Do you always use suncream on sunny days in summer?*).

6. Schreibkompetenz festigen, Transfer

Arbeitsheft S. 32 Nr. 1, 2

Erarbeiten Sie zunächst gemeinsam eine Mindmap an der Tafel. Bitten Sie S, die Mindmap ins Heft zu übertragen und jeweils vier Einträge zu den vier Oberbegriffen zu finden. Falls S Beispiele wie *bread* oder *cake* nennen, weisen Sie sie darauf hin, dass nicht-zählbare Begriffe in der Singularform verwendet werden. S lösen Nr. 1 in Einzelarbeit, die Kontrolle erfolgt im Plenum.
Die Transferaufgabe Nr. 2 eignet sich auch als Hausaufgabe. S können die Ergebnisse als Frage-Antwort-Runde in Form einer ➞ **Schülerkette** vergleichen. Führen Sie mehrere Runden durch.

7. Internetrecherche

Schülerbuch S. 31 Nr. 4, PC, Internet

Für S, die zu Hause Internetzugang haben, eignet sich Nr. 4 als Hausaufgabe.

Stunde 10: Australien – Klima, Besiedelung, Schule, Ureinwohner

Wortschatz
°*dry*, °*farm*, °*learn*, °*lesson*, °*meat*, °*middle*, °*outback*, °*special*

Redemittel
bekannt

Material
- Schülerbuch S. 26 Nr. 1, 2, S. 32 Nr. 1, 2
- Arbeitsheft S. 32 Nr. 3
- CD 2.1, 2.9, 2.10
- Wandkarte von Australien
- Material (Bilder, Informationen) zu Australien
- kopierter, zerschnittener Raptext für je zwei S
- Webcode KLEN319374-32, PC, Internet

1. Einstimmung auf das Thema

S, deren Internetrecherche zu Schülerbuch S. 31 Nr. 4 erfolgreich war, präsentieren ihre Ergebnisse. Dann folgt das → **Einstiegsritual**.

2. Landeskundliches Vorwissen aktivieren

Schülerbuch S. 26 Nr. 1, 2, CD 2.1, Wandkarte von Australien, Bild- und Informationsmaterial

Regen Sie S an, anhand der Karte, der Informationen aus Stunde 1 dieser Unit und evtl. mitgebrachtem Bild- und Informationsmaterial ihr Wissen über Australien zu äußern. Lenken Sie das Klassengespräch durch Fragen bzw. Stichpunkte, dabei können Sie den neuen situativen Wortschatz einführen, z. B. L: *What's the capital of Australia? Where is Sydney/Cairns/...? Tell me about the landscape (beaches, reefs, sea, rivers, forests, mountains, ...), animals (fish, kangaroos, koalas, sheep, ...). What can you do in Australia in your free time (swimming, surfing, ...)?*

3. Bildbetrachtung zur Vorentlastung

Schülerbuch S. 32 Nr. 2

S schauen sich die Bilder im Schülerbuch an und ergänzen ihre Aussagen und Eindrücke über Australien. Klären Sie den restlichen neuen Wortschatz und bitten Sie S, auf den Bildern zu zeigen, wo die neuen Begriffe optisch dargestellt sind.

4. Einen Rap lernen

Schülerbuch S. 32 Nr. 1, CD 2.9, kopierter zerschnittener Raptext in halber Klassenstärke

Bitten Sie S, ihre Schülerbücher zu schließen. Spielen Sie den Rap vor (Text entspricht Schülerbuch S. 32 Nr. 1). Bitten Sie S, Ihnen ihre Vermutungen über den Inhalt mitzuteilen. Teilen Sie je zwei S eine in einzelne Zeilen zerschnittene Kopie des Rap-Textes aus. Bitten Sie die Schülerpaare, die Textzeilen richtig zu ordnen. Spielen Sie den Rap dann noch einmal vollständig vor. Stoppen Sie bei einem weiteren Durchgang die CD nach jeder Zeile, damit S sich orientieren können. Lassen Sie S ihre Ergebnisse mit dem Text im Schülerbuch vergleichen. Lesen Sie gemeinsam den Rap laut vor (→ **Chorsprechen**) und erschließen Sie mit S den Inhalt. Spielen Sie den Rap mehrmals ab. S versuchen, zunächst nur einzelne Wörter, dann weitere Teile des Raps rhythmisch mitzusprechen (→ **Raps und Gedichte**).

5. Hör-, Leseverstehen, Lesen üben

Schülerbuch S. 32 Nr. 2, CD 2.10

Spielen Sie die CD vor (Text entspricht Schülerbuch S. 32 Nr. 2 oben). S deuten dabei auf die Bilder. Spielen Sie die CD erneut vor. S lesen den englischen Text im Kasten leise mit (→ ***buzz reading***). Besprechen und klären Sie den Inhalt. Lesen Sie anschließend mit S den Text nach dem Sprachvorbild der CD mehrmals laut vor. S können sich in Partnerarbeit den Text noch einmal gegenseitig vorlesen. Zur Beantwortung der drei Fragen suchen S in Partnerarbeit die entsprechenden Textstellen heraus und notieren die Antworten. Anschließend stellen sie ihre Ergebnisse vor.
Hinweis: Informationen zu der australischen Form der Schule per Internet (*School of the Air*) finden Sie unter *http://www.assoa.nt.edu.au/*.

6. Förderung der interkulturellen Kompetenz

Schülerbuch S. 32 Nr. 2, Arbeitsheft S. 32 Nr. 3, evtl. Webcode KLEN319374-32, PC, Internet

Lassen Sie den deutschen Informationstext im Schülerbuch laut vorlesen. Bitten Sie S, festzustellen, welche Bilder im Arbeitsheft zu Informationen aus dem Text passen. Danach lösen S Nr. 3 im Arbeitsheft in Einzelarbeit. Diese Detailverstehensübung wird im Plenum kontrolliert. Vergleichen Sie anschließend gemeinsam die im Text dargelegten Punkte (Besiedelung, Klima, Schule) mit der Situation in Deutschland. Bitten Sie S, auf Englisch zusammenzufassen, was sie über Australien gelernt haben.
Falls ihnen PC und Internet zur Verfügung stehen, können S mit dem Webcode im Schülerbuch zusätzliche Informationen zu Leben und Natur in Australien recherchieren und präsentieren.

Stunde 11: Zusammenfassende Wiederholung

Wortschatz
bekannt

Redemittel
bekannt

Material
- Schülerbuch S. 32 Nr. 1, S. 33, *Extra Practice:* S. 49 Nr. 1–3
- Arbeitsheft S. 34 Nr. 1, 2, *Extra Practice:* S. 52 Nr. 1, 2
- CD 2.9
- kopierter zerschnittener Raptext für je zwei S

1. Einen Rap wiederholen

CD 2.9, kopierter zerschnittener Raptext in halber Klassenstärke

Als Teil des → **Einstiegsrituals** teilen Sie noch einmal den für je zwei S kopierten, in einzelne Zeilen zerschnitten Text des Raps aus (siehe Stunde 10 dieser Unit) und bitten Sie die Schülerpaare, die Textzeilen aus dem Gedächtnis der vorherigen Unterrichtsstunde richtig zu ordnen. Hat ein Paar den Raptext zusammen gefügt, steht es auf. Schreiben Sie die Reihenfolge auf, in der die Paare aufstehen. Wenn alle Paare stehen, liest das erste Paar seinen Text vor. Ist der Text fehlerfrei, so hat das Paar gewonnen. Enthält der Text Fehler, liest das zweite Paar seinen Text vor usw. Das Paar, das als Erstes den Text korrekt wiedergibt, hat gewonnen.
Fordern Sie im Anschluss die Paare auf, zwei Zeilen ihrer Wahl aus dem von ihnen zusammengefügten Rap wegzunehmen. Spielen Sie nun die CD vor. S sprechen den Rap und ergänzen die Lücken aus dem Gedächtnis. Vor dem erneuten Hören nehmen S noch einmal zwei oder mehrere Zeilen weg, bis sie den Rap ohne schriftliche Vorlage mitsprechen können.

2. Wortschatz wiederholen

Schülerbuch S. 33 *New words*

S wiederholen den Wortschatz in Partner- oder Gruppenarbeit. Dazu liest S 1 aus der Wörterliste einen englischen Begriff und den dazugehörigen deutschen Begriff vor und hängt noch ein zweites, evtl. auch ein drittes englisch-deutsches Begriffspaar an. S 2 eines Paares wiederholt bzw. S 2 und S 3 einer Gruppe wiederholen ohne Vorlage die Begriffspaare wie ein Echo. Je nach Motivation der S kann die Anzahl der vorgelesenen Begriffspaare erhöht werden (siehe S. 52, Punkt 2.).

3. Redemittel wiederholen

Schülerbuch S. 33 *Speaking English*

Lesen Sie gemeinsam die Kästen zu *Speaking English* und machen Sie die Bedeutung der Redemittel bewusst. Weisen Sie S darauf hin, dass sie auf die Kästen zu *Speaking English* als Hilfsmittel jederzeit zurückgreifen können.

4. Wortschatz und Redemittel festigen

Bitten Sie S, in Partnerarbeit nach dem Muster der Kästen zu *Speaking English* weitere Beispiele zu finden, sie aufzuschreiben und anschließend mit wechselnden Rollen als kurze Dialoge vorzutragen.
Beispiel:
S 1: *What do you have to do to get fit?*
S 2: *I have to do more sport / stop smoking / …*
S 1: *What are you / What's he/she doing?*
S 2: *I'm reading a … / He's babysitting his … / She's cleaning her …*

Formulieren Sie im Imperativ Tätigkeiten oder Verhaltenweisen. S entscheiden, ob diese zu den *dos* oder *don'ts* gehören. Zur Unterstützung machen S sich zunächst Notizen in einer Tabelle und lesen die *dos* und *don'ts* dann vor.
Beispiel:
L: *Eat more fruit.* S: *Do!*
L: *Spend a lot of your pocket money on downloads.* S: *Don't!*

5. Portfolio erarbeiten

Arbeitsheft S. 34 Nr. 1, 2

Nachdem Sie mit S die Vorgehensweise besprochen haben, bearbeiten S die Aufgaben zur Lernstandserhebung in Einzelarbeit (→ **Portfolio**).

6. *Extra Practice*

Schülerbuch S. 49 Nr. 1–3, Arbeitsheft S. 52 Nr. 1, 2

Die zusätzlichen Aufgaben für lernschnellere bzw. -stärkere S können auch gesammelt am Ende der Unit eingesetzt werden.

7. Didaktische Reserve

Wörterbücher

S schreiben in Partnerarbeit unter Zuhilfenahme eines Wörterbuches einen Chat, z. B. zwischen Olivia und Liam aus Unit 2. Die Ergebnisse werden mit verteilten Rollen vorgelesen.

Stunde 12 *More Reading*: Jugendroman-Ausschnitt, Texterschließung

Wortschatz
die deutsche Übersetzung der unbekannten Wörter ist in Fußnoten angegeben

Redemittel
bekannt

Material
- Schülerbuch S. 45 Nr. 1–3
- Arbeitsheft S. 47 Nr. 1 a
- CD 2.24
- Arbeitsheft-CD 31
- Wörterbücher

1. Bildbetrachtung zur Vorentlastung

Schülerbuch S. 45 Nr. 1 a

S betrachten die Titelseite des abgebildeten Buches. Anhand der Fotos und des Titels äußern sie erste Vermutungen über den Inhalt.
Hinweis: Bei dem Buch handelt sich um die Lektüre *A New Life Down Under* von Jennifer Seidl aus der Reihe *Cornelsen English Library* (ISBN: 978-3-464-31780-8). Der Auszug im Schülerbuch wurde für die Zielgruppe von *Klick! Englisch 5* adaptiert. *Down under* ist ein gebräuchlicher Spitzname für Australien, das auf den üblichen Weltkarten „unten drunter", also südlich der meisten anderen Länder liegt.

2. Hör- und Leseverstehen üben

Schülerbuch S. 45 Nr. 1 b, CD 2.24

Spielen Sie die CD vor (Text entspricht Schülerbuch S. 45 Nr. 1). Fragen Sie S nach dem wesentlichen Inhalt und vergleichen Sie mit den zuvor gemachten Vermutungen. Bitten Sie S, bei weiteren Darbietungen der CD den Text leise für sich mitzulesen (→ ***buzz reading***), damit sie dem Schriftbild des Textes das Lautbild des Hörtextes zuordnen können. Fordern Sie S auf, die Wörter zu nennen, die sie kennen. Klären Sie den neuen Wortschatz anhand der Fußnoten. Teilen Sie die Klasse anschließend in Dreiergruppen ein (→ **Gruppenbildung**). Jeder S einer Gruppe übt das Lesen eines der drei Textabschnitte und macht im Anschluss daran seiner Gruppe Angaben zum Inhalt. S wechseln die Abschnitte, sodass alle S jeden Abschnitt gelesen haben. Bitten Sie S dann, den gesamten Text abschnittweise im Plenum vorzulesen. Zur Vertiefung des Leseverstehens erarbeiten Sie mit S Leitfragen zur Texterschließung und beantworten sie im Plenum (z. B. L/S: *What does the family have to do? Why does the family have to go to Australia? Where are Alice's friends? Who is happy? Who is sad?*). S machen sich hierfür Notizen.

3. Neuen Wortschatz erschließen

Schülerbuch S. 45 Nr. 1, 2, Wörterbücher

Lesen Sie gemeinsam die sechs Aussagen im Schülerbuch. Erläutern Sie den Arbeitsauftrag: In der linken Spalte stehen Sätze mit je einer unbekannten Vokabel (1–3). In der rechten Spalte finden sich Umformulierungen dieser drei Sätze mit bekanntem Wortschatz (a–c). Sätze a–c müssen Sätzen 1–3 zugeordnet werden, um deren Bedeutung zu erschließen. S lösen die Aufgabe mit einem Partner und stellen ihre Ergebnisse im Plenum vor. Suchen Sie anschließend gemeinsam mit S weitere unbekannte Wörter aus dem Text. Schreiben Sie diese Sätze an die Tafel. S formulieren die Kernaussage der Sätze auf Deutsch (→ **Sprachmittlung**). Teilen Sie hierfür evtl. Wörterbücher aus.

4. Leseverstehen festigen, Detailverstehen

Schülerbuch S. 45 Nr. 1, 3

S lesen die Charakterisierungen und ordnen ihnen die entsprechenden Charaktere aus dem Text zu. Lernstärkere S lesen den Text noch einmal und schreiben weitere Sätze in ihr Heft, die Alice und Jeff charakterisieren. S lesen die Sätze anschließend vor. In einer lernschwachen Lerngruppe übernehmen Sie das Formulieren der Sätze. Zeichnen Sie eine Tabelle mit den Überschriften *Alice* und *Jeff* an die Tafel. Die anderen S der Klasse ordnen die Aussagen den Personen zu. Sammeln Sie die Eigenschaften in der Tabelle.

5. Bildbetrachtung, Hörverstehen festigen

Arbeitsheft S. 47 Nr. 1 a, Arbeitsheft-CD 31

S betrachten die Bilder und benennen die Szenen. Stellen Sie evtl. Fragen (z. B. L: *Where is Alice?*). Spielen Sie die CD vor. S deuten auf die Szenen. Beim zweiten Hören ordnen S die Sätze den Bildern zu und tragen die Zahlen ein.

Hörtext 31:
Listen and number.

Number one:	*Alice's room looked cold and empty.*
Number two:	*The family had to go to Sydney.*
Number three:	*On the flight Alice took out her blue notebook.*
Number four:	*Her younger brother Jeff opened a book.*

Stunde 13 *More Reading*: Charaktere – Reflexion, Hypothesen, Identifikation

Wortschatz
siehe Fußnoten im Schülerbuch

Redemittel
bekannt

Material
- Schülerbuch S. 45 Nr. 1, 4
- Arbeitsheft S. 47 Nr. 1 b, 2, S. 48 Nr. 3, 4
- CD 2.24
- evtl. von S verfasste Postkarten in Kopie

1. Bildbetrachtung, Schreiben festigen

Arbeitsheft S. 47 Nr. 1 b

Nach dem → **Einstiegsritual** betrachten S zur Wiederholung noch einmal die Bilder und lesen die Redemittel in den beiden Reservoirs. Sie überlegen, welche Redemittel sie welchen Bildern zuordnen können, und schreiben dann die Sätze, indem sie die richtigen Satzanfänge und Satzenden zusammenführen. Weisen Sie S darauf hin, dass die Auslassungspunkte nicht abgeschrieben werden sollen, sondern anzeigen, wann es sich um einen Satzanfang und wann um ein Satzende handelt. Je nach Leistungsstand lösen S die Aufgabe in Einzel- oder Partnerarbeit. S lesen die Ergebnisse in einer → **Schülerkette** vor.

2. Detailverstehen, Schreiben festigen

Schülerbuch S. 45 Nr. 1, Arbeitsheft S. 47 Nr. 2

S lesen noch einmal den Text im Schülerbuch. Im Anschluss lesen S die Sätze im Arbeitsheft und streichen mit Rückgriff auf den Schülerbuchtext die falschen Stellen durch. Dabei kann es sich um ein Wort oder einen ganzen Satzteil handeln. Dann suchen S aus dem Reservoir die richtigen Ersatzstellen heraus und schreiben den vollständigen Satz ins Arbeitsheft. Zur Ergebniskontrolle können einzelne S die Sätze vorlesen. Lernstärkere S schreiben sie als Diktat an die Tafel.

3. Hauptfigur: Reflexion

Arbeitsheft S. 48 Nr. 3, CD 2.24

S schließen Schülerbuch und Arbeitsheft. Spielen Sie die CD vor. Thematisieren Sie das offene Ende und stellen Sie die Frage: L: *What will Alice say?* Ermuntern Sie S zu Vorschlägen für einen Schlusssatz. S lösen anschließend Nr. 3 im Arbeitsheft. Sie eignet sich besonders für lernschwächere S, weil diese ein mögliches Textende im Multiple-Choice-Verfahren auswählen können. Für lernschwächere S kann sie daher evtl. Schülerbuch S. 45 Nr. 4 ersetzen (siehe Punkt 4.)

4. Text fortschreiben, Dialogfähigkeit festigen

Schülerbuch S. 45 Nr. 4

Thematisieren Sie erneut das offene Ende des Textes. Stellen Sie die Fragen: *What will Alice say? What will Jeff answer?* Motivieren Sie S zu einem Klassengespräch über die Stimmung der Charaktere. Lesen Sie gemeinsam die Aufgabe. Erläutern Sie, dass S den Dialog der Figuren Alice und Jeff fortschreiben sollen. Erklären Sie die Funktion der beiden Reservoirs: Das linke Reservoir bietet eine Auswahl für Alice' Satz, das rechte für Jeffs Antwort. Die Erarbeitung erfolgt nach der Methode → ***Think – Pair – Share***. Als Erstes schreiben S in Einzelarbeit (evtl. als Hausaufgabe) ihren Dialog in ihre Hefte. Danach erfolgt für alle S Partnerarbeit: Die Partner tauschen mündlich ihre Dialoge aus, verbessern sich evtl. gegenseitig und einigen sich auf einen der beiden Dialoge zur Präsentation. Diesen Dialog üben die Partner zunächst untereinander und tragen ihn dann als Rollenspiel einem zweiten Paar vor. Die zwei Paare entscheiden sich für einen der beiden Dialoge, üben ihn ein (je zwei S eine Rolle: ein Akteur, ein Souffleur) und präsentieren ihn als Rollenspiel im Plenum.

5. Hauptfigur: Identifikation, Fortschreiben

Schülerbuch S. 45 Nr. 1, Arbeitsheft S. 48 Nr. 4, evtl. Kopie der verfassten Postkarten

Basierend auf dem Schülerbuchtext äußern S Vermutungen über Alice' Gefühle und begründen diese (S: *I think she's happy/sad because …*). Sammeln Sie die Ideen an der Tafel. Anschließend lösen S Nr. 4 a im Arbeitsheft mithilfe des Reservoirs und treffen damit auch eine Vorentscheidung für den Inhalt der Postkarte, die Alice an ihre Freundin in England schreibt (Nr. 4 b). Weisen Sie S evtl. darauf hin.
S versetzen sich nun in die Hauptfigur hinein und schreiben die Postkarte in Alice' Namen. Je nach Leistungsstand lösen S die Aufgabe in Einzel- oder Partnerarbeit. Die Paare finden sich dabei je nach ihrer in Nr. 4 a getroffenen Entscheidung für *happy* oder *sad*. S sichten zunächst im Reservoir die für Alice passenden Redemittel. Dann schreiben sie die Postkarte. Leisten Sie individuelle Hilfestellung. Die Ergebnisse werden laut vorgelesen. S tauschen anschließend die Postkarten aus (am besten erstellen Sie Kopien).
S versetzen sich in die Rolle von Jane und schreiben anhand der Postkarte, die ihnen vorliegt, eine Antwort an Alice. Einzelne Antwort-Postkarten werden im Plenum vorgelesen.

1. Hörtext 2.1:

(Unit 3 *Teen life*, Stunde 1)
Schülerbuch S. 26 Nr. 2, CD 2.1

Look, listen and answer.

Olivia: *Hi, I'm Olivia and I live in Australia. Most people in Australia live in the big cities on the east coast, like Sydney. I live in Cairns, a small city near the Great Barrier Reef.*
In my free time I do voluntary work with koalas. There are a lot of great things you can do in your free time in Australia. You can go swimming and surfing at our beaches.
But watch out! The sun is very hot. You should always wear suncream. Some people drink alcohol and go swimming. That's bad.

2. Hörtext 19:

(Unit 3 *Teen life*, Stunde 2)
Arbeitsheft S. 27 Nr. 1, Arbeitsheft-CD 19

Listen and draw.

Simon: *Hi, Olivia! Do you have a minute? I'd like to ask you about teen life. It's for our school magazine.*
Olivia: *OK.*
Simon: *What do you do for your health?*
Olivia: *Well … I don't smoke. I do sport three times a week. And I always eat well.*
Simon: *What about drinking alcohol, Olivia?*
Olivia: *I never drink alcohol, even when I go to a really cool party.*
Simon: *Well, that's great! You really do a lot for your health. Do you help at home too?*
Olivia: *Yes, I do. I have to clean my bedroom once a week. And my mum wants me to do the washing, but I don't do it. My brother does it for me.*
Simon: *That's really cool! Can he do some cleaning for me too? There's one more thing I'd like to know. Do you have a part-time job?*
Olivia: *Yes, I do. I babysit at the weekends.*
Simon: *What do you do with your money? Do you go shopping?*
Olivia: *No, I don't. I don't spend my money. I save it!*
Simon: *Really, can you lend me some money?*
Olivia: *Ha! Ha! Very funny, Simon!*
Simon: *Sorry, but thanks for the interview!*

3. Hörtext 21:

(Unit 3 *Teen life*, Stunde 4)
Arbeitsheft S. 29 Nr. 1, Arbeitsheft-CD 21

Listen and number.

Speaker: *Number one.*
Boy 1: *It's really hot. You look great today. How do you do it?*
Boy 2: *That's easy. I always drink enough water.*
Boy 1: *Hmm, I really have to drink more water too.*

Speaker: *Number two.*
Girl 1: *Emma, you're really good at jogging and you always look great. How do you do it?*
Emma: *Well, I do sport three times a week.*
Girl 1: *Hmm, I really have to do more sport too. Can we go jogging more often?*
Emma: *Sure!*

Speaker: *Number three.*
Girl 2: *You look really tired, Steve.*
Steve: *And you look great. How do you do it?*
Girl 2: *I go outdoors every day and I always sleep enough.*
Steve: *Oh, I really have to sleep more too and I have to go outdoors more often.*
Girl 2: *Let's go to the park now.*

4. Hörtext 22:

(Unit 3 *Teen life*, Stunde 5)
Arbeitsheft S. 30 Nr. 1, Arbeitsheft-CD 22

Listen and number.

Speaker: *Number one.*
Julia: *Hi, Erin! Do you want to go shopping with me?*
Erin: *No, I can't. I'm saving my money for a trip to Sydney.*

Speaker: *Number two.*
Ted: *Oh look. There's Robby.*
Andy: *Hi, Robby. Do you want to go swimming with us?*
Robby: *Sorry, I can't. I'm helping my dad. I'm washing his car.*

Speaker: *Number three.*
Shelly: *Hi, Kate. Do you want to go surfing at the beach?*
Kate: *No, I can't. I'm doing my homework.*

Speaker: *Number four.*
Molly: *There's John! He's sitting at the table over there.*
Mya: *Let's talk to him. Hi, John!*
John: *Hi!*
Molly: *Do you want to go swimming with us?*
John: *Sorry, I can't. I'm having a really big lunch.*

Erläuterungen zur Unit 4 *Future plans*

Sb S. 34–41, Ah S. 35–42; *More Reading:* Sb S. 46, Ah S. 49; *Extra Practice:* Sb S. 50, Ah S. 53

Inhalt

Die für Schülerinnen und Schüler dieser Altersstufe bedeutsame Frage nach ihren Zukunftsplänen und -träumen wird mit dem kulturellen Hintergrund Südafrikas verknüpft. Die Zukunftspläne einer Jugendlichen in Südafrika in Bezug auf Partnerschaft, Familie, Wohnsituation und finanzielle Möglichkeiten werden beleuchtet. Die Schülerinnen und Schüler werden angeregt, Vorstellungen von ihrer eigenen Zukunft zu entwickeln und darzulegen. Sie erweitern ihre Dialogfähigkeit und festigen ihre Schreibkompetenz, während sie sich über ihre Pläne, Hoffnungen und Sorgen für die Zukunft austauschen. Sie vertiefen ihre Kompetenz, authentischen Hörtexten wesentliche Informationen zu entnehmen.

Neuer Wortschatz		**Redemittel – Wiederholung und Erweiterung**
• *bathroom* • *children* • *clothes* • *company* • *flat* • *future (plans)* • *get married* • *Good luck!* • *hope* • *house*	• *late* • *learn* • *living room* • *maybe* • *miss* • *of* • *rich* • *stay single* • *worry*	**Fragen und sagen, welche Art von Wohnung man gerne hätte:** • *What kind of flat would you like?* *– I'd like a flat with a living room and a modern bathroom.* **Fragen und sagen, wie man sich die Zukunft vorstellt:** *What are your future plans?* *– I think **I'll** get married. I hope **I'll** have a nice flat.*

Kompetenzen

- Fördern der sprachlichen und sozialen Kompetenz durch Anregen von Smalltalk
- Techniken zur Strukturierung sprachlicher Mittel zum Zweck der Wortschatzerweiterung festigen
- Dialogisches Sprechen anhand von Dialogkarten, Sprech- und Bildimpulsen vertiefen
- Texte durch verschiedene Lesetechniken entschlüsseln und inhaltliche Aspekte erfassen
- Texte mithilfe vorgegebener Informationen schreiben
- Authentischen Hörtexten durch Anwendung von Hörverstehensstrategien Informationen entnehmen
- Vorstellungen über zukünftige Gegebenheiten und eigene Zukunftspläne formulieren, präsentieren
- Informationen über Südafrika aus Gedicht, Sachtext und Bildern entnehmen, darüber sprechen

Konzeption Unit – Seitenübersicht des Schülerbuchs

Einstiegsseite (S. 34)	**Zentrale Inhalte (S. 35)**
• Leben in Südafrika: Stadt, Natur, Sport, Geld (Währung: Rand) • Bildbetrachtung, Fragen zum Hörverstehen • Transfer: Fragen an neue Bekannte stellen	• Mindmap zum neuen Wortschatz: *Future plans* • Dialogisches Sprechen mit bekannten Redemitteln: *Spending money*
Zentrale Inhalte (S. 36)	**Weiterführendes (S. 37)**
• Wiederholung und Vermittlung kommunikativer Redemittel: → *What kind of flat would you like?* *– I'd like a flat with …* → *What are your future plans?* *– I think I'll get married. I hope I'll have …*	• Textsorte Anzeige für Mietgesuch mit Wohnungsgrundriss: verstehen, selbst verfassen • Kompetenztraining: Einem Hörtext wichtige Informationen entnehmen
Weiterführendes (S. 38)	**Zusammenfassung (S. 39)**
• Textsorte: Zeitungsinterview • Projekt: Plakat über eigene Zukunftspläne erstellen	• Cartoon (Zukunftsträume) • Förderung der Lese- und Sprechkompetenz
Weiterführendes (S. 40)	**Zusammenfassung (S. 41)**
• Gedicht: *Nelson Mandela* • Landeskunde: Südafrika	• Wortschatzliste • Zusammenfassung der gelernten Redemittel
***More Reading* (S. 46)**	***Extra Practice* (S. 50)**

Stunde 1: Südafrika – Zukunftspläne und Interessen von Jugendlichen

Wortschatz
future plans, °rugby, °South African, °township, °voluntary work

Redemittel
bekannt

Material
- Schülerbuch S. 4, 5 (Karte), S. 34 Nr. 1–3
- CD 2.11

1. Auf das Thema einstimmen

Schülerbuch S. 4, 5 (Karte)

Bitten Sie S, die Schülerbücher aufzuschlagen und sich die Karte anzusehen. Geben Sie S ein kurzes Rätsel auf (L: *Look at the map. Which country is it? It's south of Europe/Germany. There are mountains, rivers and beaches in this country. You can see wild animals in the national parks. People speak English in this country. The capital is Pretoria. It's in the south of Africa*). Fragen Sie S im Anschluss, was ihnen über Südafrika noch bekannt ist.

2. Bildbetrachtung zur Vorentlastung

Schülerbuch S. 34 Nr. 1

S betrachten die Fotos im Schülerbuch S. 34 und äußern sich zu diesen. Die Einführung unbekannter Wörter erfolgt anhand der Fotos. Unterstützen Sie die Bildbetrachtung, indem Sie zu jedem Bild eine falsche und eine richtige Aussage machen (→ **Alternativaussagen**). S wiederholen die richtige Aussage.

a) *The people in the townships have a lot of money. > don't have a lot of money.*
b) *The man is a zoo keeper. > park ranger.*
c) *The men play football. > rugby.*
d) *Rand is Indian money. > South African*

Lesen Sie die Bilderunterschriften und lassen Sie S diese wiederholen (→ **Chorsprechen**).

3. Hörverstehen üben

Schülerbuch S. 34 Nr. 1, 2, CD 2.11

Stellen Sie vorab eine *while-listening*-Aufgabe: L: Wer spricht? S schließen ihre Schülerbücher. Spielen Sie die CD vor. S teilen mit, wer spricht und was sie verstanden haben. S schlagen dann ihre Schülerbücher auf und deuten während des zweiten Hörens der CD auf die Bilder. Bitten Sie S zu äußern, ob ihnen Unterschiede zwischen Südafrika und Deutschland auffallen, und wenn ja, welche. Fassen Sie gemeinsam mit S den Inhalt zusammen. Falls es Unklarheiten gibt, spielen Sie die CD ein weiteres Mal vor, stoppen Sie nach jedem Sinnabschnitt und besprechen Sie das Gehörte. Lesen Sie gemeinsam die Hörverstehensfragen und klären Sie die Aufgabenstellung. Spielen Sie die CD erneut vor und bitten Sie S, sich Notizen zu den Antworten zu machen. Nun beantworten S die Fragen in Einzelarbeit und besprechen sie anschließend im Plenum.

Hörtext 2.11
Look, listen and answer.
Megan: *Hi, my name is Megan and I live in Cape Town. Cape Town is a big city in South Africa. There are many townships here in Cape Town. The people in the townships don't have a lot of money. There are groups of people who help in the townships. I want to stay in Cape Town for a year after school and do voluntary work in a township too. I love animals. My dream job is to be a park ranger. Last year, I did my work experience at Kruger National Park. I worked with the park rangers. That was great! In my free time, I like watching rugby. I'm a big fan of our national rugby team, the Springboks. I'm saving my pocket money to buy a ticket for their next big game. It's 200 Rand. I still have to save a lot of money for that …*

Hinweise: Bis zum Ende der Apartheid mussten Schwarze in Kapstadt in eigenen Wohnsiedlungen leben, den *townships*. Heute bezeichnet der Begriff *township* bestimmte Stadtviertel von Kapstadt (ohne verordnete Rassentrennung), meist am Stadtrand, mit schlechter Infrastruktur und Bausubstanz. Informationen zur Rugby-Nationalmannschaft *Springboks* finden sich im Webcode im Schülerbuch S. 40. 10 Rand entsprechen zur Zeit ca. 1,02 Euro. Für aktuelle Werte nutzen Sie bitte Währungsumrechner im Internet.

4. Sprachliche und soziale Kompetenz fördern

Schülerbuch S. 34 Nr. 3

Diese Aufgabe zeigt S durch Stellen von Fragen an Megan, wie man mit neuen Bekanntschaften Smalltalk führen kann. Lesen Sie gemeinsam mit S die zwei Fragen im Schülerbuch und klären Sie das Ziel dieser Aufgabe. Erarbeiten Sie zunächst gemeinsam weitere Fragen über Südafrika. Danach lösen S Nr. 3 in Partnerarbeit. Weisen Sie S darauf hin, dass sie die Fragen an Megan nicht unbedingt an den Hörtext aus Nr. 2 anpassen müssen. Antworten müssen Sie oder S dazu nicht finden. Zum Abschluss tragen einzelne Paare ihre Smalltalk-Fragen vor.

Stunde 2: Zukunftspläne – Partnerschaft, Familie, Wohnsituation, Finanzen

Wortschatz
bathroom, children, clothes, flat, get married, house, living room, stay single

Redemittel
bekannt

Material
- Schülerbuch S. 35 Nr. 4
- Arbeitsheft S. 35 Nr. 1, 2
- CD 2.12
- Arbeitsheft-CD 24

1. Gelerntes festigen, das Thema vorbereiten

Führen Sie als Teil des → **Einstiegsrituals** ein Unterrichtsgespräch mit bekannten Redemitteln über *future plans* und *spending money* (→ **Spiralförmiges Lernen**). Bereiten Sie parallel dazu an der Tafel eine Mindmap zum Thema *future plans* vor. Beginnen Sie mit dem Oberbegriff *spending money* und notieren Sie die dazu gehörigen Begriffe (L: *What do you think – how much is a car/mobile/jacket/skirt/…? After school you have to spend a lot of money on …*). Fragen Sie S nach ihren Zukunftsplänen, greifen Sie dabei auf bekannten Wortschatz (*dream job, girlfriend, boyfriend, family*) zurück (L: *What do you want to be? Do you want to have a girlfriend / …? …*).

2. Mindmap erarbeiten, Wortschatz einführen

Schülerbuch S. 35 Nr. 4, CD 2.12

Erweitern Sie Ihre Mindmap gemeinsam mit S nach dem im Schülerbuch vorgegebenen Muster: Fügen Sie die Oberbegriffe *family, dream flat/house* hinzu und ermuntern Sie S, Beispiele zu finden, die zu den Oberbegriffen passen. Ergänzen Sie diese durch Einführen der neuen Wörter. Vergleichen Sie nun mit S die gemeinsam erarbeitete Mindmap mit der im Schülerbuch und gehen Sie nochmals auf den neuen Wortschatz ein. Spielen Sie die CD vor. Beim zweiten Hören der CD deuten S im Schülerbuch auf die neuen Wörter. Beim erneuten Hören sprechen S die Wörter mit (→ **Chorsprechen**). Führen Sie das Hören und Chorsprechen mehrere Male durch. Variieren Sie das Chorsprechen, indem Sie unterschiedliche Gruppen sprechen lassen (*Now all pupils who want / don't want to get married / stay single …*).
Anschließend überträgt jeder S die Begriffe der Mindmap in sein Heft und ergänzt gemäß Nr. 4 b den Oberbegriff *spending money* durch weitere Beispiele des Tafelbildes oder durch eigene Ideen. Hierfür können S das Wörterbuch benutzen. Vergleichen Sie die Ergebnisse.

Hörtext 2.12:
Listen and repeat. Future plans.
Family: have a girlfriend, have a boyfriend, get married, stay single, have children
Dream flat, dream house: bathroom, living room, bedroom, kitchen
Spending money: clothes, mobile, car

3. Hörverstehen üben, Wortschatz schreiben

Arbeitsheft S. 35 Nr. 1, Arbeitsheft-CD 24

Bitten Sie S, ihre Arbeitshefte aufzuschlagen. Sehen Sie sich gemeinsam die Bilder an. Spielen Sie den Hörtext vor (Hörtext siehe S. 85 Nr. 1). S teilen mit, was sie verstanden haben. Beim zweiten Hören schreiben S die entsprechenden Zahlen in die Kästchen (Nr. 1 a). Führen Sie die Ergebniskontrolle im Plenum durch. S lösen Nr. 1 b in Einzelarbeit mithilfe des Reservoirs. Lassen Sie die Ergebnisse als → **Schülerkette** präsentieren.
Hinweis: Die Nummerierung in Nr. 1 b entspricht der Zählung der Sätze im Hörtext.

4. Leseverstehen, Schreiben festigen

Arbeitsheft S. 35 Nr. 2

S lösen die Aufgabe mithilfe des Reservoirs. Sie eignet sich als Hausaufgabe. Zur mündlichen Nachbereitung können Sie bei geschlossenem Arbeitsheft die Aussagen in anderer Reihenfolge als Rätsel vortragen (L: *What room is it? You sleep in this room. / …*).

5. Transfer

Arbeitsheft S. 35 Nr. 1 b

Lesen Sie die Zukunftspläne von Ray und Corinna vor. Regen Sie S an, ihre Meinung dazu zu äußern und erste eigene Pläne zu nennen.
L: *Ray wants to get married. What do you think? What are your future plans?*
S: *I agree. I want to get married too. / I don't agree. I want to stay single. …*

6. Didaktische Reserve

Stellen Sie S ein Rätsel analog zu Arbeitsheft S. 35 Nr. 2. Verwenden Sie dafür bekannten Wortschatz und bekannte landeskundliche Fakten aus *Klick! Englisch 1 bis 5* (z. B. L: *It's a lake. A monster lives in this lake. / It's the day after Sunday. / It's the month before April. / …*).

Stunde 3: Ein Blick in die Zukunft – Dialoge über finanzielle Ausgaben führen

Wortschatz bekannt **Redemittel** bekannt	**Material** – Schülerbuch S. 35 Nr. 5 – Arbeitsheft S. 36 Nr. 1, 2, DK 7 – CD 2.13 – Arbeitsheft-CD 25, 39

1. Wortschatz und Redemittel wiederholen

Zum→ **Einstiegsritual** bleibt das Schülerbuch geschlossen. Erstellen Sie mit S ein → ***acrostic*** (siehe S. 87). Schreiben Sie dazu *future plans* senkrecht untereinander an die Tafel. Andere Wörter mit Bezug zum Thema werden waagerecht um das senkrechte Startwort angeordnet. Geben Sie Hilfestellung. Hier ist ein Beispiel:

family	s**p**end money
So**u**th Africa	have chi**l**dren
s**t**ay single	fl**a**t
dream ho**u**se	livi**n**g room
ca**r**	clothe**s**
get marri**e**d	

Nennen Sie einen Zukunftsplan für einen bestimmten Zeitpunkt und bitten Sie S, in einer → **Schülerkette** fortzufahren (L: *In ten years, I will live in a big house. What about you? …*).

2. Bildbetrachtung zur Vorentlastung

Schülerbuch S. 35 Nr. 5

S öffnen ihre Schülerbücher. Betrachten Sie gemeinsam das Bild und lenken Sie die Aufmerksamkeit auf die Bildüberschrift *Megan at age 26*. Besprechen Sie gemeinsam die Bedeutung.

3. Hörverstehen und Lesen üben

Schülerbuch S. 35 Nr. 5, CD 2.13

Bitten Sie S, ihre Schülerbücher zu schließen. Geben Sie S den Auftrag, beim Hören des Dialogs darauf zu achten, wer spricht und was der Anlass des Gesprächs ist. Spielen Sie den Dialog vor (Text entspricht Schülerbuch S. 35 Nr. 5 a). S teilen mit, was sie verstanden haben. Stellen Sie vor dem erneuten Hören Fragen zum Hörtext (L: *What would Megan like to buy? What do they have to save their money for? What does the baby need?*). Spielen Sie die CD erneut vor, S machen sich evtl. Notizen zu den von Ihnen gestellten Fragen. Bitten Sie S nach dem Hören, diese zu beantworten.
S öffnen ihre Schülerbücher. Bitten Sie S, den Dialog beim erneuten Hören leise mitzulesen (→ ***buzz reading***). Danach lesen S den Dialog in Partnerarbeit mit verteilten Rollen.

4. Dialogisches Sprechen festigen

Schülerbuch S. 35 Nr. 5, DK 7, Arbeitsheft-CD 39

Bitten Sie S, die im Dialog grün markierten Wörter durch andere Wörter zu ersetzen. Führen Sie dies zunächst gemeinsam mit S durch. In Partnerarbeit üben lernstärkere S eigenständig weitere Variationen (L: *Look at the mindmap for new words.*). Lernschwächere S üben den Dialog mithilfe der Dialogkarte 7 und dem zugehörigen Hörtext als Sprachvorbild (Hörtext 39 entspricht Schülerbuch S. 35 Nr. 5 a). Einzelne Schülerpaare tragen ihre Dialoge vor (→ **Dialoge und Rollenspiele**).

5. Hörverstehen üben

Arbeitsheft S. 36 Nr. 1, Arbeitsheft-CD 25

Die Arbeitshefte sind geschlossen. Nach dem ersten Hören der CD geben S den wesentlichen Inhalt des Dialogs wieder. Beim zweiten Hören achten S darauf, für was Patrick Geld ausgiebt. Nun betrachten S die Bilder im Arbeitsheft, identifizieren und nennen die Ausgabenposten. Beim dritten Hören kreuzen S die Kästchen an (Hörtext siehe S. 85 Nr. 2). Die Ergebniskontrolle erfolgt im Plenum (L: *What **doesn't** Patrick spend his money on? Look at the pictures. – family/children, computer*).

6. Leseverstehen, Schreiben üben

Arbeitsheft S. 36 Nr. 2 a

Lesen Sie den Text zunächst gemeinsam mit S mithilfe des Reservoirs. Anschließend lösen S die Aufgabe in Einzelarbeit. S vergleichen die Ergebnisse durch Vorlesen.

7. Sprechkompetenz festigen, Transfer

Arbeitsheft S. 36 Nr. 2 b, c

Die Aufgabe knüpft an die Meinungsäußerung zum Diagramm in Unit 3, Schülerbuch S. 30 Nr. 3 an (→ **Spiralförmiges Lernen**). Beginnen Sie mit lernstärkeren S das Klassengespräch nach vorgegebenem Muster (Nr. 2 b). Danach kann die Meinungsabfrage reihum innerhalb von Dreiergruppen erfolgen (→ **Gruppenbildung**).
Demonstrieren Sie den Kurzdialog (Nr. 2 c) zunächst mit lernstärkeren S. Anschließend üben S diesen in Partnerarbeit mit wechselnden Rollen. Leisten Sie individuelle Hilfestellung.

Stunde 4: Wünsche für eine Traumwohnung formulieren

Wortschatz
bekannt

Redemittel – Wiederholung und Erweiterung
- *What kind of flat would you like?*
- *I'd like a flat with a living room and a modern bathroom.*

Material
- Schülerbuch S. 36 Nr. 1, *Extra Practice:* S. 50 Nr. 1, 2
- Arbeitsheft S. 37 Nr. 1–3, *Extra Practice:* S. 53 Nr. 1
- CD 2.14
- Arbeitsheft-CD 26
- Zeitungsanzeigen mit Mietangeboten auf Englisch oder auf Deutsch

1. Thema vorbereiten, Redemittel einführen

Mietangebote, Schülerbuch S. 36 Nr. 1 a

Nach dem ➞ **Einstiegsritual** präsentieren Sie die mitgebrachten Mietangebote. Äußern Sie Ihre Vorstellungen (z. B. L: *I'd like a big flat not far from our school.*) und schreiben Sie die Satzstruktur an die Tafel: *I'd like …* Fragen Sie S nach ihren Vorstellungen (L: *Would you like a big flat not far from school too?*) und schreiben Sie die Frage an die Tafel: *Would you like …?*. Helfen Sie S bei der Beantwortung, indem Sie die Antwortalternativen vorstellen und ebenfalls an die Tafel schreiben (*Yes, I would. / No, I wouldn't.*). Fragen Sie anschließend genauer nach dem Wunsch der S und führen Sie dabei das neue Redemittel ein (L: *What kind of flat would you like?*). Notieren Sie es an der Tafel: *What kind of … would you like?*. Helfen Sie S bei den Antworten. Anschließend befragen sich S gegenseitig mit dem neuen Redemittel in einer ➞ **Schülerkette** (S 1: *What kind of flat/car/mobile/… would you like?* S 2: *I'd like …*).
Bitten Sie S, die Bilder im Schülerbuch zu betrachten und Vermutungen über die Situation zu äußern. Klären Sie anschließend in einem Unterrichtsgespräch das Thema Wohnungssuche: *Wo findet man Angebote für Wohnungen? Was sind die Aufgaben eines Wohnungsmaklers? Worauf achtet man bei Wohnungsanzeigen in Zeitungen? Wie vereinbart man Besichtigungstermine? …*

2. Hörverstehen und Lesen üben

Schülerbuch S. 36 Nr. 1 a, CD 2.14

S schließen die Schülerbücher. Spielen Sie die CD vor (Text entspricht Schülerbuch S. 36 Nr. 1 a). S teilen mit, was sie verstanden haben. Spielen Sie die CD erneut vor. S öffnen ihre Schülerbücher, betrachten die Bilder und ergänzen evtl. ihre Aussagen. S üben den Dialog zunächst durch Nachsprechen (➞ **Chorsprechen**), anschließend lesen sie ihn mehrmals mit verteilten Rollen vor. Finden Sie im Anschluss gemeinsam weitere Beispiele für die grün markierten Redemittel. Lassen Sie S den Text erneut vorlesen.

3. Redemittel, dialogisches Sprechen üben

Schülerbuch S. 36 Nr. 1 b

Führen Sie zunächst mit lernstärkeren S mehrere Dialoge exemplarisch durch, indem S die grün markierten Redemittel durch die im Reservoir vorgeschlagenen Beispiele ersetzen. Im Anschluss üben S in Partnerarbeit die Dialoge.

4. Hör-, Leseverstehen und Schreiben üben

Arbeitsheft S. 37 Nr. 1, 2, Arbeitsheft-CD 26

Spielen Sie den Hörtext zunächst bei geschlossenen Arbeitsheften vor (Hörtext siehe S. 85 Nr. 3). S nennen Vermutungen zum Inhalt der Szenen. S schlagen ihre Arbeitshefte auf, betrachten die Bilder und benennen die dargestellten Räume. Beim zweiten Hören der CD deuten S auf die entsprechenden Bilder. Beim dritten Hören kreuzen S die Kästchen an (Nr. 1 a). S tragen die Ergebnisse vor (S: … (Name) *would like a flat with …*). Danach schreiben S in Einzelarbeit die Sätze (Nr. 1 b). Die Ergebniskontrolle erfolgt durch lautes Vorlesen im Plenum.
S lesen die Wohnungsanzeigen in Nr. 2, vergleichen sie mit der ausgefüllten Tabelle in Nr. 1 a und tragen die Namen bei den entsprechenden Anzeigen ein. S vergleichen ihre Ergebnisse zunächst mit einem Partner, dann im Plenum.

5. Schreiben und Sprechen üben, Transfer

Arbeitsheft S. 37 Nr. 3

S bereiten die Aufgabe schriftlich in Einzelarbeit vor. Danach tauschen sie sich mit einem Partner aus. Einzelne S stellen ihre Traumwohnung im Plenum vor.
Beschreibung einer Variation zu dieser Übung mit Gruppenarbeit siehe S. 87.

6. *Extra Practice*

Schülerbuch S. 50 Nr. 1, 2, Arbeitsheft S. 53 Nr. 1

An dieser Stelle können Sie für lernstärkere bzw. -schnellere S die Extraaufgaben in Schülerbuch und Arbeitsheft einsetzen.

Stunde 5: Über Zukunftspläne sprechen

Wortschatz
bekannt

Redemittel – Wiederholung und Erweiterung
- *What are your future plans?*
- *I think I'll get married. I hope I'll have a nice flat.*
- *I don't think I'll have children.*

Material
- Schülerbuch S. 36 Nr. 2, *Extra Practice:* S. 50 Nr. 3
- Arbeitsheft S. 38 Nr. 1–3, *Extra Practice:* S. 53 Nr. 2
- CD 2.15
- Arbeitsheft-CD 27

1. Thema vorbereiten, Redemittel einführen

Präsentieren Sie S als Teil des → **Einstiegsrituals** Beispiele für Zukunftspläne (z. B. L: *I'll tell you about my future plans: I think I'll have a dog. I hope I'll stay in this town. I don't think I'll live in a big city*). Schreiben Sie die Satzanfänge an die Tafel: *I think I'll … / I hope I'll … / I don't think I'll …*. Rufen Sie S in Erinnerung, dass die Abkürzung *…'ll* für *will* steht. Notieren Sie an einer anderen Stelle der Tafel die von Ihnen genannten Zukunftspläne in der Grundform (z. B.: *have a dog / stay in this town / live in a big city / …*). Bitten Sie S, selbst Zukunftspläne zu nennen und sammeln Sie diese ebenfalls in der Grundform an der Tafel. Teilen Sie S mit, dass sie nicht ihre persönlichen Zukunftspläne preisgeben müssen, sie können einfach Sprachbeispiele nennen. Fordern Sie S auf, sich gegenseitig in einer → **Schülerkette** nach ihren Zukunftsplänen zu befragen (S 1: *What are your future plans?* S 2: *I think I'll …*). S können die Tafelanschriften als Hilfsmittel nutzen.

2. Hörverstehen üben

Schülerbuch S. 36 Nr. 2 a, CD 2.15

Spielen Sie die CD bei geschlossenen Schülerbüchern vor. S äußern, wer spricht und was sie verstanden haben. Spielen Sie die CD bei geöffneten Schülerbüchern erneut vor und sprechen Sie über den Inhalt. Bitten Sie S, beim dritten Hören der CD auf die Bilder a bis d zu deuten. Stoppen Sie bei einer weiteren Darbietung die CD in den vorgesehenen Pausen, um S Zeit zu geben, den Buchstaben des Bildes zu notieren, das zu dem gehörten Textabschnitt passt. S lesen anschließend die Reihenfolge der Buchstaben vor. Spielen Sie die CD weitere Male vor und lassen Sie S den Text leise mitsprechen.

Hörtext 2.15:
Listen and match the text on the CD to the pictures.

Boy: *What are your future plans, Carol?*
Carol: *First, I want to work. I hope I'll get my dream job! I want to be a hairdresser. Then I hope I'll find a nice flat. After that I think I'll learn to drive. I don't think I'll get married.*

3. Dialogisches Sprechen üben

Schülerbuch S. 36 Nr. 2 b

Erarbeiten Sie zunächst gemeinsam mit S mehrere Kurzdialoge mithilfe des Reservoirs. Anschließend üben S in Partnerarbeit die Dialoge. Achten Sie darauf, dass S 2, nachdem er die Frage von S 1 beantwortet hat, gleich dieselbe Frage an S 1 stellt (S 2: *… What about you? What are your future plans?*). Zum Schluss präsentieren einzelne Schülerpaare ihre Dialoge der Klasse.

4. Hörverstehen üben

Arbeitsheft S. 38 Nr. 1, Arbeitsheft-CD 27

Spielen Sie die CD vor (Hörtext siehe S. 86 Nr. 4). S teilen mit, wer spricht, was der Anlass ist und was sie verstanden haben. S öffnen ihre Arbeitshefte. Beim zweiten Hören deuten S auf die jeweiligen Bilder (obere Reihe *S = Sam*, untere Reihe *J = Jennifer*). Während des erneuten Hörens zeichnen S das entsprechende Smiley in die Kästchen. S vergleichen die Ergebnisse.

5. Redemittel, Schreiben festigen

Arbeitsheft S. 38 Nr. 2

Mithilfe des Reservoirs lösen S in Einzelarbeit die Aufgabe. Geben Sie den Hinweis, dass im 3. Satz zu Sam und im 4. Satz zu Jennifer jeweils zwei Bildinhalte aus Nr. 1 zusammengeführt werden müssen (S: *… get married and have a … car.* J: *… live in a … flat and have … money.*). Die Ergebniskontrolle erfolgt als → **Schülerkette**.

6. Transfer

Arbeitsheft S. 38 Nr. 3

S lösen die Aufgabe in Einzelarbeit. Sie eignet sich als Hausaufgabe. Lernschwächere S können das Reservoir von Nr. 2 zur Orientierung für ihre Antworten nutzen. Falls S bereit sind, einem Partner persönliche Pläne preiszugeben, können sie sich zur Kontrolle mündlich mit ihm austauschen.

7. *Extra Practice*

Schülerbuch S. 50 Nr. 3, Arbeitsheft S. 53 Nr. 2

An dieser Stelle eignen sich die Extraaufgaben für lernstärkere bzw. -schnellere S.

Stunde 6: Textarbeit: Mietgesuch, Grundriss erfassen, erstellen, präsentieren

Wortschatz
bekannt

Redemittel
bekannt

Material
- Schülerbuch S. 37 Nr. 3
- Arbeitsheft S. 37 Nr. 3, DK 8
- CD 2.16
- Arbeitsheft-CD 40
- Wohnungsgrundriss auf Overheadfolie
- Wörterbücher, evtl. PC, 2 DIN-A4-Blätter pro S
- Overheadfolien oder Tapetenrolle

1. Gelerntes festigen, das Thema vorbereiten

Arbeitsheft S. 37 Nr. 3, Wohnungsgrundriss

Präsentieren Sie nach dem → **Einstiegsritual** einen auf Overheadfolie kopierten Wohnungsgrundriss, auf dem die einzelnen Räume auf Englisch eingetragen sind (L: *Here is my dream flat. I'd like a flat with a big kitchen, ...*).
Greifen Sie auf Arbeitsheft S. 37 Nr. 3 aus Stunde 4 zurück, und fragen Sie S nach ihrer Traumwohnung (L: *What kind of flat would you like?*). Skizzieren Sie, während S ihre Traumwohnungen schildern, ein paar Grundrisse an die Tafel. Ermuntern Sie lernstärkere S, die Skizzen selbst an die Tafel zu zeichnen, während sie ihre Traumwohnung beschreiben, und die entsprechenden Räume auf Englisch in die Skizze einzutragen. Unterstützen Sie S dabei.

2. Hör-, Leseverstehen und Lesen üben

Schülerbuch S. 37 Nr. 3a, CD 2.16

Spielen Sie die CD bei geschlossenen Schülerbüchern vor (Text entspricht Schülerbuch S. 37 Nr. 3a). Fragen Sie nach der Textsorte (L: *Is it a story / an e-mail / a blog / an advert?*). Fordern Sie S auf, den wesentlichen Inhalt mitzuteilen. Bitten Sie S, bei weiteren Darbietungen der CD den Grundriss der gesuchten Wohnung zu skizzieren und so viele Informationen wie möglich zu notieren. Stoppen Sie die CD hierfür nach jedem Sinnabschnitt. S schlagen ihre Schülerbücher auf und lesen bei erneuter Darbietung der CD den Text leise mit (→ ***buzz reading***). Bitten Sie S, die Wörter zu nennen, die sie kennen. Nun vergleichen S ihre Skizzen mit dem Grundriss im Schülerbuch und ihre Notizen mit dem Text der Anzeige. Klären Sie evtl. offene Fragen zum Inhalt. Lassen Sie einzelne S anschließend den Text laut vorlesen. Sammeln Sie gemeinsam Ideen, um die grün markierten Wörter zu ersetzen.
Hinweis: Die im Schülerbuch genannte Miete von 600 Rand pro Woche entspricht zur Zeit ca. 62 Euro, also einer Monatsmiete von etwa 265 Euro. (das Wort *month* für Monat ist noch nicht bekannt). Für jeweils aktuelle Werte nutzen Sie bitte Währungsumrechner im Internet.

3. Ein Mietgesuch schreiben

Schülerbuch S. 37 Nr. 3b, Wörterbücher, evtl. PC

S schreiben nun in Einzelarbeit (lernschwächere S mit einem Partner) ein Mietgesuch in ihre Hefte. Dabei können sie einfach die grünen Wörter im Schülerbuchtext ersetzen oder auch eigene Ideen umsetzen. Sie nutzen dazu Wörterbücher und evtl. einen PC. Nr. 3b eignet sich auch als Hausaufgabe. Bei Unsicherheiten können S ihre Mietgesuche mit einem Partner oder im Plenum besprechen und wenn nötig korrigieren.

4. Wohnungsgrundriss zeichnen, präsentieren

Schülerbuch S. 37 Nr. 3c, 2 DIN-A4-Blätter pro S, Overheadfolien oder Tapetenrolle

Bitten Sie S, ihr Mietgesuch auf ein DIN-A4-Blatt zu übertragen, auf ein weiteres Blatt einen Grundriss dazu zu zeichnen und auf Englisch zu beschriften (Nr. 2c). Für die Präsentation gibt es verschiedene Möglichkeiten. Sie erfolgt je nach Klassenstärke im Plenum oder in Kleingruppen.
1. Kopieren Sie die Grundrisse der S auf Overheadfolien. S stellen daran im Plenum ihre Traumwohnung vor.
2. Bereiten Sie eine → **Galerie** vor: Schreiben Sie z. B. auf eine Tapetenrolle *FLATS WANTED*. S kleben Mietgesuche und Grundrisse zusammen auf die ausgebreitete Tapetenrolle. Einzelne S tragen die Beschreibung ihrer Traumwohnung vor und veranschaulichen diese mit dem Grundriss.
3. Es hängen nur die Mietgesuche an der → **Galerie**: Jeder S liest aus seinem Heft die Beschreibung seiner Traumwohnung vor. Die übrigen S suchen beim Zuhören die entsprechende Anzeige und heften den Grundriss an.

5. Dialogisches Sprechen üben

Arbeitsheft DK 8, Arbeitsheft-CD 40

Zur Schulung der Sprechkompetenz vereinbaren S in Partnerarbeit mithilfe der Dialogkarte 8 einen Termin für eine Wohnungsbesichtigung. Nach dem Anhören des Sprachvorbilds (Hörtext siehe S. 86 Nr. 5) üben S den Dialog paarweise. Achten Sie darauf, dass die Partner die Rollen tauschen. Danach tragen S ihre Dialoge im Plenum vor.

Stunde 7: Kompetenzerweiterung: Hörtexten wichtige Informationen entnehmen

Wortschatz
bekannt

Redemittel
bekannt

Material
- Schülerbuch S. 37 *Learning English*
- Arbeitsheft S. 41 Nr. 1, 2
- CD 2.17
- Arbeitsheft-CD 38, 28
- *Klick! Englisch 1* Schülerbuch S. 6, CD 6

1. Gelerntes festigen

Klick! Englisch 1 Schülerbuch S. 6 Nr. 2, 3, CD 6

Zur Einstimmung auf die Hörtexte können Sie im → **Einstiegsritual** den Rap *Numbers* aus *Klick! Englisch 1* gemeinsam sprechen. Um vor allem lernschwächere S auf die folgenden Übungen vorzubereiten, können Sie die englischen Zahlen wiederholen. Dazu gibt es verschiedene Möglichkeiten: 1. S nennen die Zahlenreihe rückwärts, 2. S nennen nur die geraden und dann die ungeraden Zahlen, 3. S spielen die Spiele *Bingo* (siehe *Klick! Englisch 1*, Schülerbuch S. 6 Nr. 3) oder *Wipe out*. Für *Wipe out* wird die Tafel durch eine senkrechte Mittellinie in zwei Hälften geteilt. Zwei S schreiben, jeweils an eine Tafelhälfte, die Zahlen, die Sie ihnen auf Englisch diktieren. Nennen Sie danach die Zahlen und lassen Sie zwei andere S auf diese deuten. Bilden Sie anschließend zwei Gruppen. Ein S jeder Gruppe steht vor der Tafel und hält einen leicht angefeuchteten Schwamm in der Hand. Ein S als Spielleiter gibt das Kommando, eine bestimmte Zahl wegzuwischen (S: *Wipe out number …*). S versuchen, möglichst schnell die Zahl zu finden und mit dem Schwamm zu entfernen.

2. In die Kompetenz einführen

Schülerbuch S. 37 *Learning English,* Arbeitsheft-CD 38

Kündigen Sie die Hörtexte zu *Learning English* an und rufen Sie S in Erinnerung, dass sie nicht alles auf Anhieb verstehen müssen. Zur Einführung in die Kompetenzerarbeitung bietet es sich an, einen bereits bekannten Hörtext als Vorab-Beispiel zu wählen. Bitten Sie S, auf Wörter zu achten, die sie kennen, und wichtige Informationen während des Hörens zu notieren, z. B. Namen, Uhrzeiten, Nummern. Spielen Sie die CD vor und besprechen Sie das Ergebnis des Hörauftrags (Hörtext siehe Unit 3, S. 62 Nr. 4).
Bitten Sie S nun, ihre Schülerbücher zu öffnen. Lesen Sie gemeinsam die Schritte 1. bis 4. im Kasten zu *Learning English* und erläutern Sie diese nochmals einzeln am gerade praktizierten Beispiel. Schritt 2. bezieht sich auf das Globalverstehen: Bitten Sie S, den wesentlichen Inhalt des Hörtextes zu formulieren.

3. Die Kompetenz üben

Schülerbuch S. 37 *Learning English*, CD 2.17

Weisen Sie S vor dem Hören darauf hin, dass es sich um drei Hörtexte handelt. In lernschwächeren Lerngruppen bietet es sich an, jeden der drei Texte einzeln mehrmals vorzuspielen und die Schritte 1. bis 4. zu üben, bevor Sie zum nächsten Text übergehen (Hörtext siehe S. 86 Nr. 6). Lernstärkere Gruppen hören sich alle drei Texte mehrfach an und versuchen, bei einem Hördurchgang immer einen der vier Schritte anzuwenden. Bei Schritt 2. sollten Sie Wortschatz bzw. Inhalte klären, um sicherzugehen, dass alle S die Texte global verstanden haben, bevor sie zu den Schritten 3. und 4. übergehen. Der Notizzettel im Schülerbuch bezieht sich auf den ersten der drei Hörtexte. Die Notizzettel zum zweiten und dritten Hörtext erstellen S gemäß Schritt 3. selbst oder gemeinsam im Plenum (z. B. Hörtext 2: *Holiday at: (Kruger National Park); How much?: (180 Rand); How much for children?: (90 Rand);* Hörtext 3: *Megan's mobile number: …*). Prüfen Sie die ausgefüllten Notizzettel im Plenum.

4. Die Kompetenz anwenden

Schülerbuch S. 37 *Learning English*,
Arbeitsheft S. 41 Nr. 1, 2, Arbeitsheft-CD 28

Auf der Portfolioseite zu *Learning English* wenden S die Kompetenz zum Hörverstehen an. Hier werden die im Schülerbuch beschriebenen Arbeitsschritte 1. bis 4. umgesetzt. Machen Sie S die Vorgehensweise bewusst, indem Sie gemeinsam die Arbeitsaufträge im Arbeitsheft lesen und zu den Arbeitsschritten im Schülerbuch in Bezug setzen. Nr. 1 umfasst das Globalverstehen, wobei sich die Teilaufgaben jeweils auf die folgenden Schritte beziehen: Nr. 1 a auf Schritt 1., Nr. 1 b auf Schritt 2., Nr. 1 c auf Schritt 3. Nr. 2 umfasst das Detailverstehen und bezieht sich auf Schritt 4. Wichtig: Weisen Sie S darauf hin, dass sie in Nr. 1 c **keine** Detailinformationen eintragen sollen. S sollen lediglich erkennen und ankreuzen, welche Arten von Informationen in den Texten vorkommen. Führen Sie im Anschluss die Bearbeitung der Aufgaben gemäß den Anweisungen durch (Hörtext siehe S. 86 Nr. 7). Für lernschwächere S eignet sich Partnerarbeit für alle Aufgaben. Die Ergebniskontrolle erfolgt im Plenum.

Stunde 8: Zeitungsinterview erschließen; Transfer: Plakat fertigen, präsentieren

Wortschatz
Good luck!, hope, miss, worry

Redemittel
- *I'm worried I won't …*

Material
- Schülerbuch S. 37 *Learning English*, S. 38 Nr. 1–3
- Arbeitsheft S. 39 Nr. 1–3
- CD 2.18
- Bilder (Zeitschriften, Kataloge) zu *future plans*
- Papierbögen, Kleber, Stifte je nach Anzahl der S

1. Gelerntes festigen, das Thema vorbereiten

Zum → **Einstiegsritual** bleibt das Schülerbuch geschlossen. Präsentieren Sie als Sprachvorbild beispielhaft Hoffnungen für Ihre Zukunft und wiederholen Sie daran die Verwendung des Verbs *hope* (z. B. L: *These are my hopes for the future: I hope I'll get a good job. I hope I won't live with my parents.*). Schreiben Sie diese zwei Satzanfänge an die Tafel: *I hope I'll …; I hope I won't ….* Führen Sie dann das neue Redemittel *I'm worried I won't …* ebenfalls anhand von Beispielen ein (z. B. *I'm worried I won't have a nice flat / earn enough money / …*) und schreiben Sie den Satzanfang an die Tafel. Notieren Sie daneben Hoffnungen und Sorgen für die Zukunft in der Grundform (z. B.: *have a lot of money / be happy/disappointed/sad / have good/bad friends / …*). S nennen weitere Beispiele. Schreiben Sie diese ebenfalls in der Grundform an die Tafel. Zum Schluss ergänzen Sie noch eine Überschrift: *What are your hopes and worries for the future?*
Sie können nun mit S ein Spiel durchführen, in dem sie die Redemittel aktiv anwenden. Siehe Beschreibung dazu auf S. 87.

2. Kompetenz der Hörtexterschließung anwenden

Schülerbuch S. 37 *Learning English*, S. 38 Nr. 1, 2, CD 2.18

Die Schülerbücher sind geschlossen. Geben Sie den Auftrag, beim Hören darauf zu achten, um welche Art von Text es sich handelt. Erinnern Sie S an *Learning English* im Schülerbuch S. 37 und fassen Sie mit S die Schritte zur Erschließung eines Hörtextes zusammen: Textsorte, Globalverstehen, wichtige Informationen notieren. Spielen Sie die CD vor (Text entspricht Schülerbuch S. 38 Nr. 1) und bitten Sie S mitzuteilen, was sie verstanden haben.
S öffnen ihre Schülerbücher. Spielen Sie die CD ein zweites Mal vor, S lesen das Interview leise mit. Bitten Sie S, bekannte Wörter im Text zu nennen. Erfragen Sie den wesentlichen Inhalt und vergleichen Sie dies mit den zuvor gemachten Aussagen. Lassen Sie die neuen Wörter aus dem Kontext erschließen. Beim erneuten Vorspielen achten S auf wichtige Informationen und notieren diese stichpunktartig. Stoppen Sie hierfür die CD nach jedem Abschnitt. S vergleichen ihre Notizen im Plenum. Nach einem weiteren → ***buzz reading*** zur CD lesen S das Interview in Partnerarbeit mit verteilten Rollen. Einzelne Paare tragen das Interview als Rollenspiel vor.
S erarbeiten Nr. 2 in Einzelarbeit und vergleichen ihre Antworten mit einem Partner. Danach tragen einzelne Paare die Fragen und die von ihnen erarbeiteten Antworten vor. Bitten Sie S zum Schluss, Bens Wünsche auf Deutsch zu formulieren (→**Sprachmittlung**).

3. Kompetenz der Texterschließung festigen

Arbeitsheft S. 39 Nr. 1

S markieren selbstständig den Text nach den geforderten Kriterien (Nr. 1 a) und exzerpieren die Textstellen in die Tabelle (Nr. 1 b). Lernschwächere S arbeiten mit einem Partner. Die Kontrolle erfolgt im Plenum.

4. Schreibkompetenz, Wortschatz festigen

Arbeitsheft S. 39 Nr. 2, 3

S lösen Nr. 2 in Einzelarbeit, vergleichen dann mit einem Partner und abschließend im Plenum. Nr. 3 vertieft spielerisch *language awareness* und eignet sich als Hausaufgabe. Zur Überprüfung bilden S zu Beginn der nächsten Stunde Sätze mit den zusammengesetzten Wörtern.

5. Projekt: Ein Plakat erstellen, präsentieren

Schülerbuch S. 38 Nr. 3, Bilder zu *future plans*, Papierbögen, Kleber, Stifte

Besprechen Sie mit S die Bilder. Sammeln Sie gemeinsam englische Begriffe zu *future plans* an der Tafel. Als Überschrift bietet sich an: *My hopes and worries for my life at age 20.* Schreiben Sie die Textstruktur an die Tafel (*I'll miss …; I hope I'll …*). S können die Plakate in Einzel- oder Partnerarbeit erstellen. Jedes Team erhält Material. Die Präsentation kann als Interview gestaltet werden: S 1 stellt als *reporter* S 2 die Fragen aus Nr. 3. S 2 beantwortet die Fragen, indem er sein Plakat präsentiert und gleichzeitig versprachlicht. Die Plakate können in einer → **Galerie** ausgestellt und präsentiert werden.

Stunde 9: Cartoon – Text erschließen, über Inhalt reflektieren und diskutieren

Wortschatz
company, late, learn, maybe, of, rich

Redemittel
bekannt

Material
- Schülerbuch S. 39 Nr. 1–4
- Arbeitsheft S. 40 Nr. 1
- CD 2.19
- Sprechblasen aus einer vergrößerten Kopie des Cartoons

1. Auf das Thema einstimmen

Initiieren Sie als Teil des → **Einstiegsrituals** eine → **Schülerkette** und ermuntern Sie S, Zukunftsträume zu äußern, egal wie unwahrscheinlich sie klingen. Führen Sie in ihrem Sprachbeispiel dazu einen Teil der neuen Wörter ein und lassen Sie diese von S aus dem Kontext erschließen (L: *When I'm older I'll be the boss of a big company. / I'll be very rich. / I'll be a film star. / … What about you?*).

2. Bilder als Verständnishilfe nutzen

Schülerbuch S. 39 Nr. 1

S betrachten die Bilder des Cartoons im Schülerbuch und äußern Vermutungen über die Situation. Bitten Sie S, im Text Wörter zu finden, die sie kennen. Klären Sie unbekannte Wörter.

3. Hörverstehen üben

CD 2.19

Bitten Sie S, die Schülerbücher wieder zu schließen. Spielen Sie die CD vor (Text entspricht Schülerbuch S. 39 Nr. 1). S teilen mit, was sie beim ersten Hören verstanden haben. Vertiefen Sie beim zweiten Vorspielen der CD das Hörverstehen, indem Sie zum Inhalt Höraufträge stellen. (z. B. L: *What are Jim's hopes for the future? Does Megan agree?*). S machen sich Notizen.

4. Leseverstehen üben

Schülerbuch S. 39 Nr. 1, 2, CD 2.19

S öffnen ihre Schülerbücher. Während des erneuten Hörens der CD deuten S auf jedes Bild und lesen den Text leise mit (→ ***buzz reading***). Vertiefen Sie das Leseverstehen, indem Sie zum Inhalt → **Alternativaussagen** machen. Ist die Aussage richtig, wiederholen S diese im Chor. Ist die Aussage falsch, korrigieren S diese.
Beispiel:
Jim thinks he'll …
- *… earn a lot of money.* ✓
- *… live in the biggest flat in Cape Town.* > *house*
- *… be the boss of a big film company.* > *car*

S finden in Partnerarbeit einen Titel für den Cartoon und begründen ihre Wahl im Plenum.

5. Lesen üben, den Cartoon nachspielen

Schülerbuch S. 39 Nr. 1, CD 2.19, Zettel mit Sprechblasen

Teilen Sie die Klasse in zwei Gruppen ein. Jede Gruppe übernimmt eine Rolle und übt das Lesen des Cartoons parallel zur CD. Die Gruppen tauschen die Rollen. Fertigen Sie eine vergrößerte Kopie des Cartoons an. Schneiden Sie die Sprechblasen aus. Verteilen Sie die elf Sprechblasen an elf S. Bitten Sie nun diese elf S, sich gemäß des Textes ihrer Sprechblase so zu platzieren, dass die Sprechblasen, nacheinander gelesen, den Dialog des Cartoons ergeben. Die S, die keine Sprechblase erhalten haben, können durch Vorlesen des Textes Hilfestellung leisten. Wiederholen Sie dies mehrmals, so dass alle S an die Reihe kommen. Diese Aktivität kann in eine szenische Darstellung des Cartoons münden: Während die elf S ihre Sprechblasen chronologisch vorlesen, stellen zwei S die Szene pantomimisch dar (→ **Dialoge und Rollenspiele**).

6. Textverstehen, Schreiben festigen

Schülerbuch S. 39 Nr. 3, Arbeitsheft S. 40 Nr. 1

In Schülerbuch Nr. 3 wird der Ablauf der Handlung durch *matching* erschlossen. Hierbei werden die Sätze durch die richtige Kombination von Zahl und Buchstaben zusammengesetzt. In Arbeitsheft Nr. 1 ordnen S die Aussagen im Reservoir den Bildern des Cartoons zu und schreiben sie auf. S lösen diese Aufgaben in Einzelarbeit. Die Kontrolle erfolgt durch Vorlesen im Plenum. Arbeitsheft Nr. 1 eignet sich als Hausaufgabe.

7. Sprechkompetenz festigen

Schülerbuch S. 39 Nr. 4

S entwerfen zunächst, je nach Leistungsstand in Einzel- oder Partnerarbeit, weitere Meinungsäußerungen zum Cartoon nach dem Vorbild im Schülerbuch (z. B. *I think Megan is right/wrong about Jim. / I think Megan will earn more money than Jim. / I think Jim should think about school more. / …;* bei Partnern: *We think …*) Anschließend bringen S ihre Meinungen im Klassengespräch ein, die anderen S stimmen zu oder lehnen ab. Die Ablehnung *I don't agree.* kann erweitert werden durch *I think Jim will …*

Stunde 10: Südafrika – Nelson Mandela; Einblick in Natur, Tiere, Tourismus

Wortschatz
°beautiful, °buffalo, °elephant, °fight, °free, °leopard, °lion, °national park, °president, °prison, °rhino(ceros), °safari, °show, °together, °tourist, °wild

Redemittel
– *°for … years, °round the world, °forever more*

Material
– Schülerbuch S. 34 Nr. 1, 2, S. 40 Nr. 1, 2
– Arbeitsheft S. 40 Nr. 2
– CD 2.11, 2.20, 2.21
– Wandkarte von Südafrika
– Material (Bilder, Informationen) zu Südafrika
– kopiertes, zerschnittenes Gedicht für je zwei S
– Webcode KLEN319374-40, PC, Internet
– *Klick! Englisch 4* Schülerbuch S. 38, CD 2.21

1. Landeskundliches Vorwissen aktivieren

Schülerbuch S. 34 Nr. 1, 2, CD 2.11, Wandkarte von Südafrika, Bild- und Informationsmaterial

Regen Sie S im → **Einstiegsritual** an, anhand von Informationen aus Stunde 1 dieser Unit und des evtl. mitgebrachten Materials ihr Wissen über Südafrika zu äußern. Lenken Sie das Klassengespräch durch Fragen bzw. Stichpunkte und erläutern Sie dabei auch den unbekannten situativen Wortschatz (z. B. L: *What's the capital of South Africa? Where is Pretoria / Cape Town? Tell me about the landscape (mountains, rivers, beaches, …) and animals (buffaloes, elephants, leopards, lions, rhinos, …). What do you know about the townships in Cape Town?*).

2. Gelerntes festigen, das Thema vorbereiten

Klick! Englisch 4 Schülerbuch S. 38, CD 2.21

Knüpfen Sie zur Vorbereitung des Themas Apartheid am Vorwissen der S an und wiederholen Sie das Gedicht über Martin Luther King. Führen Sie ein Unterrichtsgespräch über Rassentrennung und Gleichberechtigung, z. B.

L: *What couldn't black Americans do?*
S: *Black Americans couldn't go to school / sit on buses / go to a cafe / … with white people.*
L: *What did Martin Luther King do?*
S: *He helped black people fight for their rights.*
L: *What was his dream?*
S: *He wanted black and white people to be friends. / go to the same schools. / live in the same streets. / …*

S sagen, was sie über Nelson Mandela wissen.

3. Ein Gedicht hören, lesen und verstehen

Schülerbuch S. 40 Nr. 1, CD 2.20, kopierter, zerschnittener Gedichttext für je zwei S

Spielen Sie das Gedicht vor (Text entspricht Schülerbuch S. 40 Nr. 1). S berichten, was sie verstanden haben. Spielen Sie das Gedicht erneut vor und stoppen Sie die CD nach jedem Satz. Klären Sie den Wortschatz und bitten Sie S, den Inhalt des jeweiligen Satzes sinngemäß auf Deutsch wiederzugeben (→ **Sprachmittlung**).

Teilen Sie nun den für je zwei S kopierten, in einzelne Zeilen zerschnittenen Text aus und bitten Sie Schülerpaare, die Textzeilen richtig zu ordnen. Spielen Sie das Gedicht zur Orientierung erneut vor. Lassen Sie S die Ergebnisse mit dem Text im Schülerbuch vergleichen. Lesen Sie gemeinsam das Gedicht laut vor und sprechen Sie über den Inhalt.

4. Klassengespräch zu Nelson Mandela führen

Schülerbuch S. 40 Nr. 2 unten

S lesen den deutschen Informationstext zu Nelson Mandela selbstständig und geben ihn mit eigenen Worten wieder. Sprechen Sie gemeinsam über den Einsatz und die Ziele von Nelson Mandela. Lassen Sie S dabei Vergleiche zu Martin Luther King und Mahatma Gandhi ziehen.

5. Bildbetrachtung, Hör-, Leseverstehen üben

Schülerbuch S. 40 Nr. 2 oben, CD 2.21

S betrachten die Bilder im Schülerbuch und ergänzen ihre Aussagen über Südafrika. Klären Sie den restlichen neuen Wortschatz und bitten Sie S, auf die passenden Bilder zu den neuen Begriffen zu zeigen. Spielen Sie die CD zweimal vor (Text entspricht Schülerbuch S. 40 Nr. 2 oben), S lesen den englischen Text leise mit. Klären und besprechen Sie den Inhalt. Lesen Sie anschließend mit S den Text mehrmals laut. Lernstärkere S können den Text vorlesen. S beantworten die drei Fragen im Schülerbuch zunächst in Einzelarbeit, indem sie die entsprechenden Textstellen heraussuchen und notieren. Im Anschluss tauschen sie sich mit einem Partner aus.

6. Leseverstehen üben

Arbeitsheft S. 40 Nr. 2, Schülerbuch S. 40 Nr. 1, 2

S bearbeiten die Arbeitsheft-Aufgaben selbstständig. Die Ergebniskontrolle erfolgt im Plenum.

7. Didaktische Reserve

Webcode KLEN319374-40, PC mit Internet

Interessierte S können mit dem *Webcode* weitere landeskundliche Informationen zur Kultur und zur Natur Südafrikas erarbeiten und präsentieren.

Stunde 11: Zusammenfassende Wiederholung

Wortschatz
bekannt

Redemittel
bekannt

Material
- Schülerbuch S. 41, *Extra Practice*: S. 50 Nr. 1–3
- Arbeitsheft S. 42 Nr. 1, 2, DK 8, *Extra Practice*: S. 53 Nr. 1, 2
- CD 2.20

1. Ein Gedicht wiederholen

CD 2.20

Zum → **Einstiegsritual** lesen Sie mit S noch einmal das Gedicht laut zur CD.

2. Wortschatz wiederholen

Schülerbuch S. 41 *New words*

Es bieten sich verschiedene Varianten an, den Wortschatz spielerisch zu wiederholen. Variante 1 eignet sich für lernschwächere Klassen.
Für alle Varianten teilen Sie die Klasse in zwei Teams ein. Bitten Sie S, sich in zwei Reihen hintereinander vor der Tafel aufzustellen.
Variation 1: Schreiben Sie die neuen englischen Begriffe aus Unit 4 jeweils an die linke und an die rechte Tafelhälfte. Der vorderste S eines jeden Teams hält ein Stück Kreide oder einen leicht angefeuchteten Schwamm in der Hand. Ein S als Spielleiter nennt die deutsche Übersetzung eines Begriffes aus dem Schülerbuch. S versuchen, möglichst schnell den englischen Begriff zu finden und mit der Kreide durchzustreichen oder mit dem Schwamm zu entfernen. Der S, der zuerst das richtige Wort ausgewischt oder durchgestrichen hat, bekommt einen Punkt für sein Team und stellt sich in der Reihe hinten an.
Variation 2: Ein S als Spielleiter nennt einen neuen englischen Begriff aus Unit 4. Der vorderste S eines jeden Teams schreibt den Begriff an die Tafel und nennt die deutsche Übersetzung.
Variation 3: Ein S als Spielleiter nennt einen deutschen Begriff des neuen Wortschatzes. Der vorderste S eines jeden Teams schreibt die englische Übersetzung des Begriffes an die Tafel.

3. Redemittel wiederholen

Schülerbuch S. 41 *Speaking English*, DK 8

Lesen und besprechen Sie gemeinsam mit S die beiden Kästen zu *Speaking English* im Schülerbuch. Bitten Sie S, in Partnerarbeit nach dem Muster der Redemittel darin weitere Beispiele zu finden, sie aufzuschreiben und anschließend als kurze Dialoge vorzutragen. S können die Dialoge auch als Rollenspiele darstellen, z. B. mithilfe der Dialogkarte 8 (S 1: *What kind of flat/house would you like?* S 2: *I'd like …*) und in Form eines Interviews über Zukunftspläne (S 1: *What are your future plans?* S 2: *I think I'll …, I hope I'll …*).

4. Portfolio erarbeiten

Arbeitsheft S. 42 Nr. 1, 2

Um sich auf die Bearbeitung des Portfolios vorzubereiten, schauen sich S die Unit 4 noch einmal in Ruhe an. Bitten Sie S, Bedürfnisse und Wünsche zur Vertiefung zu sammeln. Nachdem Sie mit S die Vorgehensweise besprochen haben, bearbeiten S die Aufgaben zur Lernstandserhebung in Einzelarbeit (→ **Portfolio**).

5. *Extra Practice*

Schülerbuch S. 50 Nr. 1–3, Arbeitsheft S. 53 Nr. 1, 2

Die zusätzlichen Aufgaben für lernschnellere bzw. -stärkere S können auch am Ende der Unit eingesetzt werden.

6. Feedback

S reflektieren, was ihnen bei der Erarbeitung der Unit besonders gut bzw. nicht gut gefallen hat und begründen dies. S äußern, wie sie ihren Lernzuwachs einschätzen. Sie können z. B. folgende Bereiche bewerten:

1. Die Unit hat mir Spaß gemacht.
2. Ich konnte gut mitarbeiten.
3. Ich habe viel Bekanntes wiederholt.
4. Ich kann Gespräche über die Zukunft führen.
5. Ich kann mich darüber austauschen, welche Art von Wohnung ich gerne hätte.
6. Ich weiß, wie man ein Mietgesuch schreibt.
7. Ich weiß, wie man einen Grundriss darstellt.
8. Ich kann Ansagen an öffentlichen Orten und Anrufbeantworter-Nachrichten erschließen.
9. Ich weiß etwas über Personen, die sich mutig für die Rechte und Belange anderer eingesetzt haben.

Zeichnen Sie darunter folgende Skala:

☹ ◄————|————► ☺

S zeichnen diese Skala auf ein Blatt Papier und tragen die Nummern der genannten Aussagen auf dieser Skala ein, und zwar entsprechend der eigenen Einschätzung ihres Könnens bzw. ihrer Meinung von negativ ☹ bis positiv ☺. Werten Sie das Feedback gemeinsam mit S aus.

Stunde 12 *More Reading*: Rezept – Texterschließung, Transfer

Wortschatz
°BLT, °cut up, °bacon, °lettuce, °on top, °other, °pan, °put, °salami, °slice, °tablespoon

Redemittel
bekannt

Material
- Schülerbuch S. 46 Nr. 1, 2
- CD 2.25
- *Klick! Englisch 1* Unit 5, CD 38 (Rap: *Food*)
- *Klick! Englisch 3* Arbeitsheft S. 49 Nr. 2, Arbeitsheft-CD 36 (*Pancake recipe*)
- Wörterbücher, möglichst in halber Klassenstärke
- *Klick! Englisch 3* Schülerbuch S. 20 *Learning English* (Wörter nachschlagen)

1. Auf das Thema einstimmen

Klick! Englisch 1 Unit 5, CD 38, *Klick! Englisch 3* Arbeitsheft S. 49 Nr. 2, Arbeitsheft-CD 36

Stimmen Sie auf das Thema ein, indem Sie den aus *Klick! Englisch 1* bekannten Rap *Food* oder das aus *Klick! Englisch 3* bekannte Gedicht *Mix a pancake* vorspielen und gemeinsam rhythmisch sprechen (→ **Einstiegsritual**).

2. Hör-, Leseverstehen, Lesen üben

Schülerbuch S. 46 Nr. 1 a, b, CD 2.25

Spielen Sie die CD bei geschlossenen Schülerbüchern vor (Text entspricht Schülerbuch S. 46 Nr. 1). Bitten Sie S herauszufinden, um welche Art von Text es sich handelt. Sammeln Sie an der Tafel, was S beim ersten Hören verstanden haben. S öffnen ihre Schülerbücher und betrachten die Bilder. Spielen Sie die CD ein zweites Mal vor. S vergleichen ihre ersten Aussagen mit dem, was sie nach diesem Hördurchgang verstanden haben. S versuchen, unbekannte Wörter mithilfe der Bilder aus dem Kontext zu erschließen. Beim erneuten Hören lesen S leise mit (→ ***buzz reading***). Stoppen Sie die CD beim dritten Hören nach jedem Arbeitsschritt und lassen Sie S im Chor nachsprechen (→ **Chorsprechen**). S ordnen nun die Bilder den Arbeitsschritten zu (Nr. 1 b).

3. Erschließen von Wortschatz, Übersetzen

Schülerbuch S. 46 Nr. 1 c, Wörterbücher, *Klick! Englisch 3* Schülerbuch S. 20 *Learning English*

S lösen die Aufgabe in Partnerarbeit. Teilen Sie die Wörterbücher an die Schülerpaare aus. Erinnern Sie S an die vier Schritte beim Arbeiten mit dem Wörterbuch aus *Klick! Englisch 3*, Unit 2: 1. Übersetzungsrichtung wählen: Engl. → Dt., Dt. → Engl.; 2. Wörter finden: durch alphabetische Anordnung der Wörter; 3. Eintrag richtig lesen: Aussprachehilfen, daneben Übersetzung; 4. Bei mehreren Bedeutungen eines Wortes: richtige Bedeutung erkennen, indem man den Text genau liest und an eigene Vermutungen zurückdenkt.

S lesen nun in Partnerarbeit das Rezept Satz für Satz und übersetzen es mündlich ins Deutsche. Treffen sie auf ein unbekanntes Wort, notieren sie es in ihre Hefte. Anschließend schlagen S die unbekannten Wörter im Wörterbuch nach, finden die für den Kontext des Rezepts richtige deutsche Bedeutung und notieren sie ebenfalls in ihre Hefte. Nun schreiben S den gesamten Text in der deutschen Übersetzung in ihre Hefte. Danach lösen die Partner Schritt b) von Nr. 1 c (*BLT = **B**acon, **L**ettuce, **T**omato*). Jedes Schülerpaar sucht sich anschließend ein weiteres Schülerpaar. Die zwei Schülerpaare vergleichen ihre Übersetzungen und korrigieren sich evtl. gegenseitig. Zum Schluss präsentieren einzelne Schülerpaare ihre Übersetzungen im Plenum.

4. Dialogfähigkeit, Schreiben festigen

Schülerbuch S. 46 Nr. 2

S üben den Dialog zunächst durch gemeinsames Lesen. Hierfür können Sie die Klasse in drei Gruppen einteilen (→ **Gruppenbildung**). Jede Gruppe übernimmt eine Rolle. Lassen Sie die Rollen tauschen, sodass alle S alle Dialogbeiträge üben können. Lernstärkere S ersetzen dann beispielhaft die grün markierten Redemittel durch die im Reservoir vorgeschlagenen. Sammeln Sie anschließend gemeinsam weitere Beispiele für Zutaten an der Tafel.
In Dreiergruppen (→ **Gruppenbildung**) sprechen S dann über ihre Vorlieben in Bezug auf Sandwiches (Nr. 2 a). Jede Gruppe einigt sich schließlich auf ein Lieblingssandwich und schreibt für dieses eine Einkaufsliste (Nr. 2 b). Die Ergebnisse werden im Plenum präsentiert.

5. Didaktische Reserve

Je nach zeitlichen und räumlichen Gegebenheiten können die Lieblingssandwiches der Gruppen zubereitet werden. S einigen sich nach dem Verzehr auf ein Klassensandwich und erstellen dafür ein illustriertes Rezept in englischer Sprache. Hängen Sie das Rezept im Klassenraum auf.

Stunde 13 *More Reading*: Rezepte – Detailverstehen, Sprachmittlung, Transfer

Wortschatz
°bake, °baking dish, °bowl, °crumble, °flour, °gram, °heat, °mix, °mixture, °over, °peel, °sprinkle, °sugar

Redemittel
°for … minutes

Material
- Schülerbuch S. 46 Nr. 1
- Arbeitsheft S. 49 Nr. 1, 2
- Arbeitsheft-CD 32
- Wörterbücher, möglichst in halber Klassenstärke
- kopierter zerschnittener Text des Schülerbuch-Rezepts für je zwei S oder 1x auf Overheadfolie

1. Ein Rezept wiederholen

Schülerbuch S. 46 Nr. 1, kopierter zerschnittener Text des Rezepts für je zwei S / auf Overheadfolie

Für eine Wiederholung der vorherigen Stunde im → **Einstiegsritual** gibt es zwei mögliche Varianten: Kopieren Sie das Rezept aus dem Schülerbuch entweder auf Papier (eine Kopie für je zwei S) oder auf Overheadfolie (eine Kopie, am besten etwas vergrößert). Entfernen Sie jeweils die Nummerierung und zerschneiden Sie das Rezept in die einzelnen Arbeitsschritte. Die Schülerbücher bleiben geschlossen.
Variante 1: Teilen Sie je zwei S eine durchmischte Kopie des in einzelne Arbeitsschritte zerschnittenen Rezepts aus. Bitten Sie S, die Arbeitsschritte richtig zu ordnen. Hat ein Paar das Rezept zusammengesetzt, steht es auf. Notieren Sie die Reihenfolge, in der die Paare aufstehen. Wenn alle Paare stehen, liest das erste Paar das Rezept vor. Ist das Rezept fehlerfrei, so hat das Paar gewonnen. Enthält das Rezept Fehler, liest das zweite Paar seinen Text vor usw. Das erste Paar, das das Rezept korrekt wiedergibt, hat gewonnen.
Variante 2: Legen Sie das zerschnittene Rezept auf Folie auf den Overheadprojektor. S setzen die Arbeitsschritte in die richtige Reihenfolge.

2. Detailverstehen, Schreiben festigen

Schülerbuch S. 46 Nr. 1, Arbeitsheft S. 49 Nr. 1

S lesen das Rezept im Schülerbuch noch einmal durch und schließen danach wieder ihre Bücher. Bitten Sie S, ihre Arbeitshefte aufzuschlagen und die Bilder 1 bis 5 zu den Arbeitsschritten genau zu betrachten. Stellen Sie die Frage: L: *What's missing?* S werden feststellen, dass Schritt 4 des Schülerbuch-Rezepts (*Put two tablespoons of mayonnaise on the slices of toast.*) im Arbeitsheft entfallen ist. Bitten Sie S, die Sätze 1. bis 5. durchzulesen und in Rückgriff auf die Bilder 1 bis 5 und die Erinnerung an das Schülerbuch-Rezept die falschen Begriffe im Satz durchzustreichen. S können sich als Hilfe die richtigen Begriffe neben den falschen Sätzen notieren. Danach schreiben S die Sätze in der korrigierten Fassung. Zum Abgleich der Lösungen im Plenum öffnen S die Schülerbücher wieder.

3. Hör- , Leseverstehen, Lesen üben

Arbeitsheft S. 49 Nr. 2 a, Arbeitsheft-CD 32

Spielen Sie die CD bei geschlossenen Arbeitsheften vor (Text entspricht Arbeitsheft S. 49 Nr. 2). Stoppen Sie die CD beim zweiten Hören nach jedem Satz und fordern Sie S auf, sich Notizen über das Verstandene zu machen. Zum dritten Hören öffnen S ihre Arbeitshefte und lesen leise mit (→ ***buzz reading***). S vergleichen ihre Notizen mit dem Text. Sie versuchen, unbekannte Wörter aus dem Kontext zu erschließen. Stoppen Sie die CD beim erneuten Hören nach jedem Arbeitsschritt und lassen Sie S im Chor nachsprechen (→ **Chorsprechen**).

4. Wortschatzerschließung, Sprachmittlung

Arbeitsheft S. 49 Nr. 2 b, Wörterbücher

S lösen die Aufgabe in Partnerarbeit. Teilen Sie dazu die Wörterbücher an die Schülerpaare aus. Erinnern Sie S an die vier Schritte beim Arbeiten mit dem Wörterbuch: 1. Übersetzungsrichtung wählen, 2. Wörter durch alphabetische Anordnung finden, 3. Eintrag richtig lesen, 4. Bei mehreren Bedeutungen eines Wortes: richtige Bedeutung für den vorliegenden Kontext erkennen.
S lesen in Partnerarbeit das Rezept Satz für Satz und notieren unbekannte Wörter in ihre Hefte. Danach schlagen S die unbekannten Wörter im Wörterbuch nach, finden die für den Kontext passende deutsche Bedeutung und notieren sie ebenfalls. Die Partner teilen sich nun gegenseitig die Arbeitsschritte des Rezepts auf Deutsch mit. Jedes Schülerpaar sucht sich ein weiteres Paar. S wiederholen die Sprachmittlung dann zu viert.

5. Eine Einkaufsliste erstellen

Arbeitsheft S. 49 Nr. 2 c

Die Vierergruppen erstellen mithilfe des Rezepts eine Einkaufsliste auf Englisch. Jeweils ein Gruppenmitglied präsentiert die Liste im Plenum.

6. Didaktische Reserve

Falls die zeitlichen und räumlichen Voraussetzungen gegeben sind, kann das Rezept mit der Klasse praktisch umgesetzt werden.

1. Hörtext 24:

(Unit 4 *Future plans*, Stunde 2)
Arbeitsheft S. 35 Nr. 1 a, Arbeitsheft-CD 24

Listen and number.
Corinna is from Germany. She's living with her aunt and uncle and her cousin Ray in Cape Town for a year.
Number one: *Ray and his family live in a big flat.*
Number two: *That's why Corinna has her own bedroom there.*
Number three: *Corinna and Ray use the same bathroom.*
Number four: *The family's living room is very big.*
Number five: *In the kitchen there's a big table with six chairs.*
Number six: *Ray has a girlfriend and wants to get married soon.*
Number seven: *Ray wants to earn a lot of money first.*
Number eight: *Then Ray wants to have one or two children.*
Number nine: *Corinna spends all her money on her mobile and clothes.*
Number ten: *Corinna wants to stay single. She doesn't want to get married.*

2. Hörtext 25:

(Unit 4 *Future plans*, Stunde 3)
Arbeitsheft S. 36 Nr. 1, Arbeitsheft-CD 25

Listen and tick. How does Patrick spend his money?
John: *Look at that car. It's really great!*
Patrick: *Yes, it's cool. I would really like to have a car. But I don't have enough money.*
John: *Why not? You earn a lot of money.*
Patrick: *Yes, I do. But I also need a lot of money. I spend a lot of money on my flat because it's so big. I spend a lot of money on water and on electricity too.*
John: *Well, that's true.*
Patrick: *And I have to be dressed properly for my job. That's why I spend so much money on clothes.*
John: *That's true. But do you always have to buy new clothes?*
Patrick: *Well, no. And last week I had to buy a new washing machine because my old washing machine stopped working.*
John: *That's too bad.*
Patrick: *And last summer I went to San Francisco for two weeks. I spent a lot of money there.*
John: *So you know why you don't have enough money to buy the car, don't you? I think you should save more.*
Patrick: *You're right. The first thing I should do is look for a smaller flat.*

3. Hörtext 26:

(Unit 4 *Future plans*, Stunde 4)
Arbeitsheft S. 37 Nr. 1 a, Arbeitsheft-CD 26

What kind of flat would they like?
Listen and tick.
Mr Miller: *Hello, Mr Miller speaking. What can I do for you?*
Christine: *Hello, Christine Foster speaking. I saw your advert for three flats in the newspaper. I have a new job in your town and I need a flat.*
Mr Miller: *What kind of flat would you like?*
Christine: *I'd like a small flat with a kitchen, a bathroom, a living room and one bedroom. Do you have a flat like that?*
Mr Miller: *Yes, I do. You can look at the flat tomorrow. Can you come to King Street at ten o'clock?*
Christine: *Yes, I can. That's great! Thank you. See you there.*

Mr Miller: *Hello, Mr Miller speaking. What can I do for you?*
Daniel: *Hi, Daniel White here. I'd like a flat for my girlfriend and me.*
Mr Miller: *What kind of flat would you like?*
Daniel: *I'd like a flat with a living room, a kitchen, a bathroom and two bedrooms.*
Mr Miller: *I have a big flat with all the rooms you want. You can look at it on Thursday. Meet me in James Street at four o'clock. Is that OK?*
Daniel: *That's perfect. We'll be there. Thank you and goodbye.*

Mr Miller: *Hello, Mr Miller speaking. What can I do for you?*
Toby: *Hello, Mr Miller. My name is Toby Brown. I'm looking for a flat in your town.*
Mr Miller: *What kind of flat would you like?*
Toby: *I'd like a flat with one bedroom, a bathroom and a kitchen.*
Mr Miller: *Don't you want a living room too?*
Toby: *No, I think that would be too big for me. I only need a small flat.*
Mr Miller: *OK. I can show you a small flat like that. We can meet on Friday at one o'clock in Park Street and look at it.*
Toby: *Fine! I'll be there. Thank you. Bye!*

4. Hörtext 27:

(Unit 4 *Future plans*, Stunde 5)
Arbeitsheft S. 38 Nr. 1, Arbeitsheft-CD 27

Listen and draw.

Grandma: *Hi, Sam. Hi, Jennifer. The last time I saw you was at Christmas.*
Sam: *That's true, Grandma. It's nice to see you again!*
Grandpa: *Do you still think you'll work as a lorry driver, Sam?*
Sam: *No, Grandpa, I don't think I'll work as a lorry driver. Lorry drivers have to stay away from home for days. I don't want to do that because I have a nice girlfriend now.*
Grandma: *That sounds great. So what are your plans for your future now?*
Sam: *I think I'll get a job as a florist at a flower shop. I like flowers, you know. And as a florist I can see my girlfriend every day. I hope we'll get married. But I don't think we'll have children. I hope I'll have a nice car.*
Grandma: *What are your plans after school, Jennifer?*
Grandpa: *You did your work experience as a hairdresser. Did you like it?*
Jennifer: *I did my work experience at Cut & Go, Grandpa, but I didn't like it. That's why I don't think I'll work as a hairdresser. Now I think I'll work as a car mechanic. I often help Dad at 'Car World' and I like working with tools.*
Grandma: *And do you have a boyfriend, Jennifer?*
Jennifer: *No, Grandma. And I don't think I'll have a boyfriend. I hope I'll live alone in a nice flat because then I can do what I want. I hope I'll have enough money.*

5. Hörtext 40:

(Unit 4 *Future plans*, Stunde 6)
DK 8, Arbeitsheft-CD 40

Man: *Where would you like to live?*
Woman: *I'd like to live in the country.*
Man: *What kind of house would you like?*
Woman: *I'd like a house with two bathrooms, a kitchen, a living room and three bedrooms.*
Man: *How much money can you spend?*
Woman: *I can spend no more than 350 euros a week.*
Man: *I can show you a house like that at 5.30 on Friday in King Street.*
Woman: *That's great. Thank you!*

6. Hörtext 2.17:

(Unit 4 *Future plans*, Stunde 7)
Schülerbuch S. 37 *Learning English*, CD 2.17

Einem Hörtext wichtige Informationen entnehmen.

Speaker: *Number one.*
Woman: *Flight 4563 to Berlin: Passengers please go to gate 21. Please go to gate 21, passengers on flight 4563 to Berlin.*
Speaker: *Number two.*
Man: *Visit Kruger National Park in the heart of South Africa. Watch the wild animals and see the great landscapes for only 180 Rand per person. For children under twelve, it's only 90 Rand per person. We would love to see you there on your next holiday.*
Speaker: *Number three.*
Megan: *Hello, this is Megan. I'm not at home. Please leave a message after the tone or call me on my mobile. My mobile number is: 352468.*

7. Hörtext 28:

(Unit 4 *Future plans*, Stunde 7)
Arbeitsheft S. 41 Nr. 1, 2, Arbeitsheft-CD 28

Höre dir die Texte an. Welche Art von Texten hörst du? Nummeriere.

Speaker: *Number one.*
Man 1: *Welcome to Green Park Shopping Centre. We're having a big sale on DVDs today from ten o'clock until 4.30. Buy one, get one free. Come to the media department of the shopping centre.*
Speaker: *Number two.*
Woman: *Hey, everybody! Pink is coming to Cape Town! Don't miss her fantastic show on August 16th. To order your ticket call 341699 now! Tickets cost from 250 Rand to 500 Rand.*
Speaker: *Number three.*
Man 2: *The ICE to Berlin via Frankfurt, Fulda and Hanover departs today at 9.15 from platform seven. The ICE to Berlin via Frankfurt, Fulda and Hanover departs today at 9.15 from platform seven.*

Variation zu Arbeitsheft S. 37 Nr. 3 mit Gruppenarbeit

(Unit 4 *Future plans*, Stunde 4 Nr. 5)

Nach der → **Gruppenbildung** übertragen S die Tabelle aus Nr. 1a in ihre Hefte, wobei sie anstelle der Bilder die englischen Begriffe einsetzen (*kitchen, …*). In die linke Spalte tragen S die Namen der anderen Gruppenmitglieder ein. S befragen sich gegenseitig (S 1: *What kind of flat would you like?* S 2: *I'd like a flat with …*). S kreuzen die gewünschten Räume in der Tabelle an. Zum Schluss berichten S über die Traumwohnungen ihrer Mitschüler (S: … (Name) *would like a flat with …*).

Spiel zur aktiven Wiederholung bekannter und zur Einführung neuer Redemittel zu Schülerbuch S. 38 Nr. 1:

(Unit 4 *Future plans*, Stunde 8 Nr. 1)

Zwei S (S 1, S 2) verlassen zunächst den Raum. Die übrigen S bilden Paare. Die Partner formulieren gemeinsam eine Hoffnung oder eine Sorge für die Zukunft. Dann verteilen sich S im Raum. Bitten Sie die Partner, sich bewusst voneinander entfernt zu platzieren. Rufen Sie danach S 1 und S 2 in den Klassenraum zurück. Diese gehen nun einzeln im Raum umher (→**Marktplatz**) und befragen ihre Mitschüler mit der Frage an der Tafel. Die S antworten mit ihrer Partner-Formulierung. Findet S 1 oder S 2 ein Satzpaar, erhält er einen Punkt.
S 1: *What are your hopes and worries?*
S 3: *I'm worried I'll have bad friends.*
S 1: *What are your hopes and worries?*
S 4: *I'm worried I'll have bad friends.*
S 1: *I have a pair.*

Weitere methodisch-didaktische Hinweise aus den Units:

Acrostic

(Unit 4 *Future plans*, Stunde 3)

In seiner ursprünglichen Form ist das *acrostic* eine Versform, bei der die Anfangsbuchstaben von Wortfolgen hintereinander gelesen einen Sinn ergeben, z. B. einen Namen. Nach dem gleichen Schema können die Anfangswörter von Versfolgen einen sinnhaften Satz ergeben.
Im Unterricht wird eine vereinfachte Form des *acrostic* eingesetzt: Die Buchstaben eines Wortes werden senkrecht untereinander geschrieben. Es handelt sich dabei um einen Oberbegriff zum Thema der Unterrichtsstunde. Zu jedem Buchstaben des Oberbegriffs suchen die Schüler und Schülerinnen dann einen thematisch passenden Unterbegriff, in dem dieser Buchstabe vorkommt (häufig als Anfangsbuchstabe). Diese Begriffe werden waagerecht am senkrechten Startwort angeordnet (vgl. dazu Unit 4, Stunde 3, S. 74).

30 cm-Stimme

(Unit 1 *Love & friendship*, Stunde 7, Unit 3 *Teen life*, Stunde 1)

Beim sprachlichen Austausch mit einem Partner oder in Gruppen sprechen die Schülerinnen und Schüler so leise miteinander, dass nur Personen in einem Radius von 30 cm sie hören können. Somit bleibt der Lärmpegel in der Klasse begrenzt und die Mitschüler werden nicht abgelenkt.

Placemat activity

(Unit 3 *Teen life*, Stunde 4)

Bei einer *placemat activity* sitzen vier Schülerinnen und Schüler um ein großes Blatt Papier herum, das in fünf Bereiche eingeteilt ist: vier äußere Schreibfelder auf jeder Seite und eines in der Mitte (siehe Abbildung unten). Jeder schreibt zunächst Ideen in den eigenen Schreibbereich außen. Anschließend stellen die Schülerinnen und Schüler ihre Ideen reihum vor und diskutieren diese in der Gruppe. Sie entscheiden sich für eine bestimmte Anzahl an Punkten und schreiben sie in die Mitte der *placemat*. Abschließend werden die Gruppenergebnisse im Plenum ausgewertet. Die *placemat*-Methode gibt den Schülerinnen und Schülern die Möglichkeit, erst individuell Ideen und Gedanken zu einer Frage zu formulieren und auf der *placemat* zu sammeln, um sich anschließend darüber auszutauschen.
Tipp: Für die *placemat activity* sollten den Gruppen jeweils ein DIN-A3-Bogen und verschiedenfarbige Stifte zur Verfügung stehen (zur Identifizierung der einzelnen Verfasser). Die Schülerinnen und Schüler können die *placemat* selbst zu Beginn aufzeichnen oder sie erhalten eine Vorlage (siehe unten). Die Vorgabe eines Zeitlimits für die einzelnen Arbeitsphasen ist sinnvoll. Der Zeitbedarf variiert je nach Komplexität des Themas zwischen zehn und zwanzig Minuten.

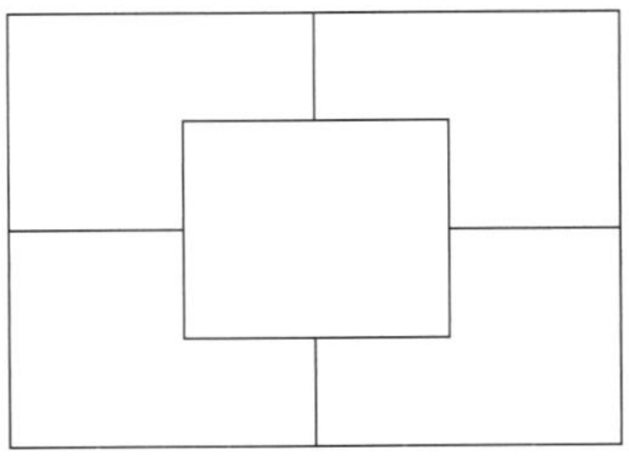

Lösungen zum Schülerbuch

English around the world

S. 4 **[2]** b) *Samir is from India. He's 16. He likes basketball. / Liam is from Canada. He's 15. He likes ice hockey. / Olivia is from Australia. She's 17. She likes surfing and surfing the internet. / Megan is from South Africa. She's 16. She likes football.* c) Individuelle Lösungen

S. 5 **[3]** b) *School uniforms are British. Baseball is American. Pounds are British. Queen Elisabeth is British. Dollars are American. Barack Obama is American. Red Nose Day is British. Thanksgiving is American.*

[4] Individuelle Lösungen

S. 6 **[1]** b) *Olivia thinks the song "K1" is cooler than "You're the one". / Samir thinks "You're the one" is good, but "K1" is better. / Samir thinks "Waking up" is the best song on the CD.*

[2] a) Angebotstafel des Cafés rechts im Bild, z. B.: Wenn du gern etwas Süßes hättest, Jens, kannst du in diesem Café eine heiße Schokolade trinken (*Hot chocolate*). Es gibt sie in verschiedenen Größen: klein, mittelgroß oder groß (*small/medium/large*). Du kannst auch einen Muffin essen. Es gibt Blaubeer- und Kirsch-Muffins (*blueberry/cherry muffin*). (Ebenfalls auf Englisch, aber für die Sprachmittlungssituation nicht relevant: *Coffee & more* = Kaffee und mehr; *sandwich* = mittlerweile in den deutschen Sprachgebrauch übergegangen) / Werbeposter rechts im Bild, z. B.: Auf dem Poster wird die Tour von Big C angekündigt (*Big C on tour*). Die solltest du nicht verpassen, Jens (*Don't miss it*). Bald finden seine Konzerte statt (*Coming soon*). Im Mai ist ein Konzert in London, im Juni in Berlin und im Juli in Paris (*May, June, July*). Das Konzert in London ist schon ausverkauft (*London concert sold out*).
b) Individuelle Lösungen

S. 7 **[*Learning English*]** Individuelle Lösungen

S. 8 **[2]** *Camping in Cornwall*

[3] *Cornwall is in England. / Kevin is on holiday with his family. Jenny is on a school trip. / Kevin doesn't know Jenny is from Germany. Jenny doesn't know Kevin is from Germany. They think he's or she's from England and can only speak English.*

[4] Individuelle Lösungen

Unit 1: *Love & friendship*

S. 10 **[2]** c, d, a, b / *Samir likes playing cricket with his friends, cooking cicken curry and going to the cinema (and watching Bollywood films). / Bollywood is a big film industry. Bollywood films are about people in love and end with a big wedding. / Wedding dresses in India are red.*

[3] Individuelle Lösungen

S. 11 **[4]** b) z. B. *have a barbecue, play basketball, go to the beach, chat online, chill out, go to a concert, play football, go inline skating, read a magazine, go to the park, go swimming*

[5] Individuelle Lösungen

S. 12 **[1]** Individuelle Lösungen

[2] z. B. S 1: *What did you do yesterday? We wanted to go inline skating.* S 2: *I'm sorry. I watched TV with my best friend.* S 1: *I'm really jealous.*

S. 13 **[3]** Individuelle Lösungen

S. 14 **[2]** a) *Lisa wrote bad things about Anita on an online social network.* b) *Lisa is jealous because she likes Anita's boyfriend.* c) *Anita should block Lisa on the online social network. She should send an e-mail to the network and say what Lisa wrote. She should tell her mother, her father or a teacher.*

[3] Anita hatte dasselbe Problem mit Lisa. Miranda hat Anita geraten, dass sie Lisa im Internet-Netzwerk (von ihrem Profil) sperren/blocken soll. Sie sollte dem Netzwerk eine E-Mail schicken, in der sie schreibt, was Lisa geschrieben hat. Anita sollte das auch ihrer Mutter, ihrem Vater oder einer Lehrerin sagen. Sie können ihr helfen. Das könntest du auch machen.

[4] Individuelle Lösungen

S. 15 **[2]** Individuelle Lösungen

[3] a) *Samir is happy to be alone because he's alone at home.* b) *Samir thinks girls are boring because they only talk about shopping, fashion and boys.* c) *Tyler lives in London. Samir lives in Mumbai.* d) *Tyler wants to visit Samir in the summer.*

S. 16 **[1]** Echte Freundschaft entsteht, wenn Stille/Schweigen zwischen zwei Menschen angenehm ist. / Individuelle Lösungen (Klassengespräch)

[2] a) *The Taj Mahal is a grave.* b) *A very rich man built the Taj Mahal.* c) *The Taj Mahal is over three hundred years old.*

Unit 2: *Work*

S. 18 [2] *A lot of people are fishermen or farm workers. / Liam wants to be a professional ice hockey player. / A Mountie is a police officer in Canada.*
[3] Individuelle Lösungen
S. 19 [4] b) z. B. *airport, bus station, cafeteria, hotel, park, swimming pool, zoo*
[5] Individuelle Lösungen
S. 20 [1] Individuelle Lösungen
[2] b) *Bill is a baker. He gets up at three o'clock and starts work at 4.30. First he makes the bread. Then he makes the muffins. Then he cleans the ovens. He goes home at twelve o'clock.*
S. 21 [3] Individuelle Lösungen
[*Learning English*]: 6. Anwendung von Schritt 1 auf den Text: Textsorte = Stellenanzeige / Anwendung von Schritten 3+4: z. B. *What?: position/job as a carpernter*; *Where?: Jay's Carpentry*; *When?: start on November 15th*; *Who?: contact JsShop@ca*; *Why?: –* / Anwendung von Schritt 5: Individuelle Lösungen
S. 22 [2] a) *Linda Brown (at Cool Fashion) is looking for a new shop assistant.* b) *Amy wants to work at Cool Fashion.* c) *Amy had a part-time job at Hip Shop last summer.* d) *Amy should get the job because she's good at talking to people and she likes fashion.* e) *Amy can start the job on October 1st.*
[3] + **[4]** Individuelle Lösungen
S. 23 [2] Individuelle Lösungen
[3] *Liam was on time and dressed properly. / You should check what day it is. / Individuelle Lösungen / Individuelle Lösungen*
S. 24 [2] a) *The Niagara Falls are between Canada and the USA.* b) *You can take a tour on a boat.* c) *Logging is a big industry in Canada.*

Unit 3: *Teen life*

S. 26 [2] e, d, a, c, b / *You can go swimming and surfing at the beaches. / You shouldn't drink alcohol at the beach and (then) go swimming.*
[3] Individuelle Lösungen
S. 27 [4] b) z. B. *make breakfast/lunch, cook dinner, do my homework, help in the kitchen, wash the car, clean my room*
[5] Individuelle Lösungen
S. 28 [1] Individuelle Lösungen
[2] S 1: *Do you want to go shopping with me?* S 2: *Sorry, I can't. I'm doing my homework.*
S 1: *OK. What about your brother?* S 2: *He can't. He's cleaning the kitchen.*
S. 29 [3] b) *sunny days: suncream, flip-flops, cap; rainy days: book, sweatshirt, jacket*
S. 30 [2] a) *The chart is about spending pocket money in class 9a.* b) *There are 15 pupils in class 9a.* c) *The pupils spend a lot of their pocket money on music and mobiles. The pupils spend some of their pocket money on activities. The pupils spend most of their pocket money on fast food. / The pupils save some of their pocket money.*
[3] + **[4]** Individuelle Lösungen
S. 31 [2] Individuelle Lösungen
[3] *healthy: eat well, do sport, drink water, use suncream* / *not healthy: ice cream, (no suncream)*
S. 32 [2] a) *The outback is a dry, hot landscape in the middle of Australia.* b) *Most pupils in the outback learn at home.* c) *The teachers give lessons online.*

Unit 4: *Future plans*

S. 34 [2] *Megan wants to do voluntary work in a township in Cape Town. / Her dream job is to be a park ranger. / Megan wants to buy a ticket for a big rugby game with her pocket money.*
[3] Individuelle Lösungen
S. 35 [4] b) z. B. *computer, scanner, digital camera, DVD-player, flat screen TV, mountain bike, CD, magazine, DVD, computer games, concert*
[5] Individuelle Lösungen

S. 36 [1] Individuelle Lösungen
[2] a) c, d, a, b; b) Individuelle Lösungen
S. 37 [3] Individuelle Lösungen
[*Learning English*] *Flight: 4563 to Berlin, Gate: 21 / Holiday at: Kruger National Park, country: South Africa, How much?: 180 Rand, How much for children?: 90 Rand / Megan's mobile number:* 352468
S. 38 [2] a) *Ben will miss his friends and one or two of his teachers after school.* b) *He's worried he won't get his dream job as a carpenter.* c) *He wants to visit Kruger National Park.* d) *No, he doesn't want to stay single. He wants to have a family.*
[3] Individuelle Lösungen
S. 39 [2] Individuelle Lösungen
[3] 1c, 2a, 3b
[4] Individuelle Lösungen
S. 40 [2] a) *Many tourists go on a safari in South Africa.* b) *The 'Big Five' are leopards, elephants, lions, rhinos and buffaloes.* c) *The 'Big Five' live in the national parks.*

More Reading

S. 43 [2] a) + b) Individuelle Lösungen
[3] 1. *First Sandy was sad because she didn't have a boyfriend.* 2. *Then she was happy because Andrew sent her a message.* 3. *Tara was worried because Sandy wanted to go on a date with Andrew.* 4. *Sandy was happy because Tara was at the cafe too.*
[4] Individuelle Lösungen
S. 44 [2] Individuelle Lösungen, z. B. *Because I can't pay for it. / Chris, you'll get the job because you're always friendly and dressed properly.*
[3] z. B. *When does Chris Gardner live in San Francisco? (Chris lives there in 1981.) Who leaves Chris and his son? (Chris's wife Linda leaves him and his son.) Why do Chris and his son lose their flat? (Because Chris can't pay for it.) What does Chris Gardner do in a big bank? (Chris Gardner does a work experience in a big bank.)*
S. 45 [1] a) Individuelle Lösungen
[2] 1c, 2a, 3b
[3] a) *It's Alice's dad.* b) *It's Jeff.* c) *It's Alice.*
[4] Individuelle Lösungen
S. 46 [1] b) 1e, 2f, 3d, 4c, 5a, 6b
c) *a)* Brate zwei Scheiben Schinkenspeck in einer Pfanne. Schneide etwas Salat und eine Tomate. Toaste zwei Scheiben Brot. Bestreiche beide Scheiben Toast mit zwei Esslöffeln Mayonnaise. Belege eine Scheibe Toast mit Salat, Tomate und Schinkenspeck. Lege die andere Scheibe Toast obenauf. Jetzt hast du ein *BLT*.
b) Because it has ***b****acon,* ***l****ettuce and* ***t****omato in it.*
[2] a) + b) Individuelle Lösungen

Extra Practice

S. 47 [1] Lucy: Er hat kurze blonde Haare und blaue Augen. Er ist aus den USA. Er spielt oft in Actionfilmen mit. Tim: Ich glaube, er meint Brad Pitt / Matt Damon / …
[2] Individuelle Lösungen
[3] *Yesterday after school, I had lunch and I did my homework. Then I watched TV. But it was boring. So I called my friend Mike on his mobile. Mike was at our school and he wanted to play basketball with Joel, Tina and Mary. But they weren't there! So I took my basketball and went to school. We played basketball for an hour. Then we chilled out in the park. We talked about school and sports.*
S. 48 [1] Individuelle Lösungen
[2] a) *Every year on my mum's birthday …* 1 *we make breakfast for her.* 2 *she gets presents.* 3 *we go to a cafe.* 4 *she has a party.* b) Individuelle Lösungen
[3] *Because she's good at talking to people and working with plants. Because she's polite and hard-working.*
S. 49 [1] b) *Ben really doesn't like Sundays. He has too much to do. His mum and dad always need his help at home. Every Sunday he has to walk the dog. He has to do the washing too. He babysits his brother and they (the family) visit his grandmother. He's happy when it's Monday.*

[2] a) *b) A boy is babysitting his sister. c) A teacher is watching the basketball game. d) A girl is reading a book. e) A girl and a boy are doing their homework. f) Two painters are painting a house.* b) *A painter is talking on his mobile. A small girl is eating a banana.*

[3] a) + b) Individuelle Lösungen

S. 50 [1] a) + b) z. B. S 1: *What kind of music/CDs do you like?* S 2: *I like heavy metal.* / S 1: *What kind of clothes do you like?* S 2: *I like sweatshirts and jeans.* / S 1: *What kind of magazines do you like?* S 2: *I like car magazines.* / Individuelle Lösungen

[2] a) … Ben: Maria möchte wissen, was wir heute gerne machen würden. / … Ben: *Lisa would like to go to the beach and windsurf. What would you like to do, Maria?* / … Ben: Maria würde gerne am Strand entspannen und ein Eis essen. b) Individuelle Lösungen

[3] a) *In the future I think I'll have children. I think I won't have a car. I think I'll get married. I think I'll have a lot of money. I think I won't have a dog. I think I'll have a cat.* b) *Bob thinks he'll have children. He thinks he won't have a car. Bob thinks he'll get married. He thinks he'll have a lot of money. He thinks he won't have a dog. He thinks he'll have a cat.*

Lösungen zu den didaktisierten Webseiten

Unit 1: *Hinduism*

a) *There are a lot of gods in Hinduism.* b) *Cows are sacred animals for Hindus.*
c) *Hindus swim and pray at the River Ganges.*

Unit 2: *Canada*

a) *The leaf of the maple tree is the symbol of Canada.* b) *The Canadian flag is red and white.*
c) *You can go skiing and snowboarding in Canada in the winter (and play ice hockey).*
d) *People go to Whistler to ski there.*

Unit 3: *Life in Australia*

a) *People sometimes call Australia 'Down Under'.* b) *Australians call barbecues 'barbies'.* c) *Summer in Australia is in December, January and February.* d) *Some Australians have a barbecue for Christmas.*

Unit 3: *Outdoors in Australia*

a) *The kangaroo is a national animal of Australia.* b) *Kangaroos are good at jumping because they have long feet.* c) *Koalas sleep for 19 hours every day.* d) *Kangaroos and koalas keep their babies in their pouches.*

Unit 4: *Wildlife in South Africa*

a) *Cheetahs, giraffes and hippos live in South Africa.* b) *The springbok is the national animal of South Africa.* c) *Springboks can jump over three metres high.* d) *Springboks live in African deserts.*

Unit 4: *Culture in South Africa*

a) *South Africa is called 'The Rainbow Nation' because people from a lot of different cultures live there.*
b) *There are eleven languages in South Africa.* c) *Everybody can speak English in South Africa.*
d) *Parents can choose the languages the pupils should learn at school.*

Lösungen zum Arbeitsheft

English around the world

S. 3 [1] Links unten: 1 (*USA*) / links oben: 2 (*Canada*) / Mitte ganz oben: 3 (*Great Britain*) / Mitte oben links: 4 (*Ireland*) / Mitte oben rechts: Distraktor (Deutschland) / Mitte unten: 5 (*South Africa*) / rechts oben: 6 (*India*) / ganz rechts unten: 7 (*Australia*)

[2] a) 1 *USA*, 2 *Canada*, 3 *Great Britain*, 4 *Ireland*, 5 *South Africa*, 6 *India*, 7 *Australia*; b) *countries*

S. 4 [1] a) *Samir (S): listening to music, Liam (L): skiing, Olivia (O): chatting online, Megan (M): reading magazines;* b) *Liam: two sisters* (unten) ✓; *Olivia: two brothers* (unten) ✓; *Megan: one brother and one sister* (oben) ✓

S. 4 [2] a) S: *My name is Samir. I like listening to music. I have one sister.* / L: *My name is Liam. I like skiing. I have two sisters.* / O: *My name is Olivia. I like chatting online. I have two brothers.* / M: *My name is Megan. I like reading magazines. I have one brother and one sister.*
b) Individuelle Lösungen

S. 5 [1] a) + b) *Great Britain: 3 Bonfire Night* (Feuerwerk), *5 Boxing Day* (Schaufenster mit Werbung) / *the* USA: *1 Thanksgiving* (Truthahn), *2 Martin Luther King Day* (Foto von Martin Luther King), *4 Independence Day* (Familie mit *Stars and Stripes*)

[2] a) *3 Bonfire Night is on November 5th. It's a holiday in Great Britain.* b) *1 On Thanksgiving people give thanks. It's a holiday in the USA.* c) *4 On Independence Day people wear red, white and blue. It's a holiday in the USA.* d) *5 On Boxing Day the shops are open. It's a holiday in Great Britain.* e) *2 Martin Luther King helped black people. Martin Luther King Day is a holiday in the USA.*

S. 6 [1] a) *1 blond boy with yellow jacket* (links), *2 girl with long brown hair and guitar* (rechts), *3 boy with short red hair* (Mitte rechts); b) *1 "Please stay, girl."*, 2 *"So happy!"*, 3 *"Let's party!"*

[2] a) + b) + c) Individuelle Lösungen

S. 7 [1] 1 Er möchte einen Apfelsaft. 2 *His shoulder hurts.* 3 In Zimmer 27 gibt es kein Licht. 4 *He can't find his bag.*

[2] a) + b) 1 S 1: *Can I have an apple juice please?* S 2: Wie bitte? Was möchten Sie? S 3: Er möchte eine Apfelsaft. / 2 S 1: Meine Schulter tut weh. S 2: *Sorry, I don't understand.* S 3: *His shoulder hurts.*

S. 8 [1] a) Jean-Luc: *Ah! Je suis en retard.* Nico: *What's the problem? Do you speak English?* Jean-Luc: *Yes, I do. I'm late. I can't open the door.* Nico: *Oh no, I'm late too. And I don't have a key.* Jean-Luc: *Are you in Cornwall on a school trip too?* Nico: *Yes, I am. I'm from Munich. That's in Germany. Where are you from?* Jean-Luc: *I'm from Lyon. That's in France.* Nico: *So what do we do now?*

[2] a) + b) Individuelle Lösungen

S. 9 [1] + [2] Individuelle Lösungen

S. 10 [1] Individuelle Lösungen

[2] *Samir is from India. / Megan is from South Africa. / Liam is from Canada. / Olivia is from Australia.*

Unit 1: *Love & friendship*

S. 11 [1] *First picture* (linkes Bild): *1 sad* (links), *2 best friend* (Mitte), *3 angry* (rechts) / *Second picture* (mittleres Bild): *4 girlfriend* (oben rechts), *5 happy* (oben links), *6 date* (unten links), *7 jealous* (unten rechts) / *Third picture* (rechtes Bild): *8 party* (oben rechts), *9 boyfriend* (unten links), *10 disappointed* (unten rechts)

[2] 1. *I was jealous/angry/sad/disappointed because my best friend went to the cinema with Alex.* 2. *I was disappointed/sad because I didn't have enough money to go to the concert.* 3. *I was happy because I made new friends at the disco.* 4. *I was angry because I had to wash my dad's car.* 5. *I was sad/disappointed/angry because my friend didn't come to my birthday party.*

S. 12 [1] a) + b) Rania: *disappointed* (Smiley rechts oben), *happy* (links oben) / Lisa: *jealous* (rechts unten), *sad* (links unten) / Distraktor: *angry* (links Mitte)

[2] a) + b) Individuelle Lösungen

S. 13 [1] a) Miley: *green eyes, blond hair, short hair* (Porträt ganz rechts)
b) *Miley likes* ☺: *making Rick laugh* (unten links), *football* (oben rechts), *Big C* (unten rechts) / *Miley doesn't like* ☹: computer games (unten Mitte), *western movies* (oben Mitte)

[2] a) + b) Individuelle Lösungen

S. 14 [1] a) oben von links: *played computer games: Sunday / went camping with my family: Friday /* unten von links: *went to the shopping centre: Thursday / went to the cinema: Saturday*
b) 1. *Mike is disappointed because Jane didn't help him with his homework.* 2. *Miles is angry because Colin didn't meet him on Friday.* 3. *Tim is happy because he went camping with his family on Friday.* 4. *Eve is jealous because Mara went to the cinema with Sue.*

[2] Individuelle Lösungen

S. 15 [1] *Anita is angry at her friend Lisa. Lisa wrote bad things about her on the online social network. She wrote: "Anita is so crazy. She's the craziest girl at school." Lisa is jealous because she likes Anita's boyfriend.*

[2] a) + b) Individuelle Lösungen
[3] 1. *best*, 2. *smallest*, 3. *good*

S. 16 [1] a) + b) + c) *1 R (Rania): Hi, Samir. I'm back from shopping. 2 S (Samir): I'm talking to Tyler from London. 3 R (Rania): Hi, Tyler. I'm Rania. How are you? 4 T (Tyler): Fine, thank you. 5 T (Tyler): I'd like to visit you in Mumbai in the summer. 6 S (Samir): Yeah, right. You want to visit ME.*
[2] a) 1 *A lot of people in India like eating chicken curry.* 2 *Many Bollywood films are about love and friendship.* 3 *A lot of people in India like playing cricket.* 4 *The Taj Mahal is a famous grave.* b) *1 curry* (Mitte), *2 Bollywood film* (rechts), *3 cricket* (Mitte rechts), *4 Taj Mahal* (links)

S. 17 [1] a) *sad* = traurig / *angry* = wütend / *jealous* = neidisch / *happy* = glücklich / *disappointed* = enttäuscht; b) 1. *angry*, 2. *disappointed*, 3. *great*, 4. *happy*, 5. *jealous*, 6. *sad*
[2] a) + b) ☺ *great, happy* / ☹ *disappointed, angry, jealous, sad*; c) Individuelle Lösungen

S. 18 [1] Individuelle Lösungen
[2] Obere Reihe von links: *jealous, happy, sad, angry, disappointed* / untere Reihe von links: *go to a party, go on a date, best friends, boyfriend, girlfriend*

Unit 2: *Work*

S. 19 [1] a) *Yes I do.* ☺: *work at a hospital, work in park, work as a care assistant,* / *No, I don't.* ☹: *work at a flower shop, work at a zoo, work as a police officer, work as a florist, work as a zoo keeper*; b) *Yes I am.* ☺: *polite, dressed properly, hard-working* / *No, I'm not.* ☹: *on time*
[2] 1. *Sandra wants to work as a care assistant at a hospital.* 2. *She doesn't want to work as a police officer, a florist or a zoo keeper.* 3. *She's always hard-working, dressed properly and polite.* 4. *She isn't always on time.*

S. 20 [1] a) *What Kate had to do at her work experience* (von links oben): *put shampoo and hairspray on the shelves* – ✓; *go for sandwiches* – ✓; *clean the place* – ✓; *make coffee* – ✓; *wash people's hair* – ✓; *bring everybody magazines* – ✓
[2] 1 *Why aren't you at the cinema? I wasn't dressed properly.* 2 *Why aren't you at the supermarket? I wasn't hard-working.* 3 *Why aren't you at the flower shop? I wasn't polite.* 4 *Why aren't you at the cafe? I wasn't friendly.* 5 *Why aren't you at the hospital? I wasn't on time.*

S. 21 [1] a) *1 Pizza House* (unten Mitte rechts), *2 flower shop* (unten liks), *3 hospital* (oben Mitte links), *4 Car World* (oben rechts), 5 *Cut & Go* (oben Mitte rechts), *6 the zoo* (unten Mitte links), *7 Hip Shop/fashion* (oben links), *8 Media Store* (unten rechts); b) *I'm good at:* 1. *making pizzas* – ✓; 2. *working with plants* – ✓; 3. *talking to people* – ✓; 4. *working with tools* – ✓
[2] 1. *Why should you get the job as a zoo keeper? Because I'm good at working with animals.*
2. *Why should you get the job as a gardener? Because I'm good at working with plants.*
3. *Why should you get the job as a care assistant? Because I'm good at helping people.*
4. *Why should you get the job as a shop assistant? Because I'm good at talking to people.*

S. 22 [1] a) *A (construction worker*, von oben links*): Working time: 1.00–12.00 + 1.00–5.00, outdoors, Lunch break: 12.00–1.00, fish and chips; B (cook*, von oben links*): soup, indoors, spaghetti, do the dishes, supermarket*; b) *Lucy is a cook at Tracy's Cafe. She works indoors. Every morning she makes the breakfast. Then she buys what she needs for the day at the supermarket. At 12 o'clock she makes the lunch.*
[2] Individuelle Lösungen

S. 23 [1] a) *Dear Mr Heel, I saw your job advert for a car mechanic in Toronto. I have a job at Car World in Kingston now, but I would like to live in Toronto. I like cars and I am good at working with tools. I am hard-working and always on time. I would like to be on your team. I can start on September 1st. Yours sincerely, Jim Winter*
[2] 1 (*car mechanic*): *You have to be good at working with tools. / Most days you work indoors.* 2 (*park ranger*): *You often work outdoors. / You have to tell tourists about plants and animals.* 3 (*shuttle bus driver*): *You have to take tourists from the airport to the hotels and back. / There is always a lot of traffic.*

S. 24 [1] a) Individuelle Lösungen b) z. B. 1. *What can I wear for my job interview at City Hotel?* 2. *What about my long black skirt? It's too long.* 3. *What about my old brown trousers? They're too old.* 4. *What about my new blue jeans? They're great.*
[2] 1. *Where are the Niagara Falls? between the USA and Canada* – ✓; 2. *What can you do there? take a tour on a boat* – ✓; 3. *What's a big industry in Canada? logging* – ✓

S. 25 [2] ein (Praktikums-)Bericht

[3] a) + b) 1. *When did the pupil have to work? – The pupil had to work from 6:30 to two o'clock one week and from 1:30 to ten o'clock the next week.* 2. *Where is St Anna's hospital? – St Anna's hospital is in Vancouver.* 3. *Who works there? – Forty-six care assistants work at St Anna's hospital.* 4. *What do they do there? – They help the old people.*

S. 26 [1] Individuelle Lösungen

[2] 1. *A florist* (unten rechts) *at a flower shop* (Mitte rechts) *has to be polite* (Mitte links). 2. *A care assistant* (unten links) *at a hospital* (Mitte Mitte) *has to be hard-working* (oben links). 3. *A police officer* (unten Mitte) *always has to be on time* (oben Mitte) *and dressed properly* (oben rechts).

Unit 3: *Teen life*

S. 27 [1] jeweils von oben links: *Yes, she does.* ☺: *clean her bedroom, eat well, do sport, babysit, save money / No, she doesn't.* ☹: *spend money, do the washing, smoke, drink alcohol*

[2] a) + b) Individuelle Lösungen

S. 28 [1] jeweils von links: *Ella's Friday: go shopping – ✓, spend too much money – ×, do homework – ✓, do the washing – ✓ / Ella's Saturday: drink alcohol – ×, go to the party – ✓, cook dinner – ✓, smoke – × / Ella's Sunday: get enough sleep – ✓, surf the Internet – ✓, go to the cinema – ×, clean her room – ✓*

[2] a) + b) Individuelle Lösungen

S. 29 [1] a) + b) + c) *1* = Illustration unten + Foto unten: *He has to drink more water.* *2* = Illustration Mitte + 2. Foto von oben: *She has to do more sport.* *3* = Illustration oben + Foto: Park + Grafik oben (Bett): *He has to sleep more and go outdoors more often.*

[2] Individuelle Lösungen

S. 30 [1] *1 I'm saving my money. 2 I'm washing the car. 3 I'm doing my homework. 4 I'm having lunch.*

[2] a) Bill: *No, I can't. I'm babysitting my sister.* / Sue: *No, I can't. I'm helping my grandmother.* / Mary: *No, I can't. I'm cooking dinner.* / Joe: *No, I can't. I'm cleaning my room.* / Bob: *No, I can't. I'm doing the washing.* / Lily: *No, I can't. I'm buying food for my family.*
b) *Bill is babysitting his sister. Sue is helping her grandmother. Joe is cleaning his room.*

S. 31 [1] 1. *There are twelve pupils in class 9a.* 2. *The pupils spend most of their pocket money on downloads.* 3. *They spend a lot of their pocket money on shoes and computer games.* 4. *They spend some of their pocket money on make-up and magazines.*

[2] Individuelle Lösungen

S. 32 [1] *healthy food: oranges* + individuelle Lösungen, *unhealthy food: chips* + individuelle Lösungen, *healthy drinks: milk* + individuelle Lösungen, *unhealthy drinks: cola* + individuelle Lösungen

[2] Individuelle Lösungen

[3] von links: *Ayers Rock: 2 + 4, learning at home: 3 + 5, outback farm: 1 + 6*

S. 33 [1] a) + b) *1 at the bus stop* (Bild unten): *Can you speak slowly, please? – ✓ / 2 at the train station* (Bild oben): *What does that mean? – ✓ / 3 at a shop* (Bild Mitte): *Can you say that again, please? – ✓*

[2] a) 1. *Can you speak slowly, please?* 2. *What does that mean?* 3. *Can you say that again, please?*

S. 34 [1] Individuelle Lösungen

[2] 1 *Do the washing.* 2 *Don't drink alcohol.* 3 *Save your money.* 4 *Drink water.* 5 *Don't spend your money.* 6 *Don't smoke.* 7 *Do sport.* 8 *Babysit your sister.*

Unit 4: *Future plans*

S. 35 [1] a) Obere Reihe von links: *6* (*get married*), *2* (*has her own bedroom*), *4* (*big living room*), *1* (*big flat*), *7* (*earn a lot of money*); untere Reihe von links: *9* (*spends her money on her mobile and clothes*), *3* (*share the same bathroom*), *8* (*wants to have one or two children*), *5* (*kitchen*), *10* (*stay single, doesn't want to get married*);
b) 1. *The family lives in a big flat.* 6. *Ray has a girlfriend and wants to get married soon.* 7. *Ray wants to earn a lot of money.* 8. *Then Ray wants to have children.* 9. *Corinna spends all her money on her mobile and clothes.* 10. *Corinna wants to stay single, not get married.*

[2] 1. *You cook in this room: It's the kitchen.* 2. *You have a shower in this room: It's the bathroom.* 3. *You sleep in this room: It's the bedroom.* 4. *You relax with your family in this room: It's the living room.*

S. 36 [1] von links oben: *Patrick spends his money on: water* – ✓, *clothes* – ✓, *his big flat* – ✓, *a new washing machine* – ✓, *electricity* – ✓, *a holiday in San Francisco* – ✓

[2] a) *Patrick spends a lot of money. For his flat he spends money on water and electricity. He had to buy a new washing machine because his old one stopped working. He has to be dressed properly for his job. That's why he spends a lot of money on clothes. He also spends a lot of money on holidays. Last year he went to San Francisco. He thinks about saving money for a new car. That's why he wants to find a smaller flat.* b) + c) Individuelle Lösungen

S. 37 [1] a) jeweils von links: *Christine: kitchen* – ✓, *living room* – ✓, *bathroom* – ✓, *bedroom 1* – ✓ / *Daniel: kitchen* – ✓, *living room* – ✓, *bathroom* – ✓, *bedroom 1* – ✓, *bedroom 2* – ✓ / *Toby: kitchen* – ✓, *bathroom* – ✓, *bedroom 1* – ✓; b) *Christine would like a flat with a kitchen, a living room, a bathroom and one bedroom. / Daniel would like a flat with a kitchen, a living room, a bathroom and two bedrooms. / Toby would like a flat with a kitchen, a bathroom and one bedroom.*

[2] von links: *Big flat in town: Daniel / Flat in King Street: Christine / Nice, small flat: Toby*

[3] Individuelle Lösungen

S. 38 [1] jeweils von links: S (Sam): ☺ – *have a nice car, get married, work as a florist*; ☹ – *work as a lorry driver, have children* / J (Jennifer): ☺ – *work as a car mechanic, live in a nice flat, have enough money*; ☹ – *work as a hairdresser, have a boyfriend*

[2] S (Sam): *I don't think I'll work as a lorry driver. / I think I'll work as a florist at a flower shop. / I hope I'll get married and I'll have a nice car. / I don't think I'll have children.* / J (Jennifer): *I don't think I'll work as a hairdresser. / I think I'll work as a car mechanic. / I don't think I'll have a boyfriend. / I hope I'll live in a nice flat and I'll have enough money.*

[3] Individuelle Lösungen

S. 39 [1] a) + b) *hopes* (grün markiert): *work as a florist, live in a nice flat, have a great boyfriend*; *worries* (gelb markiert): *won't have a good job, won't earn enough money, won't have a car*

[2] 1 *I'm worried I won't have enough money.* 2 *I hope I'll have a (nice) car.*

[3] 1. *dishwasher*, 2. *football*, 3. *basketball*, 4. *suncream*, 5. *friendship*, 6. *boyfriend*

S. 40 [1] a) *Megan and Jim are looking at great houses.* b) *Jim hopes he'll live in the biggest house in Cape Town.* c) *Jim thinks he'll be the boss of a big car company.* d) *Jim is late for history.*

[2] a) 1. *Many tourists visit South Africa to go on a safari.* 2. *Tourists go to the national parks to see wild animals.* 3. *People call lions, rhinos, elephants, leopards and buffaloes the 'Big Five'.* 4. *Nelson Mandela is a famous man from South Africa.*; b) *rugby* (Bild oben links) – ✓, *rhino* (Bild oben Mitte) – ✓, *Nelson Mandela* (Bild unten Mitte) – ✓

S. 41 [1] a) *1* Durchsage in einem Kaufhaus, *2* Radiospot, *3* Mailbox-Nachricht; b) Individuelle Lösungen (z. B. Text 1: DVDs sind im Angebot. Text 2: Ein Pink-Konzert wird stattfinden. Man kann Karten dafür kaufen. Text 3: Ein ICE nach Berlin wird am Bahnhof angesagt.); c) 1 Ort, Uhrzeit (Preis) / 2 Telefon-Nr., Name, Ort, Datum, Preis / 3 Ort, Uhrzeit

[2] a) 1. *false* 2. *true* 3. *true* 4. *true* 5. *false* 6. *true*; b) 1. *Buy one, get one free. = Buy one DVD and you get a second one for no money.* 2. *Tickets cost from 250 Rand to 500 Rand. = You can get a ticket for 250 Rand.* 3. *The ICE to Berlin via Frankfurt, Fulda and Hanover departs at 9.15. = The ICE to Berlin stops in Frankfurt, Fulda and Hanover and leaves at 9.15.*

S. 42 [1] a) Individuelle Lösungen

[2] 1 *get married:* unten rechts / 2 *stay single:* oben links / 3 *bedroom*: 2. Reihe von oben links / 4 *bathroom*: unten links / 5 *clothes*: 2. Reihe von unten links / 6 *kitchen*: oben rechts / 7 *living room*: 2. Reihe von unten rechts / 8 *have children*: 2. Reihe von oben rechts

More Reading

S. 43 [2] a) + b) 1. *Don't save photos of yourself on the Internet.* 2. *Always use a false name online.* 3. *Don't write the name of your school.* 4. *Don't give your age or birthday.* 5. *Don't meet online friends.*

S. 44 [3] b) Individuelle Lösungen

[4] 1. Online Freunde sind im echten Leben keine Freunde. 2. Internetfreunde/-bekannte sollten bleiben wo sie sind: im Internet. 3. Lebe ein echtes Leben – nicht nur ein Online-Leben / ein Leben im Internet. + Individuelle Lösungen (Diskussion als Klassengespräch)

S. 45 [1] 1. *true* 2. *false* 3. *false* 4. *true* 5. *false* 6. *true*

[2] 1. *I'm leaving you, Chris.* (Linda) 2. *Where are we going now, Daddy?* (Christopher) 3. *I hope I'll get the job, and a flat for us.* (Chris) 4. *Yes! I got the job. Now we can get a flat.* (Chris)

S. 45 [3] Individuelle Lösungen (z. B. *Chris Gardner is good at his job. He's always polite, friendly and good at talking to people. He's hard-working, always on time and always dressed properly. He's a good father too.*)

S. 46 [4] Individuelle Lösungen

[5] Eine wahre Geschichte (die wirklich passiert und nicht nur ausgedacht ist)

[6] b) z. B. 1. *He's the boss of a big company.* 2. *He helps people because he knows how bad it feels when you don't have a job / enough money.* 3. *He gives shoes and clothes to families without money. He buys food for their children. He helps people find a job too.*

S. 47 [1] a) + b) von links: 4. *Her younger brother Jeff opened a book.* 2. *The family had to go to Sydney.* 1. *Alice's room looked cold and empty.* 3. *On the flight, Alice took out her notebook.*

[2] 1. *Alice's books, photos and posters were ~~in her room~~ no longer there.* 2. *Alice was ~~happy~~ sad. She ~~wanted to~~ didn't want to leave England.* 3. *Her family was ~~sad~~ happy about the new experience.* 4. *~~Cairns~~ Sydney is the capital of New South Wales.*

S. 48 [3] Individuelle Lösungen (z. B. *I hope I can chat with my friends soon. / I hope I'll have a nice room in Sydney. / I hope I'll have nice teachers in my new school.*)

[4] Individuelle Lösungen

S. 49 [1] 1. *Cook two slices of ~~cheese~~ bacon in a pan.* 2. *Cut up some lettuce and one ~~banana~~ tomato.* 3. *~~Cook~~ Toast two slices of bread.* 4. *Put the ~~egg~~ lettuce, ~~butter~~ tomato and ~~fish~~ bacon on one slice of toast.* 5. *Put the other slice of toast on top. Now you have a ~~BCT~~ BLT.*

[2] b) z. B. 1. Heize den Backofen auf 200 Grad (Celsius) vor. 2. Schäle drei große Äpfel und schneide sie klein. 3. Lege die (geschnittenen) Äpfel in eine Backform. 4. Mische mit deinen Händen 125 Gramm kalte Butter, 200 Gramm Mehl und 125 Gramm Zucker in einer Schüssel. 5. Streue die (Teig-)Mischung über die Äpfel. 6. Backe den Kuchen 30 Minuten lang. Iss den warmen Apfelkuchen / *apple crumble*.
c) *three big apples, 125 grams of butter, 200 grams of flour, 125 grams of sugar*

Extra Practice

S. 50 [1] … Kristin: Nein, sie ist nicht verliebt. Sie sagt, sie liebt/mag den Strand.
… Kristin: Sie fragt, ob wir den neuen Jungen aus unserer Schule sehen. Sie sagt, er ist nett.
… Kristin: Nein. Sie sagt, der blonde Mann kann sehr gut surfen.
… Kristin: Sie sagt, wir sollen (uns) das Mädchen anschauen. Sie spielt Volleyball.

[2] *Dear Mum, Yesterday I went to the beach with Rita and Kristin after school. We saw the new boy from our class. We watched a surfer. He was really good. A girl played volleyball with her friends. Then we did the same. Love, Susan*

S. 51 [1] 1. *I start work at ten o'clock. / At ten o'clock, I start work.* 2. *I'm always polite and dressed properly. / I'm always dressed properly and polite.* 3. *My boss goes home at three o'clock. / At three o'clock, my boss goes home.* 4. *We talk to a lot of people every day. / Every day we talk to a lot of people.*

[2] oberes Bild: *Every Sunday Silvia has breakfast with her grandmother. They eat marmalade and toast.* / unteres Bild: *Every Saturday Joe goes to the park with his friend. They play basketball.*

[3] *You should be good at working with tools. You should be polite to everybody. You should always be on time in the morning. You can start on September 1st. Write to* Pete's Car Shop *in Toronto.*

S. 52 [1] a) 1. *I have to cook dinner for Nora and Lily.* 2. *And I have to read books to the girls.* 3. *But I have to clean the bathroom too.* 4. *And I have to do the washing.*
b) 5. *I have to do the dishes after dinner too.* c) *Lynn has to cook dinner for Nora and Lily. And she has to read books to the girls. She has to clean the bathroom too. And she has to do the washing. She has to do the dishes after dinner too.*

[2] a) *Lynn isn't cooking dinner for Nora and Lily. Lynn, Nora and Lily are eating apples.* b) *Lynn isn't cleaning the bathroom. They're listening to music / dancing.* c) *Lynn isn't reading books to the girls. They're watching TV.*

S. 53 [1] … Sven: *He asked: What would you do with the money? She said: I'd go on holiday.* /
… Sven: *He asked: What kind of holiday would you go on? She said: I'd go on holiday to Australia.* / … Sven: *She said: I'd save €10,000 for later.*

[2] *Dear Sarah, I hope you'll get a good job. I hope you won't miss your friends. I hope you'll have a cool car. I hope you'll live in a nice flat. Love, Grandma*